# fim dos TEMPOS

# fim dos TEMPOS

## Estudos, previsões e profecias

### Sylvia Browne e Lindsay Harrison

*Tradução*
Ebréia de Castro Alves

1ª edição

Rio de Janeiro | 2020

CIP-BRASIL. CATALOGAÇÃO NA PUBLICAÇÃO
SINDICATO NACIONAL DOS EDITORES DE LIVROS, RJ

B898f
Browne, Sylvia
Fim dos tempos: estudos, previsões e profecias / Sylvia Browne, Lindsay Harrison; tradução Ebréia de Castro Alves. – 1ª ed. – Rio de Janeiro: Bestseller, 2020.

Tradução de: End of days: Predictions and Prophecies About the End of the World
ISBN 9786557120033

1. Fim do mundo. 2. Profecias. I. Harrison, Lindsay. II. Alves, Ebréia de Castro. III. Título.

CDD: 202.3
20-64025
CDU: 133.529

Meri Gleice Rodrigues de Souza – Bibliotecária CRB-7/6439

Texto revisado segundo o novo Acordo Ortográfico da Língua Portuguesa.

Título original
End of days: Predictions and Prophecies About the End of the World

Copyright © 2008 by Sylvia Browne
All rights reserved including the right of reproduction in whole or in part in any form.
This edition published by arrangement with Dutton, an imprint of Penguin Publishing Group, a division of Penguin Random House LLC.
Copyright da tradução © 2020 by Editora Best Seller Ltda.

Todos os direitos reservados. Proibida a reprodução,
no todo ou em parte, sem autorização prévia por escrito da editora,
sejam quais forem os meios empregados.

Direitos exclusivos de publicação em língua portuguesa para o Brasil
adquiridos pela
EDITORA BEST SELLER LTDA.
Rua Argentina, 171, parte, São Cristóvão
Rio de Janeiro, RJ – 20921-380
que se reserva a propriedade literária desta tradução

Impresso no Brasil
ISBN 978-65-5712-003-3

Seja um leitor preferencial Record.
Cadastre-se em www.record.com.br e receba informações sobre
nossos lançamentos e nossas promoções.

Atendimento e venda direta ao leitor
sac@record.com.br

De Sylvia & Lindsay
Para Kristen, Misty, Crystal e Willie

# Sumário

Introdução   9

### CAPÍTULO 1
*Fim dos tempos*: por que publicar este livro agora?   13

### CAPÍTULO 2
Crenças antigas sobre o dia do Juízo Final   27

### CAPÍTULO 3
O que pensam cristãos, judeus e católicos sobre o fim dos tempos   61

### CAPÍTULO 4
Outras grandes religiões e o fim dos tempos   99

### CAPÍTULO 5
Os profetas falam sobre o fim dos tempos   133

CAPÍTULO 6

Os cultos do dia do Juízo Final    169

CAPÍTULO 7

Meu conceito sobre o fim dos tempos    201

CAPÍTULO 8

A humanidade no fim dos tempos    233

# Introdução

Estou cansada de ter medo e sei que você também está. Não que exista muita coisa que não se deva temer neste mundo de hoje, entre as manchetes intermináveis sobre guerras, usinas nucleares, terroristas, assassinatos, intranquilidade civil, incerteza econômica, linguagem política deliberadamente confusa, clima louco e um meio ambiente cada dia menos saudável. Mas chega uma hora em que há muitos temas a serem tratados, e pensar sobre isso não faz bem: só resulta em ir se deitar com um pano molhado na cabeça, para esfriar as ideias.

E então, quando já se está sobrecarregado de problemas, alguém se sente obrigado a mencionar que, de acordo com o calendário maia, o mundo vai acabar de qualquer maneira em 2012, de modo que nada faz muita diferença mesmo. Essa pessoa ouviu falar, ou leu em algum lugar, que o Livro de Apocalipse[1], ou o Livro de Daniel, ou Nostradamus, ou alguma coisa ou alguém, diz que nós todos vamos morrer nos próximos dois, cinco, dez ou x anos, ou que existem "sinais óbvios" de que o fim do

---

1. A palavra "apocalipse" vem do grego e significa "revelação", é por isso que algumas religiões conhecem os escritos de João como "O livro da revelação".

*Fim dos tempos*

mundo é iminente. E é claro que essas previsões todas a fizeram lembrar de um filme de horror a que assistiu e no qual só um punhado de gente sobrevive na Terra, porque um asteroide gigante arrasou tudo, e esses sobreviventes zumbis permanecerão vagando em cidades desertas, uns tentando matar os outros por causa de um pedaço de pão.

Isso é quase o suficiente para fazer com que você prefira se esconder debaixo da cama em vez de ficar deitado nela. Quase. Mas, antes, faço questão de incentivá-lo a levantar algumas questões sobre essas previsões medonhas a respeito do fim do mundo. Por exemplo: quem foram os maias e como chegaram a um calendário que termina em 2012? O que, especificamente, dizem os livros de Apocalipse e de Daniel que "comprovam" essa condenação iminente? E, para início de conversa, o que sabemos sobre as circunstâncias nas quais eles foram escritos? Quem era Nostradamus e por que lhe creditam ter mais conhecimento do que todos nós sobre o fim do mundo? É verdade que os escritos dele são tão cheios de símbolos que é impossível discernir os assuntos dos quais ele falava? Quais são esses "sinais óbvios" pelos quais nossa permanência na Terra está quase no fim? Só por curiosidade, será que esses mesmos sinais óbvios já surgiram antes na história deste planeta e talvez tenham sido mal-interpretados? Quanto ao tal filme de horror, tratava-se de um documentário? Existe realmente uma razão legítima para acreditar que um asteroide gigantesco o bastante para destruir o mundo esteja vindo em nossa direção ou estará vindo em alguma época próxima?

Noventa e nove vezes em cem, a resposta a todas essas perguntas será: "Não tenho a menor ideia".

Acredito firmemente que conhecimento é poder. E que a primeira coisa a fazer quando se tem medo de alguma coisa é aprender a respeito disso tão minuciosamente quanto possível. Eu jamais diria "Não se assuste com o fim do mundo", porque, como você verá neste livro, nós, humanos, somos quase geneticamente predispostos a pensar sobre isso e a nos preocuparmos com o assunto. Entretanto, digo muito entusiasticamente que você deve aprender tudo o que possa, formar suas próprias opiniões

*Introdução*

e, talvez, acima de tudo, descobrir se existe uma escolha a ser feita entre acabar com o planeta ou salvá-lo.

Este livro, portanto, propõe-se a substituir o medo pelos fatos, provar que conhecimento é poder e oferecer a sincera reafirmação de que, mesmo que o mundo acabe amanhã (o que não vai ocorrer), Deus ainda assim nos manterá a salvo por toda a eternidade, da mesma forma que prometeu quando nos criou.

SYLVIA C. BROWNE

CAPÍTULO 1

# Fim dos tempos:
## por que publicar este livro agora?

Por favor, não se precipite em concluir que existe alguma coisa urgentemente significativa sobre o momento em que este livro está sendo publicado. Garanto que você terá tempo para lê-lo mais de uma vez antes que a vida termine na Terra.

Na verdade, há várias razões pelas quais este livro estava no topo de minha lista de prioridades. Muitas delas serão discutidas à medida que o livro avançar, no contexto dos próprios capítulos. Contudo, uma das razões mais importantes é também uma das mais óbvias: nunca me perguntaram com tanta frequência como nos últimos dois anos quando será o fim dos tempos. E sobre a Segunda Vinda de Cristo. E sobre quando devemos começar a procurar por Ele. E sobre onde Ele está agora. E se o Anticristo já está entre nós; e, se não está, quando é que ele vai aparecer, e quem será. E sobre se devemos acreditar mesmo no livro do Apocalipse. E se o Arrebatamento vai mesmo acontecer. Nostradamus deu a impressão de que o Anticristo já está entre nós, e o calendário maia dizia especificamente que o mundo acabaria em 2012. Isso é verdade? Se não é, *quando* será, e como?

Quando um assunto surge repetidamente entre meus conhecidos, é claro que começo a me perguntar o que estará causando essa "coincidência". (Evidentemente, vocês todos sabem que isso não existe, certo?) Eu tenho algumas teorias a respeito.

*Fim dos tempos*

Uma é a de que talvez, na esteira de toda a histeria sobre o milênio que começou no ano 2001 — e, convenhamos, *histeria* não é um termo exagerado —, haja a sensação geral de nos termos desviado de um projétil, como se de alguma forma tivéssemos escapado da inevitabilidade da destruição total e estivéssemos vivendo em um tempo que nos foi emprestado. Outra teoria relacionada ao tema é a de que livros, reportagens, especiais de televisão e sermões de igrejas apocalípticos eram muito populares na virada do século e, ainda que a crise do fim do mundo (imaginária) tenha vindo e passado, a intranquilidade daquelas informações continuou a fervilhar nas mentes das pessoas e está finalmente transbordando. Outra teoria prega que (como se verá nos capítulos seguintes), conforme este século avançar, a espiritualidade em nosso planeta alcançará força e poderes inéditos, quando nós, humanos, finalmente começarmos a prestar atenção às vozes espirituais dentro de nós, lembrando-nos de que está mais do que na hora de colocarmos nossos assuntos em ordem. Esse crescimento espiritual já está em andamento, fazendo com que a maioria dos meus clientes comece a pensar além de sua vida cotidiana e procure respostas para as perguntas mais importantes sobre o futuro de seus espíritos e sobre o futuro de todo espírito que atualmente habita um planeta, o qual, de acordo com incontáveis boatos, não vai durar para sempre.

Vários desses clientes vêm sentindo o mesmo temor compreensível: não conseguem superar a ideia de que o fim dos tempos deve estar mesmo se aproximando. Para eles — e para você que partilha desse medo —, estou aqui para oferecer provas concretas de que nós, cidadãos do mundo atual, não somos os primeiros a ter certeza de que o fim está próximo. A história mostra diversos exemplos.

Em aproximadamente 2800 a.C., uma pequena tábua assíria foi talhada com as seguintes palavras: "Nos últimos tempos, nossa terra se mostrou depravada. Isso é um sinal de que nosso mundo está rapidamente chegando ao fim".

A Bíblia cita Jesus dizendo para seus apóstolos, em Mateus 16:28, sobre a segunda vinda de Jesus: "Em verdade digo que alguns dos que aqui estão não provarão a morte até que vejam o Filho do Homem vin-

*Fim dos tempos: por que publicar este livro agora?*

do em seu Reino". E em Mateus 24:34 traz: "Em verdade vos digo que esta geração não passará sem que tudo isso aconteça". Para alguns, essas duas declarações significavam que Jesus voltaria antes que os apóstolos morressem.

Mais ou menos no ano de 90 d.C., o quarto papa, São Clemente I, previu que o fim do mundo estava próximo.

No século II, uma seita cristã denominada montanismo[2] acreditava que Cristo retornaria durante a vida dos seguidores desse movimento e que a Nova Jerusalém "desceria dos céus enviada por Deus". E um líder romano tinha tanta certeza de que o fim do mundo chegaria dali a dois dias que ele e seus adeptos se desfizeram de suas casas e de todos os demais pertences a fim de estarem prontos para essa ocasião.

Em 365 a.C., um bispo chamado Hilary de Poitiers declarou publicamente que o mundo acabaria naquele ano.

Entre 375 e 400 d.C., São Martinho de Tours, aluno de Hilary de Poitiers, assegurou a seus seguidores que o final definitivo do mundo não passaria de 400 d.C., afirmando: "Não há dúvida de que o Anticristo já nasceu".

Durante meados do primeiro milênio, foram abundantes as previsões sobre o Juízo Final, incluindo a de Hipólito de Roma, o "antipapa", que temporariamente desertou da Igreja Católica para protestar contra a reforma desta. De acordo com os cálculos de Hipólito de Roma, a Segunda Vinda de Cristo ocorreria seis mil anos depois da Criação — ou seja, em 500 d.C.

Sexto Júlio Africano, teólogo romano, estava certo de que o fim dos tempos ocorreria em 800 d.C.

Muitos cristãos celebram anualmente a festa da Anunciação em 25 de março; nesse dia, Maria foi visitada por um anjo, que disse que ela daria à luz a Cristo. No ano de 992, a Sexta-feira Santa, o reconhecimento

---

2. Fundado por Montano, religioso e profeta asiático, o movimento surgiu na antiga Frígia, hoje Turquia. Os montanistas afirmavam ser possuídos pelo Espírito Santo e, por isso, profetizavam que uma nova era cristã se iniciava com a chegada da nova *revelação* a eles concedida. (*N. da T.*)

*Fim dos tempos*

da crucificação de Cristo, coincidiu com a festa da Anunciação, evento que durante séculos havia sido prognosticado como a chegada do Anticristo seguida do fim do mundo, de acordo com o Livro de Apocalipse.

O ano 1000 ofereceu uma oportunidade para a primeira histeria oficial do milênio. Isso foi alimentado ainda mais pela exumação do corpo de Carlos, o Magno, porque, rezava a lenda, um imperador se ergueria da sepultura para batalhar contra o Anticristo.

Muitas autoridades que haviam proclamado em alto e bom som que o mundo certamente acabaria no ano 1000 explicaram seu erro de cálculo justificando que deveriam ter acrescentado a expectativa de vida de Jesus às suas previsões. Como resultado, o mundo agora acabaria em 1033, sem a mínima dúvida.

Por outro lado, um padre chamado Gerard de Poehlde tinha certeza de que o reinado de mil anos de Cristo tinha, na verdade, começado com a ascensão de Constantino ao poder. Portanto, Satanás escaparia da escravidão em 1147 e sobrepujaria a Igreja.

Juan de Toledo, astrólogo espanhol, convenceu-se de que um alinhamento específico de planetas em 1186 era o sinal de que o mundo seria destruído pela fome generalizada e por terremotos, temporais catastróficos e erupções de vulcões.

De acordo com o místico e teólogo italiano Joachim de Fiore, o Anticristo já estava encarnado na Terra e seria derrotado pelo rei Ricardo I da Inglaterra, proclamando o grande renascer do mundo em 1205.

Em 1260, o irmão Arnold, monge dominicano, previu o fim iminente do mundo, no qual ele invocaria Jesus para julgar os líderes da Igreja em todo o planeta, ocasião em que Jesus revelaria que era o papa o tão esperado Anticristo.

O papa Inocêncio III anunciou que 1284 seria o ano em que o mundo acabaria; ele chegou a esse número ao acrescentar 666 anos, do Livro de Apocalipse, à data em que o Islã foi fundado.

Em 1300, um franciscano chamado Jean de Roquetaillade publicou predições dando conta de que a chegada do Anticristo ocorreria em 1366,

*Fim dos tempos: por que publicar este livro agora?*

a ser seguida, já em 1370, por um dia de descanso milenar, quando Jerusalém se tornaria o centro do mundo.

Uma seita intitulada Os Irmãos Apostólicos,[3] cujos membros acreditavam ser a nova autoridade de Roma, estava certa de que em 1307 todo o sacerdócio da Igreja, inclusive o papa, morreria em uma grande guerra, o que levaria à Era do Espírito.

O vice-bispo tcheco, Militz de Kromeriz, insistiu que o Anticristo se revelaria em 1367, o que provocaria o fim do mundo.

Em 1496, muitos líderes da Igreja começaram a prever o Apocalipse baseados no fato de que os 1500 anos do nascimento de Cristo estavam se aproximando.

Os astrólogos previram uma inundação global maciça que destruiria o mundo em 1524.

O reformista Hans Hut tomou a seu encargo reunir 144 mil santos proclamados para preparar o retorno de Jesus em 1528.

Um visionário chamado Melchior Hoffman profetizou a Segunda Vinda de Cristo em 1533 e o restabelecimento de Jerusalém em Estrasburgo. Seguindo a pista do Livro de Apocalipse, ele acreditava que 144 mil fiéis seriam salvos, mas o restante do mundo morreria em chamas.

O astrólogo Richard Harvey predisse que a Segunda Vinda de Cristo ocorreria ao meio-dia de 28 de abril de 1583.

Para o monge, poeta e filósofo dominicano Tommaso Campanella, o Sol e a Terra estavam destinados a colidir em 1603.

Em 1661, uma seita denominada Homens da Quinta Monarquia, ao tentar dominar o parlamento, pretendia provar a Deus que a fé estava viva e forte na Terra e que havia chegado a hora de Jesus voltar e reivindicar o reinado milenar que era seu por direito.

Cristóvão Colombo, navegador e explorador italiano, escreveu um livro de profecias entre o final do século XV e o início do XVI, incluindo uma previsão de que o fim do mundo aconteceria em 1658.

---

3. Seita cristã fundada na Itália por Gerard Segarelli, no século XIII. (*N. da T.*)

*Fim dos tempos*

Quando a Igreja Ortodoxa russa passou por uma reforma, um grupo autodenominado Velhos Crentes rompeu com a instituição e deu início à sua fé ultraconservadora e ultra tradicional. Incluída nessa fé estava a crença de que o mundo chegaria ao fim em 1669. Entre 1669 e 1690, quase vinte mil Velhos Crentes preferiram morrer carbonizados a enfrentar o Anticristo.

No século XVII, o batista Benjamin Keach previu que o mundo acabaria em 1689, assim como o profeta francês Pierre Jurieu.

O ministro puritano[4] e renomado caçador de bruxas Cotton Mather prenunciou o fim do mundo três vezes. De acordo com a primeira previsão, o ano derradeiro seria o de 1697.

Em 13 de outubro de 1736, muitos se prepararam para uma grande inundação global profetizada por William Whitson, teólogo e matemático inglês.

O então famoso místico Emanuel Swedenborg afirmou que anjos lhe revelaram que o mundo acabaria em 1757.

Charles Wesley, um dos fundadores do metodismo junto com seu irmão John, estava seguro de que o Juízo Final seria em 1794. John Wesley discordou do irmão quanto à data, declarando que, na verdade, a "Besta do Apocalipse" surgiria do mar, e uma nova era de paz, então, teria início.

O ministro presbiteriano Christopher Love advertiu seus seguidores a respeito de um enorme terremoto que destruiria a Terra em 1805.

Em 1814, uma profetisa de 64 anos chamada Joanna Southcott garantiu estar grávida do bebê Jesus e que ele nasceria em 25 de dezembro de 1814. Em vez de dar à luz, ela faleceu naquele dia. A autópsia revelou que ela não estava grávida, o que não surpreendeu ninguém.

Margaret McDonald, uma profetisa cristã de 15 anos de idade, declarou em 1830 que o Anticristo era Robert Owen, cofundador do socialismo.

Era crença geral que a Guerra da Crimeia (1853-1856), durante a qual Rússia e França lutaram para decidir qual das duas nações tiraria a

---

4. Os puritanos ingleses dos séculos XVI e XVII, descontentes com a reforma da Igreja da Inglaterra — que julgavam tolerar práticas associadas à Igreja de Roma —, passaram a seguir várias religiões, pregando mais "pureza" de idolatria e doutrina, assim como mais piedade individual e coletiva. (*N. da T.*)

*Fim dos tempos: por que publicar este livro agora?*

Palestina do Império Otomano, foi na verdade a grande batalha do Armagedom[5] profetizada no Livro de Apocalipse.

Dizia-se que a profetisa inglesa do século XVI que se tornou famosa e/ou infame como Mãe Shipton declarou: "O mundo chegará ao fim em 1881". Desde aquela época, desenvolveu-se a teoria de que a maioria das profecias de Mãe Shipton foi escrita e atribuída a ela depois de sua morte e de que "sua" previsão sobre 1881 tinha a autoria de seu editor, Charles Hindley.

Cita-se Joseph Smith, fundador da Igreja de Jesus Cristo dos Santos dos Últimos Dias (também conhecida como Igreja Mórmon), como autor da frase: "Profetizo, em nome de Deus Nosso Senhor, e que isso fique registrado: o Filho do Homem só virá das nuvens do céu quando eu tiver 85 anos de idade". Smith teria alcançado essa idade em 1890. Acontece, porém, que naquele ano, ele já estava morto havia quase cinquenta anos.

No final do século XIX, o físico William Thomson, também conhecido como Lorde Kevin, assegurou que só existia oxigênio suficiente na atmosfera para a humanidade durar trezentos anos e que, portanto, a raça humana estava destinada a morrer sufocada.

Antecipando-se ao Juízo Final, que ocorreria dia 13 de novembro de 1900, segundo haviam previsto, mais de 100 membros da seita russa Irmãos e Irmãs da Morte Vermelha suicidaram-se[6] naquela data.

Em 17 de dezembro de 1919, de acordo com o sismólogo e meteorologista Albert Porta, uma conjunção específica de seis planetas criaria uma corrente magnética tão potente que faria o Sol explodir, tragando a Terra.

Herbert W. Armstrong, que fundou a Worldwide Church of God[7] no início da década de 1930, acreditava que o Arrebatamento ocorreria em 1936 e que somente os membros de sua igreja seriam levados até os braços de Jesus no céu para serem salvos. Quando 1936 chegou e não houve Arrebatamento, ele alterou a profecia para o ano de 1975.

---

5. Local da guerra decisiva entre as forças da luz e das trevas. (*N. da T.*)
6. Atirando-se em uma fogueira. (*N. da T.*)
7. Igreja Mundial de Deus, hoje Grace Communion International, denominação evangélica com mais de 42 mil membros existente em quase 100 países (inclusive Brasil). (*N. da T.*)

*Fim dos tempos*

Também nos anos 1930, Leonard Sale-Harrison, professor da Bíblia, percorreu a América do Norte para conduzir uma série de conferências sobre profecias que asseguravam que o mundo acabaria em 1940 ou 1941.

Quando o Estado de Israel foi fundado, em 1948, muitos cristãos acreditaram que o derradeiro evento previsto para a Segunda Vinda de Cristo fora satisfeito: a unificação e retorno dos judeus à Terra Santa.

A astróloga Jeane Dixon vaticinou que este planeta seria destruído em 4 de fevereiro de 1962 pela força de um alinhamento planetário.

Moisés Davi, fundador de um grupo religioso chamado Meninos de Deus, predisse que, provavelmente em 1973, um cometa atingiria a Terra e eliminaria toda a vida nos Estados Unidos. Depois, alterou sua previsão para incluir uma batalha do Armagedom em 1986 e a Segunda Vinda de Cristo em 1993.

Em 1987, o autor e educador José Argüelles advertiu que, se 144 mil pessoas não se unissem em lugares específicos do mundo em 16 e 17 de agosto para homenagear a "convergência harmônica", o Armagedom seria inevitável.

O livro *88 Reasons Why the Rapture Could Be in 1988* ("88 razões pelas quais o Arrebatamento poderia ocorrer em 1988"), escrito por Edgar C. Whisenant, cientista da NASA, vendeu mais de 4 milhões de exemplares.

O autor fundamentalista Reginald Dunlop profetizou que, como 23 de setembro de 1994 era a última data codificada na Grande Pirâmide de Giza, isso obviamente significava que o mundo não sobreviveria a ela.

Entre grupos, seitas, religiões e pessoas que acreditavam que o ano de 1999 seria o do fim do mundo, podem ser citados os Adventistas do Sétimo Dia; as Testemunhas de Jeová; o linguista Charles Berlitz; o padre, historiador e líder espiritual Charles Moore, o engenheiro eletrônico aposentado Gerald Vano; a espiritualista Eileen Lakes; o cientista aeroespacial Hideo Itokawa; o "rabino messiânico" Michael Rood; o televangelista Jack van Impe; o ex-consultor da NASA Richard C. Hoagland; e o ex-empresário, político e líder sectário Joseph Kibweteere.

*Fim dos tempos: por que publicar este livro agora?*

Michael Travesser, nascido Wayne Bent, é um ex-marinheiro que se tornou líder espiritual de uma seita do Estado do Novo México, Estados Unidos, chamada The Lord Our Righteousness Church.[8] Travesser proclamou ser o tão aguardado messias e previu que o mundo terminaria com um acontecimento apocalíptico à meia-noite de 31 de outubro de 2007.

A seita inglesa Testemunhas do Senhor, após uma complexa série de cálculos baseados em profecias bíblicas, concluiu que as Nações Unidas assumiriam o controle do mundo no mês lunar precedendo 24 de abril de 2001, que é o 666º mês do calendário hebreu depois da fundação das Nações Unidas. Como a tomada de controle não aconteceu, deduz-se que não precisaríamos nos preocupar com a segunda previsão da seita: a de que, após a ONU conquistar o planeta, o Armagedom começaria em 21 de março de 2008, dizimando três quartos da população mundial.

Muitas outras profecias referentes ao fim dos dias serão discutidas neste livro, e ainda assim sequer chegaremos perto da superfície da procura humana por um indício confiável sobre o que vai ser de nós. Também vou acrescentar minhas previsões, não para aumentar a confusão, mas porque creio que existam aspectos relativos ao fim do mundo que não são tratados com a frequência desejada, ao passo que outros recebem muito mais atenção e credibilidade do que merecem.

### Três categorias gerais sobre o fim do mundo

De modo geral, as teorias e profecias sobre o fim da vida na Terra se encaixam em uma de três categorias: milenarismo, apocaliptismo e messianismo.

O milenarismo, que obviamente deriva da palavra latina que significa mil anos, gira em torno da crença de que a Terra estará sujeita a uma série de catástrofes devastadoras, após as quais os "poupados" da humanidade passarão a eternidade na bem-aventurança do paraíso. À primei-

---

8. A tradução literal seria "O Senhor de Nossa Igreja da Integridade". (*N. da T.*)

*Fim dos tempos*

ra vista, pode parecer que milenarismo quer dizer que todos nós deveríamos entrar em pânico na virada de um milênio, como se houvesse morte implícita em qualquer data do calendário que tenha três zeros. E, de acordo com a história, não fomos a primeira população do planeta a cair nessa armadilha mental e emocional.

Na realidade, entretanto, como vamos investigar no capítulo três deste livro, o milenarismo tem raízes no Livro de Apocalipse — na profecia do apóstolo João (ou pesadelo, ou ensaio político) sobre o fim do mundo. Em Apocalipse, no capítulo 20:1-10, João escreveu:

> *Então vi descer do céu um anjo que tinha na mão a chave do abismo e uma grande corrente. Ele prendeu o dragão, a antiga serpente, que é o Diabo ou Satanás, e o prendeu por mil anos, o fechou e pôs um selo sobre ele, para que não mais enganasse as nações até terminarem os mil anos... Vi tronos em que se assentavam aqueles a quem foi dada autoridade para julgar. E vi as almas dos decapitados por causa do testemunho de Jesus e da palavra de Deus, e que não adoraram a besta nem sua imagem, e não receberam a marca na fronte nem nas mãos, e reviveram e reinaram com Cristo durante mil anos. O restante dos mortos não reviveu até que terminassem os mil anos... Mas, quando terminarem os mil anos, Satanás será solto de sua prisão e sairá a enganar as nações existentes... a fim de reuni-las para a batalha... Elas marcharam pela superfície da terra e sitiaram o acampamento dos santos e a cidade amada; desceu, porém, fogo dos céus e as consumiu. O Diabo, que as enganava, foi lançado no lago de fogo e enxofre, onde já estão a besta e o falso profeta. Eles serão atormentados dia e noite, pelos séculos dos séculos.*

Ao ler essas linhas, não é difícil compreender o motivo pelo qual até hoje se dá importância ao período de mil anos, mesmo que aqueles que acreditem nessa importância e se preocupem com ela não tenham qualquer conhecimento da Bíblia.

*Fim dos tempos: por que publicar este livro agora?*

O apocaliptismo envolve a possibilidade de Deus canalizar Sua ira em relação à Terra por meio de uma série de acontecimentos cataclísmicos, julgando, então, cada ser humano de acordo com seus feitos aqui e finalmente assumindo, mais uma vez, o lugar que Lhe é de direito como Criador e Ser Supremo no céu e na terra.

Provavelmente as raízes mais profundas do apocaliptismo se encontrem no Antigo Testamento, no Livro de Daniel, como ilustram os fragmentos a seguir.

*Em minha visão da noite, eu estava olhando, e eis que os quatro ventos do céu agitavam o grande mar. E quatro grandes animais subiam do mar. O primeiro era como um leão e tinha asa de águia; eu estava ainda olhando quando lhe foram arrancadas as asas, e foi levantado da terra e colocado em pé sobre dois pés, como um homem, e lhe foi dado um coração de homem. E eis outro animal, o segundo, semelhante a um urso, o qual se levantou de um lado e com três costelas na boca, entre os dentes, e isto lhe foi dito: "Levanta-te e alimenta-te de muita carne". Depois disso, eu continuei olhando, e eis outro, semelhante a um leopardo; ele tinha quatro asas de ave em suas costas, e este animal tinha quatro cabeças e lhe foi dado domínio. Depois disso, eu continuei olhando, e eis um quarto animal, espantoso e extremamente forte; com grandes dentes de ferro, ele fazia em pedaços e devorava, e colocava aos pés o que restava...*

*E, no fim de seu reinado, quando os transgressores acabarem, um rei se levantará, de semblante violento e entendido em enigmas. Seu poder será fortalecido, e destruirá maravilhosamente, e fará o que deseja, e destruirá os poderosos e o povo santo...*

*Um homem ungido será renegado, e nada lhe restará, e o povo do príncipe virá e destruirá a cidade e o santuário, e seu fim será como uma inundação, até o fim haverá guerra, e serão decretadas as desolações... e sobre a asa da abominação virá o assolador, até a consumação, que está determinada, e será derramada sobre o assolador.*

*E haverá um tempo de angústia... e muitos dos que dormem no pó da terra se levantarão, estes para a vida eterna, e outros para vergonha e desprezo eterno. E aqueles que forem sábios resplandecerão como o resplendor do firmamento, e os que voltarem a muitos para a justiça, como as estrelas sempre e eternamente.*

E há ainda o messianismo, que gira em redor da premissa de que, no fim, um messias (da palavra hebraica que significa "ungido") ou salvador aparecerá na Terra para conduzir os povos fiéis e dedicados a Deus do sofrimento e da opressão a que têm sido submetidos para uma eternidade de alegria divina e harmoniosa. Embora os exemplos mais óbvios do messianismo sejam encontrados nas doutrinas cristã e judaica, vamos constatar que existem outras grandes religiões que continuam a procurar um messias que chegue antes do fim dos dias e que entregue seus seguidores em segurança aos braços de Deus.

Entre as razões pelas quais acredito que a humanidade é historicamente fascinada com o tema do fim do mundo está a de que, apesar da repetida promessa de Deus de que somos todos geneticamente eternos, nossas mentes conscientes consideram que o padrão terreno de "princípio, meio e fim" é muito mais fácil de compreender do que o conceito de eternidade. Ouvimos dizer que do "Outro Lado" não existe o tempo, que só existe um "agora" perpétuo, e compreensivelmente achamos impossível imaginá-lo, pois na Terra somos obcecados com o tempo. Brilhantes teólogos e líderes espirituais nos afirmam que este planeta não é, afinal de contas, nosso verdadeiro Lar/Reino dos Céus; que nosso Reino dos Céus bem-aventurado e sagrado espera, com paciência, que deixemos nossos corpos e voltemos para lá, o lugar a que pertencemos, mas não conseguimos conscientemente nos lembrar de ter vivido em outro lugar que não aqui, então como é que outro local pode ser nosso "Lar"?

Considerando todas as coisas, portanto, não surpreende que uma sociedade voltada para "princípio, meio e fim" consuma grande parte de perguntas relacionadas ao tempo, como "quando?" e "por quanto tempo mais?" e, agarrada ferozmente à Terra na crença equivocada de que aqui

*Fim dos tempos: por que publicar este livro agora?*

é o único Lar que conhecemos, queira respostas, sempre quis e sempre quererá.

Ainda que os capítulos seguintes possam fornecer respostas ou provocar novas questões, ao menos saberemos que, pelo simples fato de perguntar, estamos expressando curiosidade sobre um assunto tão eterno quanto a própria humanidade.

CAPÍTULO 2

# Crenças antigas sobre o dia do Juízo Final

É uma faceta inegável da natureza humana que, de alguma forma, nós nos sentiremos mais seguros se soubermos o final de uma história, especialmente quando é a *nossa* história. Não gostamos de fios soltos. Não gostamos de perguntas sem respostas, de mistérios não solucionados, de incertezas. Não gostamos de ignorar o que nos espera "logo ali" e, se essas coisas forem nos magoar, queremos saber o que podemos fazer a fim de impedi-las ou de nos prepararmos para elas. É inerente à humanidade acreditar que "um homem prevenido vale por dois". E cremos nisso desde que a humanidade existe na Terra.

As antigas civilizações eram exatamente tão determinadas quanto nós a desvendar o enigma do fim dos nossos dias na Terra, bem como a própria história da Terra. Elas utilizavam os mesmos instrumentos que nós usamos para solucionar o mistério: uma combinação de suas crenças religiosas, suas experiências e as informações disponíveis. Suas hipóteses do Juízo Final abrangiam desde as otimistas até as verdadeiramente deprimentes — em nada diferentes de nossas atuais teorias "sofisticadas e instruídas", exceto pelos vocabulários e pelos detalhes. Mas, depois de tudo dito e feito, as antigas civilizações eram tão determinadas quanto nós em descobrir a verdade sobre a pergunta que talvez seja a primeira já feita neste planeta: "Como terminará nossa história?".

*Fim dos tempos*

# Os incas[9]

O Império Inca, na América do Sul, abrangeu outrora as maiores nações da Terra, estendendo-se por quase quatro mil quilômetros ao longo da cordilheira dos Andes. As origens da civilização inca estão encobertas por mitos e mistérios, conservados basicamente boca a boca de uma geração a outra, já que os registros de sua história foram destruídos, e sua enorme riqueza, saqueada por conquistadores espanhóis em 1532.

Os primeiros incas eram artesãos, caçadores, agricultores, construtores e engenheiros incrivelmente talentosos. Antes da invenção da roda, eles construíram mais de 22 mil quilômetros de estradas destinadas apenas a viagens a pé, e essas estradas foram tecnicamente tão bem construídas que algumas delas permanecem intactas até hoje. Provavelmente, os monumentos mais extraordinários do gênio arquitetônico dessa antiga sociedade sejam as pirâmides,[10] os templos, os observatórios incas e outras estruturas que continuam a fascinar visitantes do mundo inteiro, também ainda intactos e impecavelmente projetados — lembranças silenciosas de uma civilização subitamente dizimada em nome do poder e da ganância.

O cerne da vida, da língua e da religião inca era o sentido de identidade com a natureza. Eles acreditavam que a natureza fosse trabalho manual do deus Sol, de quem se consideravam descendentes diretos. Com festivais aprimorados, agradeciam ao deus Sol pelas colheitas, oravam ao deus Sol pelas safras abundantes e imploravam ao deus Sol para não abandoná-los, seus filhos, durante os solstícios, quando a Terra e o Sol mais se distanciavam um do outro. Acreditavam em reencarnação e, quando realizavam os rituais mais sagrados, carregavam múmias de seus ancestrais para os locais dos rituais, a fim de que pudessem partilhar seus momentos de maior reverência com os conterrâneos que os haviam precedido.

---

9. Dependendo da interpretação, "inca" pode significar: as quatro direções; imperador; chefe; filho do Sol ou descendente do Sol. (*N. da T.*)
10. O símbolo maior da perícia arquitetônica dos incas é Machu Pichu, a "cidade perdida", principal monumento turístico do Peru. Incrustada no alto de uma montanha, a cerca de 2.500 metros de altura, é um dos maiores mistérios arqueológicos do planeta. (*N. da T.*)

*Crenças antigas sobre o dia do Juízo Final*

Quando a civilização inca foi destruída (pela invasão espanhola no século XVI), uma pequena tribo de refugiados conhecida como Q'ero fugiu para vilarejos isolados nos contrafortes da cordilheira dos Andes. Até hoje esses refugiados vivem lá; seus anciãos e xamãs[11] ensinam a linguagem, a história, as tradições e as profecias antigas, de geração para geração, aos herdeiros do outrora vasto e brilhante mundo inca.

Em 1996, um líder tribal Q'ero, um sacerdote reverenciado, e outros anciãos tribais homenagearam os Estados Unidos com uma visita histórica, ocasião em que partilharam um sem-número de informações de grande valor sobre o povo inca, incluindo as profecias de seus ancestrais. Entre essas profecias, há uma eloquente passagem que descreve as crenças incas sobre o fim do mundo:

> *Os novos zeladores da Terra virão do Ocidente, e os que exerceram o maior impacto sobre a Terra Mãe têm agora a responsabilidade moral de reconstruir seu relacionamento com ela, depois de se refazerem.*
>
> *A profecia reza que a América do Norte fornecerá a força física, ou o corpo; a Europa fornecerá o aspecto mental, ou a cabeça, e o coração será fornecido pela América do Sul.*
>
> *As profecias são otimistas. Elas se referem ao fim do mundo da forma como o conhecemos: a morte do modo de pensar e do modo de ser, o fim de um modo de se relacionar com a natureza e a Terra.*
>
> *Nos próximos anos, os incas esperam que entremos em uma Idade de Ouro, um milênio de ouro de paz.*
>
> *As profecias também falam de mudanças tumultuadas que acontecerão na Terra e na nossa psique, redefinindo nossos relacionamentos e espiritualidade.*
>
> *A próxima pachacuti (grande transformação) já começou e promete o surgimento de um novo ser humano após esse turbilhão.*

---

11. Sacerdotes. (*N. da T.*)

*Fim dos tempos*

Como se para orientar seus ouvintes sobre o anúncio da Idade de Ouro, os Q'ero acrescentaram o seguinte ao se despedir:

*Siga as próprias pegadas.*
*Aprenda com os rios,*
*as árvores e as rochas.*
*Honre o Cristo,*
*o Buda,*
*seus irmãos e irmãs.*
*Honre sua Mãe Terra e o Grande Espírito.*
*Honre a si próprio e a toda a criação.*
*Veja com os olhos de sua alma e*
*ocupe-se com o essencial.*

## Os maias[12]

Acredita-se que a civilização maia tenha surgido na península de Yucatán por volta do ano 2600 a.C., prosperando até aproximadamente o ano 1300 d.C. Os maias se sobressaíam brilhantemente em astronomia, na escrita de hieróglifos, em ciência, matemática, arte, agricultura, tecelagem, arquitetura e na criação de sistemas de calendários altamente técnicos e intrincados, para citar apenas alguns de seus dons naturais. A sociedade era formada com base em uma hierarquia de distinção de classes; reis e sacerdotes de territórios compunham o estrato dominante, e uma enorme população de camponeses, a classe mais baixa, que trabalhava em regime de escravidão. Os maias acabaram se estendendo até a área hoje composta por México, El Salvador, Belize, Honduras e Guatemala.

Quase tão fascinante quanto a própria civilização maia é a forma inesperada e misteriosa como desapareceu. Foi como se uma sociedade complexa e sofisticada de 15 milhões de pessoas certo dia simplesmente

---

12. Civilização da América Central que antecedeu a chegada de Colombo. (*N. da T.*)

*Crenças antigas sobre o dia do Juízo Final*

abandonasse a vida e jamais voltasse, deixando apenas cidades desertas e obras-primas arquitetônicas[13] para a posteridade. Até hoje não há respostas definitivas, apenas muitas teorias sobre o que aconteceu tão repentinamente e com que finalidade. Alguns acreditam que uma sequência de secas forçou a população a escolher entre ir para outro lugar ou morrer de fome. Há os que afirmam que uma revolta dos camponeses/escravizados fez com que um punhado de membros da nobreza tivesse de arar a terra sem ter qualquer experiência ou técnica e, como resultado, a sociedade implodiu em decorrência de sua incapacidade de se sustentar. Alguns acreditam que os desmesurados objetivos agrícolas dos maias levaram a tudo o que ocorreu, desde o solo severamente esgotado à abordagem destrutiva do tipo "derrubar e queimar" árvores a fim de abrir espaço nos solos férteis da América Central — assim, essa civilização acabou "roubando" de suas terras a capacidade de sustentá-la. Alguns defendem que vírus mortais destruíram os maias, enquanto outros culpam o excesso de população. A única coisa com a qual os especialistas concordam no que se refere ao desaparecimento dos maias é que ninguém sabe com certeza o que realmente aconteceu àquelas 15 milhões de pessoas por volta do ano 1300 d.C. E, como os conquistadores espanhóis mataram os sacerdotes e a nobreza maias e queimaram livros e registros dessa civilização quando invadiram a América Central e a do Sul, é provável que a verdade nunca venha a ser totalmente conhecida.

O que sobreviveu a todos esses séculos é o fascinante e muito complexo calendário maia, que consistia em ciclos de 260 dias. Cada dia levava um de vinte nomes representados por seu próprio símbolo. Os dias do calendário maia eram numerados de um a treze, mas, como há vinte nomes, quando terminava um período de treze dias, o dia seguinte recebia o número "1" mais uma vez. O calendário também acompanhava um ano solar, no qual os meses eram numerados, e, seguindo os 18 meses de

---

13. De caráter cerimonial, o que proporcionou o aparecimento de estruturas suntuosas, com palácios e pirâmides decorados por esculturas. Arqueólogos encontraram vestígios de praças de recreação, de elaborada infraestrutura urbana e até de laboratórios astronômicos, dos quais o mais importante é o de El Caracol. (*N. da T.*)

*Fim dos tempos*

seu ano solar, os maias incluíam um mês de cinco dias que diziam trazer má sorte — e, como resultado, não recebiam nomes.

Não me proponho, aqui, a desvendar as complexidades do calendário maia. Em vez disso, pretendo me concentrar em um elemento que todo mundo é capaz de decifrar: ele termina no dia 21 de dezembro de 2012, o que tem sido uma fonte de preocupação para os que dele têm conhecimento e estão determinados a encontrar previsões específicas do "Dia do Juízo Final" que devem temer. Entretanto, a cultura maia jamais pretendeu concluir que um fim cataclísmico do mundo aconteceria em 21 de dezembro de 2012, ou no solstício de inverno de 2012. Sua profecia é a de que, nessa data, o mundo estaria fazendo a transição de uma idade para outra e de que é escolha da humanidade se essa transição compreenderia mudanças emocionantes ou se ocorreria de forma suave e harmoniosa.

Segundo os maias, a cada 5.125 anos termina um ciclo na Terra e começa outro. Existem cinco ciclos, cada um deles com características correspondentes à nossa passagem por um dia de 24 horas. O primeiro dos ciclos da Terra é comparável a uma manhã galáctica, quando nosso sistema solar está exatamente se aproximando da luz central do universo. O segundo ciclo — meio-dia — constitui a maior proximidade de nosso sistema solar da luz central do universo. A tarde galáctica, ou o terceiro ciclo, ocorre à medida que nosso sistema solar começa a se afastar da luz central. O quarto ciclo corresponde à noite, quando nosso sistema solar está no ponto mais distante da luz central. E o quinto ciclo é aquele período "mais escuro antes do amanhecer", quando nosso sistema solar se afasta da circunstância de estar desprovido de luz e se dirige, mais uma vez, para seu primeiro ciclo matinal.

A profecia do calendário maia é de que nosso sistema solar estava lentamente terminando o quinto ciclo, seu período "mais escuro antes do amanhecer", em 1987, rumando para a manhã do primeiro ciclo, que chegaria oficialmente em 2012. E a maneira como utilizamos os poucos anos entre agora e depois determinaria se o nascimento iminente da "manhã" seria destrutivo ou produtivo. Negatividade, violência, cobiça, crueldade, a lascívia do poder e a profanação sistemática da natureza e de

*Crenças antigas sobre o dia do Juízo Final*

seus habitantes sagrados assegurariam uma transição catastrófica do quinto ciclo de volta ao primeiro, enquanto um cultivo global de generosidade, respeito, unidade e caridade e uma celebração da santidade de nosso planeta natural e de todas as criaturas vivas poderiam, por nossa escolha, criar uma transição cíclica para uma idade verdadeiramente de ouro. De modo que, segundo profetizaram os maias, 2012 seria o marco de mudanças profundas entre nós na Terra. Os tipos de mudanças que só dependem inteiramente de nós.

## A Atlântida (ou Atlantis)[14]

De acordo com os maias, o fim do Quarto Mundo (ciclo) e o começo do Quinto ocorreram no dia 12 de agosto de 3113 a.C., quando foi a pique o grande continente de Atlântida.

Quem primeiro se referiu a Atlântida na literatura foi o escritor e filósofo grego Platão (428-348 d.C.). Seus diálogos *Timeu*[15] e *Crítias*[16] incluem personagens que se referem à Atlântida como um lugar "que ficava nos arredores dos Pilares de Hércules" (no estreito de Gibraltar) e foi destruído por um tsunami ou terremoto cerca de nove mil anos antes. Segundo os diálogos, Sócrates havia falado sobre sociedades ideais, e em resposta Timeu e Crítias contam a Sócrates uma história que "não é ficção, é uma história real" a respeito de um conflito entre os antigos atenienses e os atlantes.

Desde então, Platão, os atlantes, suas origens e sua civilização têm sido tema de exaustivas lendas, pesquisas e explorações. Fontes diversas acreditam que eles eram extraterrestres que chegaram à Terra há mais de cinquenta mil anos. Tinham forma humana, pele clara e eram gigantescos, com altura entre 2,10 e 3 metros. Escavações realizadas revelaram esque-

---

14. Sua real existência ou localização nunca foi efetivamente confirmada. (*N. da T.*)
15. Historiador grego nascido por volta do ano 352 d.C. (*N. da T.*)
16. Nascido em Atenas em 460 a.C., era tio de Platão e um dos mais violentos membros do grupo "Trinta Tiranos", que governou aquela cidade. Foi discípulo de Sócrates. (*N. da T.*)

letos que confirmam a existência de uma raça que cresceu e chegou a superar aqueles tamanhos.

Estimavam que a expectativa de vida dos atlantes era de cerca de 800 anos, o que poderia explicar como eles tinham tempo para desenvolver sua surpreendente tecnologia, anos-luz além da nossa, mesmo nos dias de hoje.

Eles foram capazes de adquirir o controle perfeito do clima e, como eram virtualmente viciados em estímulos, adoravam invocar tempestades violentas para seu próprio prazer. Tinham também a capacidade de criar "efeitos especiais geológicos", de fontes vulcânicas a gêiseres,[17] bem como afloramentos de minerais. E, possivelmente o mais impressionante de tudo, inventaram uma coisa chamada "tecnologia do limiar" — um dispositivo que transformava o que chamamos de contínuo espaço-tempo em fonte de energia.

Entretanto, uma das fontes de energia mais comuns em Atlântida era o cristal, que, sabemos, tem a capacidade de transferir e ampliar um raio de luz dirigido a suas facetas. Os atlantes simplesmente ampliaram essa condição básica e usaram a energia do cristal não apenas para as necessidades básicas de energia, semelhantes às nossas, como também para aumentar suas colheitas, seu próprio desenvolvimento físico, sua capacidade mental e sua aparência juvenil, apesar da idade incrivelmente avançada de cada um deles.

A Atlântida exerceu grande fascínio sobre o brilhante clarividente e profeta Edgar Cayce, sobre quem falaremos mais detalhadamente adiante, neste livro. Em uma de suas muitas minuciosas descrições da vida em Atlântida, ele se referiu a uma Pedra de Tuaoi, ou *Firestone,* um grande cristal que ficava em um edifício com teto retrátil, de modo que pudesse ser "recarregado" pelo Sol, pela Lua, pelas estrelas, pelo meio ambiente em geral e pela própria Terra. Era capaz de transmitir energia para movimentar todas as formas de embarcações no continente e acima e abaixo dele, enviar transmissão de áudio e vídeo a grandes distâncias e, sem utilizar fios, fornecer calor e luz em qualquer lugar da Atlântida.

---

17. Fontes de água quente. (*N. da T.*)

*Crenças antigas sobre o dia do Juízo Final*

De acordo com Cayne e outros estudiosos, o Grande Cristal que tanto favorecera os atlantes acabou por conduzi-los à morte. À medida que eles se tornavam mais obcecados com o próprio poder e com o poder dessa fonte de energia sem precedentes, começaram a "modular" o cristal para frequências cada vez mais altas, fazendo com que montanhas implodissem, vulcões entrassem em erupção e o próprio continente da Atlântida desmoronasse e submergisse no oceano Atlântico.

Embora não haja um consenso de que a Atlântida tenha existido até ela ressurgir durante este século — e isso vai acontecer —, tem havido certas indicações de que esse continente não era tão imaginário quanto os céticos preferem acreditar.

Vejamos um trecho extraído de um exemplar de 1954 do *Geologic Society of America Bulletin*[18] referente à exploração do ponto mais alto da cordilheira Mesoceânica do Atlântico:

> *O estado de petrificação da pedra calcária lembra que ela pode ter sido petrificada sob condições subaéreas (isto é, acima da água, na superfície terrena) e que a elevação marinha (o pico) pode ter sido uma ilha nos últimos doze mil anos.*

Houve também uma série de fotografias tiradas por satélite que foram exibidas e descritas no exemplar de março de 1996 da revista *Discover*:

> *A cordilheira Mesoceânica serpenteia no centro do oceano, na costa da Groenlândia, até a latitude do cabo Horn (...) Abaixo da África do Sul, a cordilheira ao sudoeste da Índia se arremessa até o oceano Índico como um foguete chiando ou, talvez, como a trilha de uma toupeira gigantesca de desenho animado do fundo do mar.*

---

18. *Boletim da Sociedade Geológica da América. (N. da T.)*

*Fim dos tempos*

Mas talvez os maias tenham dado à existência da Atlântida toda a confirmação de que ela precise, ao considerar seu desaparecimento tão historicamente monumental que, em suas crenças mais sagradas, ela tenha terminado com um mundo.

## Os astecas

Outra civilização poderosa e agora extinta de guerreiros foi o Império Asteca, centralizado no vale do México e fundado por volta do século XII d.C. O princípio de sua história não ficou registrado no papel, mas foi sendo transmitido de geração a geração por meio da tradição oral; portanto, não existe maneira de investigar sua origem com total exatidão. A lenda reza que os astecas vieram da ilha de Aztlán, mas especula-se se Aztlán realmente existiu. O Império Asteca encontra-se tão envolto em mito e mistério quanto Camelot e, alguns dizem, quanto o continente de Atlântida. No entanto, há quem afirme que Aztlán era real e se localizava no estado norte-americano de Utah ou, talvez, no Colorado. Isso significaria que os astecas podem ter chegado ao vale do México vindos do que é hoje a parte ocidental dos Estados Unidos; assim, todo o conceito de imigrantes não documentados da fronteira sul precisaria ser revisto: os astecas talvez sejam descendentes de indígenas que têm mais direito de estar nos Estados Unidos do que os norte-americanos atuais. Os "Pergaminhos da migração Asteca" descrevem Aztlán como uma ilha em um lago, habitada por grandes grupos de garças, com sete templos no centro do território. Alguns afirmam que as sete cavernas da ilha de Antílope, em Utah, podem confirmar sua identidade como a antiga Aztlán, embora há quem esteja convencido de que Aztlán, no final das contas, será encontrada na Flórida ou próximo a ela. Mas Jesus Jauregui, do Instituto Nacional de Antropologia e História do México, declara, convicto: "Aztlán é um lugar mítico, e não histórico". Portanto, prosseguem os debates e ocasionais expedições exploratórias.

*Crenças antigas sobre o dia do Juízo Final*

É, porém, ponto pacífico que os astecas foram conduzidos ao vale do México, no século XIV, por Tenoch, seu líder. Em seguida, o deus da guerra Huitzilopochtli ordenou que levasse o povo não civilizado e bárbaro para um refúgio em uma ilha pantanosa no lago Texcoco, onde deveria construir uma cidade e homenagear Huitzilopochtli com sacrifícios humanos, prática frequente entre os astecas. A cidade de Tenoch foi construída sob essas condições movediças e difíceis e recebeu o nome de Tenochtitlán. Apesar desse início desfavorável, o Império Asteca criou raízes e prosperou até cerca de 1520, quando os conquistadores espanhóis liderados por Cortez invadiram e conquistaram as terras e, virtualmente, todas as demais civilizações em seu caminho, destruindo os vestígios dos astecas.

A exemplo dos maias, os astecas criaram um sistema de calendários altamente complexo baseado na astronomia, destinado não somente a marcar feriados e curtos períodos de tempo como também a seguir o rastro dos ciclos da humanidade ao longo do progresso na Terra. Eles adotaram aquilo a que se referiam como a "Lenda dos cinco Sóis",[19] em que cada um representava períodos de sua própria história. Durante a vida de cada sol, a Terra viceja em paz e prosperidade; no entanto, quando um sol morre, o mundo decai em um turbilhão catastrófico no qual os deuses renovam a Terra, em um processo cuja primeira etapa é destruí-la.

O primeiro sol denominava-se Sol das Pedras Preciosas e foi destruído por jaguares a mando de Tezcatlipoca, deus da Noite e deus do Norte. Como se acreditava que ele carregava consigo um espelho mágico que emitia fumaça e matava seus inimigos, Tezcatlipoca era também chamado de "deus do Espelho Fumegante".

O segundo sol era conhecido como Sol da Escuridão, cuja vida foi destruída por um terrível furacão invocado por Quetzalcoatl, o criador e deus do Sol.

O terceiro, o Sol do Fogo — e toda a vida que ele nutria —, foi exterminado pelo fogo mandado por Tezcatlipoca.

---

19. Ou idades. (*N. da T.*)

*Fim dos tempos*

O quarto era o Sol da Água, e sua morte causou um grande dilúvio, que destruiu o mundo. Esse dilúvio foi enviado por Tlaloc, o deus da Chuva e da Fertilidade, a quem os astecas temiam tanto que às vezes afogavam os filhos como sacrifício em homenagem a ele.

De acordo com o calendário asteca, estamos agora no Sol do Movimento, presidido por Tonatiuh, o deus Sol e a Águia que Sobe, que acabarão por causar terremotos tão cataclísmicos que dividirão o mundo pela metade.

## Os indígenas americanos

Há milhares de anos, os verdadeiros indígenas americanos são conhecidos por uma verdade: peça-lhes que lhe contem sua história, e eles falarão da natureza e de seu relacionamento de veneração pela Mãe Terra.

A origem dos indígenas americanos é tópico de discussão, e não existe um consenso entre os especialistas sobre o local de onde vieram. As teorias estendem-se desde uma migração pré-histórica da Ásia, via estreito de Bering, até uma fuga da destruição do continente perdido Atlântida. Não há dúvida, contudo, de que em 1492, quando Cristóvão Colombo chegou por engano à ilha de São Salvador, os nativos que o receberam, com pele parda e cabelo preto, convenceram-no de que ele havia concluído com sucesso sua viagem às Índias. Ele se referiu a eles como "índios", palavra espanhola para o que era relativo à Índia, até então, depois dando lugar a "indígena", e aí nasceu o nome cultural.

Cada uma das muitas tribos das nações dos indígenas americanos tem suas próprias histórias, língua, rituais e profecias, mas tudo isso gira em torno de sua ligação espiritual com a terra e a crença de que a sobrevivência de nosso planeta depende de a humanidade aprendera não inferiorizar a natureza e tratá-la com admiração.

*Crenças antigas sobre o dia do Juízo Final*

# As profecias dos hopi[20]

Há um relato maravilhoso, que circula desde 1959, parcialmente registrado em uma publicação de 1963 chamada *Book of the Hopi*. Conta a história que, em 1958, um sacerdote chamado David Young estava dirigindo sob o calor sufocante do deserto quando viu um ancião indígena americano ao lado da estrada. O reverendo Young ofereceu carona ao homem, que silenciosamente aceitou. Os dois percorreram alguns quilômetros sem trocar palavra, até que o ancião começou a falar:

*Sou Pena Branca — disse ele. — Um hopi do antigo Clã Urso. Segui pelas trilhas sagradas do meu povo, que vive nas matas e nos muitos lagos do leste, na terra do gelo e das longas noites no norte, e nos lugares dos altares sagrados de pedra, construídos há muitos anos pelos ancestrais dos meus irmãos no sul. De todos esses escutei as histórias do passado e as profecias do futuro. Hoje, muitas das profecias viraram história, e poucas restam por acontecer. O passado se torna longo, e o futuro se torna curto.*

O reverendo Young escutava extasiado, enquanto o extraordinário homem continuava:

*O meu povo aguarda Pahana, o Irmão Branco desaparecido [cuja volta à Terra marca o começo do Quinto Mundo, de acordo com a lenda dos hopi], assim como todos os nossos irmãos neste mundo. Ele não será como os homens brancos que conhecemos agora, que são cruéis e ambiciosos. Nós falamos da vinda dele há muito tempo, mas ainda aguardamos Pahana.*

*O Quarto Mundo deve terminar em breve, e o Quinto Mundo terá início. Disso os anciãos em toda parte sabem. Os sinais ao longo de muitos anos estiveram sendo observados, e muito pouco resta por acontecer.*

---

20. Tribo indígena do Arizona, EUA. (*N. da T.*)

*Fim dos tempos*

Este é o primeiro sinal: contaram-nos da chegada dos homens de pele branca, como Pahana, mas homens que não viviam como Pahana e que se apossaram da terra que não era deles. E homens que derrubavam os seus inimigos com trovões.

Este é o segundo sinal: as nossas terras verão a chegada de rodas de fiar, carregadas de sons. Quando jovem, o meu pai viu com os próprios olhos essa profecia se tornar realidade: os homens brancos trazendo as suas famílias em carroças pelas pradarias.

Este é o terceiro sinal: animais estranhos parecendo búfalos, mas com chifres grandes e compridos, em grandes quantidades vão devastar a terra. Esses, Pena Branca viu com os próprios olhos: a chegada do gado dos homens brancos.

Este é o quarto sinal: o território será cruzado por serpentes de ferro.

Este é o quinto sinal: o território será entrecruzado por uma gigantesca teia de aranha.

Este é o sexto sinal: o território será entrecruzado por rios de pedra que formarão figuras sob o calor do sol.

Este é o sétimo sinal: você saberá que o mar estará se tornando negro, e muitas das coisas existentes morrerão por causa disso.

Este é o oitavo sinal: você verá muitos jovens, que usam cabelos longos, como a gente do meu povo, vindo e reunindo-se às nações tribais para aprender os seus costumes e sabedoria.

Este é o nono e último sinal: você saberá de uma habitação nos céus, sobre a Terra, que deve cair com um grande estrondo. Vai parecer como se fosse uma estrela azul. Logo depois disso, as cerimônias do meu povo cessarão.

Esses são os sinais de que uma grande destruição está chegando. O mundo vai balançar para a frente e para trás. O homem branco vai combater outros povos em outras terras — com aqueles que possuíram a luz primeira da sabedoria.

Haverá muitas colunas de fumaça e fogo, como as que Pena Branca viu o homem branco fazer nos desertos não muito longe daqui. Assim que elas acontecerem, causarão doenças e muita mortandade.

*Crenças antigas sobre o dia do Juízo Final*

*Muitos do meu povo, compreendendo as profecias, devem se salvar. Aqueles que estejam presentes ou vivam nos lugares do meu povo também devem ser salvos. E, então, haverá que reconstruir. E, em breve — logo em seguida —, Pahana regressará. Ele trará consigo a aurora do Quinto Mundo. Ele plantará as sementes da sua sabedoria nos seus corações. Mesmo agora, as sementes estão sendo plantadas. Eles devem abrir caminho para o despertar no Quinto Mundo.*

O reverendo Young e o ancião Pena Branca não voltaram a se ver depois que se separaram naquele dia, mas a extraordinária experiência e as profecias que surgiram desse encontro tornaram-se parte das lendas modernas dos hopi. E, de acordo com a maioria dos intérpretes, os sinais profetizados por Pena Branca correspondem aos descritos a seguir:

O primeiro sinal: "trovão" é uma referência a armas.

O segundo sinal: referência óbvia à chegada dos colonizadores em carroças cobertas.

O terceiro sinal: "animais estranhos parecendo búfalos, mas com chifres grandes e compridos" consistem em uma imagem da proliferação de gado de chifres compridos no sudoeste e no oeste dos Estados Unidos recém-colonizados.

O quarto sinal: "serpentes de ferro" correspondem às estradas de ferro.

O quinto sinal: "gigantesca teia de aranha" se refere à rede de energia elétrica.

O sexto sinal: "rios de pedra" consistem nas rodovias de concreto, e "figuras sob o calor do sol" são provavelmente as miragens criadas pelo sol escaldante refletindo na pavimentação.

O sétimo sinal: "o mar estará se tornando negro" é uma referência às erupções destrutivas dos vazamentos de óleo.

O oitavo sinal: "os jovens que usam cabelos longos e se confraternizam com as nações tribais para aprender seus costumes" correspondem ao movimento *hippie* do final da década de 1960 e do princípio da década de 1970.

*Fim dos tempos*

O nono sinal: "uma habitação nos céus, sobre a Terra, que deve cair com um grande estrondo" é uma referência à tragédia de 1979 da estação espacial Skylab, que mergulhou em nosso planeta.

## O fim dos dias segundo os navajos[21]

O talentoso escritor navajo Ray Baldwin Louis descreveu lindamente as profecias e crenças de seu povo no conto intitulado "When All Things Come to an End".[22] A seguir, trechos da narrativa:

> *Os pássaros todos se acomodarão no solo; crescerão chifres nos texugos; o vento não vai parar de soprar; o povo vai se casar com outras tribos e também com outros clãs; haverá vozes, mas serão muito débeis, e muitos não as ouvirão; o inimigo vai penetrar na fortaleza do povo navajo. E isso acontecerá quando tudo chegar ao fim, quando todas as gerações acabarem se encontrando.*
>
> *Mas, primeiro, ocorrerão quatro grandes fatos: certa mula vai dar à luz uma cria de sua própria espécie; um bebê de cabelo branco e com dentes nascerá falando; haverá fome e muitos sofrerão; relâmpagos açoitarão o céu de leste a oeste. Essas coisas serão sinais de que tudo está chegando ao fim...*
>
> *Homens e mulheres idosas que previram o futuro ensinaram aos filhos a manter suas tradições e não abandonar sua religião, pois o dia viria em que eles a perderiam, se não tivessem cuidado...*
>
> *Ouvi a profecia [do curandeiro[23]] de que sua sacola de remédios[24] já não será tão poderosa quanto no passado; ela será des-*

---

21. Tribo nativa do sudoeste dos Estados Unidos. Maior reserva indígena desse país: são cerca de 220 mil índios, ocupando 6 milhões de hectares. (*N. da T.*)
22. "Quando tudo chegar ao fim". (*N. da T.*)
23. Ou xamã. (*N. da T.*)
24. Objeto tradicional dos índios norte-americanos, a sacola é normalmente usada pelo curandeiro e contém vários itens com supostos poderes sobrenaturais, como plantas medicinais ou cogumelos alucinógenos. (*N. da T.*)

*prezada e jogada fora. O povo ficará desorientado sem sua presença, e perderá o poder contra o inimigo.*

De acordo com interpretações de antigos cânticos navajos, o "Tempo do Fim" não representará a destruição deste planeta. Em vez disso, quando o Grande Espírito voltar à Terra, Sua chegada significará o amanhecer de um novo dia. Ele instilará vida nova no espírito do povo; todos os povos da Terra "se fundirão em um só" e se amarão; a humanidade deixará de ser ameaçada ou afetada pelos dissabores e perigos do mundo, e uma religião se estenderá por todo o planeta — e será desprovida de todos os preconceitos e leis arbitrárias das religiões antes existentes e que foram transmitidas ao longo de eras.

## O dialeto lakota

A necessidade imperiosa da humanidade começar a tratar nosso planeta para evitar sua destruição é expressa no trecho de uma profecia lakota.[25] Ela se refere aos *Star People*,[26] que muitas tribos acreditam serem seus ancestrais extraterrestres, e à Mãe Sagrada, nome que dão à Terra.

*Os* Star People, *a quem vocês chamam de meteoritos, virão para a Terra em resposta ao pedido de ajuda da Mãe. Deve-se entender que todos somos parentes. Assim, os* Star People *são seres, e são os planetas, e são também os demais corpos celestes.*

*A Mãe Sagrada clama pela vida, e os meteoritos ouvem seus gritos e respondem à sua invocação por ajuda. Eles atingirão a terra vindo do céu com tanta força que muitas coisas externas e internas acontecerão. A Terra se agitará como resultado do im-*

---

25. É o maior dos cinco dialetos principais da língua sioux. (*N. da T.*)
26. Seres estelares que vêm de galáxias físicas ou não físicas e se encarnam na Terra para levar a bondade e a gentileza aos lugares onde elas são necessárias, a fim de evitar uma guerra nuclear. (*N. da T.*)

*Fim dos tempos*

*pacto. Isso fará com que o fogo sagrado, que é a fonte de vida plena para a Mãe, movimente-se ao longo de seu corpo.*

*As chuvas mudarão sua forma de cair, e os ventos alterarão sua direção, e o que existiu por trezentos anos deixará de existir. E onde houver verão, haverá outono. E onde houver outono, haverá inverno. E onde houver inverno, haverá primavera.*

*Os animais e as plantas ficarão confusos. Acontecerão terríveis pragas que vocês não compreenderão. Muitas dessas pragas se originam de seus cientistas, cujas intenções foram distorcidas. Seus cientistas permitiram que esses monstros agissem livremente na Terra. Essas pragas serão espalhadas pelas águas, pelo sangue e pelos alimentos, porque vocês romperam a cadeia natural pela qual sua Mãe se purifica.*

*Somente aqueles que aprenderam a viver na terra encontrarão um santuário. Vão aonde as águias voam, aonde o lobo vagueia, aonde vive o urso. Lá vocês encontrarão vida, porque esses animais sempre vão aonde a água e o ar são puros. Vivam onde as árvores — pulmões desta Terra — purificam o ar. Está chegando uma época, além do clima. O véu entre o mundo físico e o espiritual está se esgarçando.*

## O povo Lower Brule Sioux

O Búfalo Corajoso da Planície da tribo sioux proporciona uma eloquente profecia sobre a santidade da natureza e como estamos nos arriscando a pô-la em perigo, bem como sobre o eterno ciclo de vida neste universo:

*É hora da Grande Purificação. Estamos em um ponto sem volta. Os bípedes estão na iminência de destruir a vida na Terra. Já aconteceu antes, e está prestes a acontecer novamente. O Arco Sagrado[27] mostra que todas as coisas não têm começo nem fim. O*

---

27. Representa o ciclo da vida, suas teias e inter-relações. (*N. da T.*)

*Crenças antigas sobre o dia do Juízo Final*

*velho se transforma em novo, e o novo se transforma em velho. Tudo se repete. Os brancos não têm cultura. A cultura tem raízes na terra. Os povos sem cultura não sobrevivem muito tempo porque a Natureza é Deus. Sem uma ligação com a Natureza, as pessoas ficam à deriva, tornam-se negativas e se destroem.*

*No início, tínhamos um só pensamento, que era positivo, uma coisa bela, e víamos beleza em todos os lugares.*

## As profecias cherokee

Os cherokees são uma civilização intensamente espiritual e acreditam que toda manhã a humanidade deveria agradecer ao Criador, à Mãe Terra, ao Pai Céu, a todos os seus parentes e às quatro direções sagradas: o Leste, responsável pela alimentação e pela cura que cresce da Mãe Terra; o Sul, responsável pelo vento, pelo céu e pelo ar; o Oeste responsável pela guarda das águas, que é o principal dos elementos; e o Norte, a cargo do fogo. Para os cherokees, todas as coisas estão ligadas, têm um objetivo e contêm uma fagulha divina da vida. Eles acreditam que, quando morremos, nossas almas podem ser escolhidas para continuar vivendo como fantasmas na dimensão terrena, passíveis de serem vistos quando necessário. Não existe morte, apenas um ciclo eterno atribuído por nosso Criador, o Grande Espírito.

Os cherokees valorizam profundamente as profecias de seus antepassados, transmitidas de uma geração a outra em sua importante tradição oral pelos reverenciados anciãos tribais. Algumas dessas profecias são descritas a seguir:

- uma cinta negra seria por eles passada em toda a terra, e deveriam fazer um inseto se mover sobre ela. Isso seria um sinal tão violento da sacudida da Terra que o inseto seria atirado no ar e começaria a voar. (Considera-se que a cinta negra seja a primeira

*Fim dos tempos*

pista de rolamento, e o inseto se movimentando nela, o primeiro automóvel,[28] produzido em massa pela primeira vez em 1908. A violenta sacudida da Terra logo após corresponderia à Primeira Guerra Mundial, iniciada em 1914. Foi nessa ocasião que os aviões foram usados em grande escala — o inseto se movendo pelo ar);

- uma teia de aranha seria construída ao redor do mundo, e por meio dela as pessoas se falariam. (Centenas de anos após essa profecia, as linhas telefônicas alcançaram virtualmente todos os recantos do globo);

- um sinal de vida no Leste viraria de lado e seria rodeado de mortes, e um dia o sol nasceria no Oeste, trazendo uma segunda sacudide-la violenta da Terra, ainda mais violenta do que a primeira. (A cruz, um sinal de vida, seria invertida e entortada no Leste, formando a suástica nazista. O sol nascendo seria o símbolo do poder imperial japonês, e a "sacudidela violenta" da Segunda Guerra Mundial realmente foi pior do que a primeira);

- os anciãos diziam que a "abóbora de cinzas"[29] cairia dos céus, criando cinzas de todas as coisas vivas em seu caminho, e que essas coisas vivas não cresceriam por muitos anos. (A bomba atômica se enquadra perfeitamente nessa descrição);

- uma águia voaria à noite e pousaria na Lua. (Em 1969, a chegada a salvo à Lua da nave espacial Apollo 11 foi anunciada pelo astronauta Neil Armstrong à sala de controle da NASA com as seguintes palavras: "A águia pousou");

- uma casa seria construída no Leste para recepcionar todos os povos da Terra, e ela brilharia como o sol refletindo a mica do deserto. (A ONU, fundada em 1945, transferiu seu quartel-general de São Francisco para um edifício reluzente de vidro dourado na cidade de Nova York, em 1952);

---

28. O Ford modelo T. (*N. da T.*)
29. Alegoria ao "cogumelo" formado pela bomba atômica. (*N. da T.*)

*Crenças antigas sobre o dia do Juízo Final*

- se desperdiçarmos nossas oportunidades depois das duas sacudidas da Terra e não nos tratarmos como uma família humana, de irmãos e irmãs — o que não temos feito —, a Terra será sacudida pela terceira vez, muito mais violentamente do que antes.

No cerne das profecias cherokees, entretanto, está a crença de que suas almas vêm das estrelas, sob a forma de sementes estelares, para nascerem na raça humana e trazer luz e conhecimento. Quando ocorre a morte, essas mesmas almas voltam aos céus, tornando-se estrelas. Na verdade, alguns anciãos cherokees ensinam que todos os seus ancestrais eram viajantes originários do lendário aglomerado estelar Plêiades,[30] grupo de estrelas que formam o "olho do touro" na constelação do Touro.

Diz-se que as estrelas da Plêiades visíveis a olho nu são meninos perdidos que, segundo o mito cherokee, foram severamente castigados pelas mães porque ficaram fora de casa, brincando, além do horário de se recolherem. Os sete meninos, deduzindo que as mães certamente já não os amavam nem se importavam com eles, fugiram mais uma vez de casa e voltaram para as montanhas nos arredores do vilarejo onde sempre brincavam. Começaram a dançar em um círculo, por horas seguidas, entoando: "Espíritos de nosso povo, levem-nos para esse céu tão azul. Nossas mães já não nos querem, e desejamos ficar com vocês".

No vilarejo, as mães dos garotos descobriram que os filhos haviam desaparecido e rapidamente se dirigiram às montanhas para pegá-los de volta. Ao chegarem, viram os meninos dançando e cantando, e de repente uma das mães gritou: "Olhem! Eles estão se elevando do chão. Se não nos apressarmos, eles vão embora para sempre!".

Os meninos dançavam acima das cabeças das mães no momento em que elas, histéricas, chegaram até eles. Cada uma das mães pulou, apavorada, tentando agarrar seu filho, mas somente uma conseguiu, pegando o pé do garoto. Ela o puxou para o chão com tanta força que um buraco

---

30. Aglomerado das estrelas mais brilhantes do céu, também conhecido como "Sete Irmãs". (*N. da T.*)

*Fim dos tempos*

se formou no ponto onde ele caiu, e a terra se fechou ao redor. Ela caiu de joelhos ali, aos prantos, e depois ergueu a vista a tempo de ver os outros seis meninos dançando nas nuvens e desaparecendo no céu.

Reza a lenda que todo dia, pelo resto da vida, as sete mães — que nunca mais sorriram, riram ou tiveram um momento de alegria — voltaram ao local onde tinham perdido os filhos. Seis mães olhavam para o céu, procurando os meninos, enquanto a sétima se ajoelhava no chão, ensopando a terra com suas lágrimas.

Certo dia, seis mães notaram que estrelas surgiram no céu exatamente no local onde seus filhos tinham desaparecido. Dizem que essas estrelas são as Plêiades. A sétima das mães olhou para o lugar em que a terra engolira seu filho e ficou boquiaberta ao verificar que um minúsculo pinheiro começava a crescer no local.

Até hoje os cherokees consideram o pinheiro uma de suas árvores mais sagradas, e têm o costume de olhar para as Plêiades e rezar.

O sistema estelar das Plêiades é também importante em uma das profecias cherokees mais apreciadas e famosas, a "Profecia da Cobra Cascavel", um sinal no céu que estaria se desenvolvendo em direção ao fim do calendário cherokee, no ano de 2012. Desnecessário dizer que não se trata de coincidência que os calendários dos cherokees e dos maias terminem no mesmo ano. Isso é simplesmente o resultado da migração ao Norte dos maias e dos astecas, que saíram das Américas Central e do Sul para se estabelecerem nos Estados Unidos.

Mas o cerne da "Profecia da Cobra Cascavel" está na sabedoria e nos ensinamentos dos antigos anciãos cherokees.

Da mesma forma como todas as culturas interpretam os astros e seus movimentos nos sistemas zodiacais e nas profecias, os cherokees veem um zodíaco próprio, antigo e venerado, a história da eternidade, ou do "Tempo Atemporal", escrito na face do universo. O próprio universo é feito de cristal, e dele pendem quatro cordas de couro cru para suspender a grande ilha conhecida como Terra. Embora o contorno dos céus retenha sua forma no céu, existe um movimento no zodíaco cherokee que o faz parecer vivo, respirando e se transformando para prever o destino da Terra contra o pano de fundo do ciclo eterno da vida.

*Crenças antigas sobre o dia do Juízo Final*

Existem 13 constelações no zodíaco cherokee, a maioria de desenhos de animais. Destaca-se entre elas a constelação da Cobra Cascavel, sobre a qual está escrita uma profecia. A cascavel tem uma cabeça, e a ponta da cauda é o respeitado sistema das Plêiades. Entre a cabeça e a cauda está um corpo que se contorce e se arrasta. Há 52 escamas em sua boca — o número 52 é parte essencial do sofisticadíssimo calendário cherokee. O esboço da cascavel permanece estacionário, mas diversas formas que aparecem na própria cobra e dela desaparecem são interpretadas como sinais do passado, do presente e do futuro do universo.

Entre 16 e 22 de julho de 1994, astrônomos do mundo inteiro ficaram simplesmente hipnotizados quando mais de 20 fragmentos de um cometa chamado Shoemaker-Levy 9 colidiram com o hemisfério sul do planeta Júpiter, fenômeno previsto no calendário cherokee. Na mitologia dos cherokees, esses fragmentos de cometa foram, na verdade, um ataque a Júpiter causado pelos dedos de uma bruxa temível e sedenta de sangue chamada Spearfinger.[31] Spearfinger tinha 12 metros de altura, pele de pedra, que nenhuma arma era capaz de penetrar, e brandia um dedo comprido e tão afiado quanto uma navalha, com o qual ela golpeava as vítimas nas costas e tirava-lhes o fígado sem deixar qualquer marca, devorando-o numa só bocada. Fosse um cometa fragmentado colidindo com Júpiter ou um ataque cruel por Spearfinger, essa manifestação era considerada um sinal de que a nação cherokee devia despertar de sua complacência e ficar atenta.

Essa colisão com Júpiter foi também profetizada para acordar Orion, o caçador celestial, que continuaria sua perseguição às donzelas da Plêiades, enquanto Júpiter e Vênus lutariam entre si, assinalando a época dos sumos sacerdotes cherokees. Dos anos de 2004 a 2012, o calendário cherokee previu que ocorreria um fenômeno nos céus que consistia em penas aparecendo na cabeça da cascavel. Seus olhos brilhantes iriam se abrir. A cobra desenvolveria asas, mãos e braços, e suas mãos segurariam uma tigela de sangue. Os sete chocalhos de sua cauda se assemelham às raízes

---

31. O nome quer dizer "Dedo de lança". (*N. da T.*)

*Fim dos tempos*

de uma árvore: a "Árvore Plêiades do Início". Isso corresponderia ao trânsito de Vênus — um alinhamento raríssimo entre Terra, Vênus e o Sol pelo qual da Terra parece que Vênus está atravessando a superfície solar. As últimas passagens de Vênus ocorreram em 8 de junho de 2004 e entre 5 e 6 de junho de 2012.

E é no ano 2012 que chega ao fim o calendário cherokee, assim como o calendário maia.

Para algumas civilizações indígenas da América do Sul, o "fim" marca a chegada de Quetzalcoatl, o deus da Criação, geralmente apresentado como uma serpente com penas, igual à Cobra Cascavel de penas que os cherokees procuram no céu noturno como sinal de que o fim está próximo.

Para os cherokees, o "fim" no ano 2012 quer dizer que tudo renascerá.

### A nação Sioux e a Mulher Novilho Búfalo Branco

Para os Sioux, não existe coisa viva mais sagrada do que o búfalo branco. Nas raras ocasiões em que nasce um bezerro de búfalo branco — as mais recentes foram em 1994, em 1996 e em 2005 —, indígenas de todo o continente da América do Norte vão em peregrinação prestar homenagem ao que consideram um sinal renascido de esperança, cura e profecias cumpridas. "Para nós", dizem, "isso é uma coisa parecida com o fato de vir para ver Jesus deitado na manjedoura".

A lenda da Mulher Novilho Búfalo Branco é uma linda e importante pedra fundamental da própria herança dos sioux. Crow Dog,[32] um curandeiro Sioux, descreveu a importância dessa criatura ao declarar: "Antes dela chegar, as pessoas não sabiam como viver. Não sabiam nada. A Mulher Novilho Búfalo Branco transmitiu sua mente sagrada para as mentes delas".

A história foi passada de uma geração Sioux para a seguinte por meio de seus anciãos e curandeiros durante centenas de anos, expressando para

---

32. A tradução literal seria "Cachorro corvo". (*N. da T.*)

*Crenças antigas sobre o dia do Juízo Final*

a Terra e todos os povos a natureza profundamente espiritual de um povo tradicionalmente guerreiro e suas profecias.

Reza a lenda que, em um verão, há tanto tempo que não se consegue precisar a data, o conselho sagrado da nação Sioux, chamado Oceti--Shakowin, preocupado com seu povo, reuniu-se para acampar. Apesar de o sol estar brilhando e ser duradouro, não havia caça para os bravos caçarem, e as pessoas passavam fome. Diariamente, os membros do conselho enviavam batedores para procurar animais de caça, mas não conseguiam encontrar nenhum.

Fazia parte do conselho o chefe Chifre Oco em Pé, em seu próprio círculo do acampamento com sua tribo, a Sem-Arcos (Itazipcho). Certo dia, logo que amanheceu, o chefe Chifre Oco em Pé despachou dois de seus jovens guerreiros para caçar. Os Sioux não tinham cavalos, de modo que os dois guerreiros foram a pé. Como nada encontraram nas áreas vizinhas, decidiram subir em um morro próximo, para obter melhor visão do vasto território.

Quando escalavam a verde montanha, observaram um vulto se movendo em sua direção, vindo de grande distância. Como o vulto parecia flutuar em vez de andar, os jovens estavam certos de que o sagrado se aproximava deles. Quanto mais perto a figura ficava, mais claramente eles podiam ver que a pequena forma era a de uma mulher belíssima. Seus olhos negros eram brilhantes e emanavam energia. Os cabelos negros e longos lhe caíam livremente em cascata nas costas, à exceção de uma única trança amarrada graciosamente com pele de búfalo. Círculos vermelhos estavam pintados em suas faces e contrastavam de maneira impressionante com a pele parda translúcida. A veste reluzente de camurça branca era bordada com desenhos sagrados em cores tão intensas que pareciam sobrenaturais. Ela segurava uma grande sacola.

Os dois guerreiros a contemplavam, atônitos. Um deles, então, dominado por sua beleza e querendo possuí-la, se aproximou, com a intenção de tocá-la. Ela, porém, era excessivamente sagrada para tolerar ser objeto de desejo terreno, e o jovem impulsivo se viu consumido por uma nuvem negra e abrasadora. Tudo o que dele restou foi uma pilha de ossos incinerados.

*Fim dos tempos*

O outro caçador permaneceu calado, em assombro respeitoso; a Mulher Novilho Búfalo Branco dirigiu os olhos negros para ele e disse: "Trago a seu povo uma mensagem da Nação do Búfalo, junto com presentes sagrados para enfrentar estes tempos difíceis. Volte para seu acampamento e ajude o povo a se preparar para minha chegada. Seu chefe deve erigir uma cabana medicinal, sustentada por 24 pilastras, e que ela seja consagrada para me receber".

O jovem guerreiro voltou rapidamente até o chefe Chifre Oco em Pé e os demais no acampamento e, ofegante, repetiu as instruções da Mulher Novilho Búfalo Branco. Empolgados, os Sioux construíram a cabana medicinal com 24 pilastras, realizaram rituais para consagrá-la e aguardaram, ansiosos, a chegada tão reverenciada.

Quatro dias depois, viram o sol reluzir em uma veste branca radiante e logo se viram na presença divina da Mulher Novilho Búfalo Branco. Respeitosamente, fizeram reverência, e o chefe Chifre Oco em Pé avançou para cumprimentá-la; sua voz sussurrou, de tão atônito que estava. "Irmã", disse ele, "estamos muito honrados que você tenha vindo nos ajudar".

Ela fez um movimento com as mãos para que eles a seguissem até a cabana de remédios e lhes ensinou a construir um altar sagrado de terra no centro do círculo dos 24 mastros. Seguindo as instruções, eles aplainaram a terra vermelha do altar, na qual ela desenhou um emblema sagrado. Em seguida, a mulher ficou em pé diante do chefe e abriu o fardo que trouxera. De dentro da bolsa, ela retirou um cachimbo sagrado chamado *chanunpa*, que levantou e mostrou à multidão. A haste estava em sua mão direita. O bojo, na mão esquerda. O *chanunpa* tem sido segurado pelos Sioux dessa maneira desde então.

A Mulher Novilho Búfalo Branco encheu o bojo do cachimbo com fumo de casca avermelhada de salgueiro e caminhou ao redor da tenda medicinal quatro vezes, representando o círculo sagrado que não tem fim, como o caminho do grande Sol. Em seguida, com uma lasca de búfalo seco, ela trouxe uma chama do fogo do altar e acendeu o cachimbo, criando a chama que não tem fim, conhecida como *petaowihankeshini*, que desde então é passada de geração em geração Sioux.

*Crenças antigas sobre o dia do Juízo Final*

Mais uma vez ela ergueu o cachimbo e o mostrou à multidão, dizendo: "Este cachimbo sagrado nos mantém todos juntos, o Sagrado Abaixo e o Sagrado Acima. Com seus pés descansando sobre a Terra e a haste do cachimbo alcançando o céu, vocês se tornam uma ponte viva, uma ponte que une a Terra, o céu e todas as coisas vivas, os seres de duas e de quatro pernas, e os de asas, e os que não têm membros, as árvores, as flores silvestres e as ervas que se inclinam segundo o espírito do vento. Estão todos relacionados, são todos uma só família, mantidos juntos sob a forma deste cachimbo. A pedra deste bojo representa o búfalo, mas também a carne e o sangue do homem pele-vermelha. O búfalo se apoia em quatro pernas e homenageia as quatro direções do universo e as quatro eras da Criação. Ele foi criado no Oeste para reter as águas quando o Grande Espírito criou o mundo. Todo ano, ele perde um fio de pelo. Em cada uma das quatro eras ele perde uma perna. O Ciclo Sagrado chegará ao fim quando todo o pelo e todas as pernas do búfalo tiverem desaparecido e ele já não puder impedir as águas de inundarem a Mãe Terra".

Ela, então, entregou o *chanunpa* ao chefe Chifre Oco em Pé e disse: "Respeite este cachimbo sagrado, que ele o levará a salvo até o fim da jornada. Eu voltarei para vê-lo em cada ciclo da geração".

Ao dizer isso, ela caminhou na mesma direção da qual havia chegado. O chefe e seu povo a observaram em reverência enquanto ela flutuava dirigindo-se ao sol poente. De súbito, a certa distância, eles a viram parar e girar, transformando-se em um búfalo negro. Na segunda vez, em um búfalo castanho. Na terceira vez em que girou, transformou-se em um búfalo vermelho. Na quarta, tornou-se um lindo novilho de búfalo branco, antes de desaparecer no horizonte.

Tão logo ela desapareceu, grandes manadas de búfalos surgiram milagrosamente, deixando-se abater pelos caçadores Sioux para que o povo se alimentasse e sobrevivesse. A partir daquele dia, o búfalo, adorado parente da nação Sioux, forneceu ao povo tudo o que era preciso: carne para alimentá-los, peles para suas roupas e tendas, ossos para ferramentas.

Muitos povos indígenas norte-americanos adotam e reverenciam uma lista de instruções sagradas que lhes foi dada pelo Grande Espírito, na

*Fim dos tempos*

época da Criação. Eles acreditam que seguir essas instruções pode perpetuar o Arco Sagrado, o ciclo de vida pretendido pelo Criador, que só chegará ao fim se nós o permitirmos. Essa lista é tão eloquentemente simples que não posso deixar de lamentar o fato de não nos importarmos em seguir essas instruções, independentemente de nossa cultura ou religião, porque elas pedem muito pouco em troca da possibilidade de salvarmos a Terra:

- cuide da Mãe Terra e das demais etnias do homem;
- respeite a Mãe Terra e a Criação;
- honre todas as formas de vida e sustente essa honra;
- seja profundamente grato por todas as formas de vida. É por meio da vida que existe a sobrevivência. Agradeça sempre ao Criador por todas as formas de vida;
- ame e expresse esse amor;
- seja humilde. A humildade é um presente da sabedoria e da compreensão;
- seja bondoso consigo mesmo e com os outros;
- partilhe sentimentos, preocupações e compromissos pessoais;
- seja sincero consigo mesmo e com os outros;
- seja responsável por estas sagradas instruções e partilhe-as com outras nações.

### Os aborígenes australianos

Acredita-se que os aborígenes da Austrália estejam na Terra há mais de 18 mil gerações. Eles têm sido caçadores e coletores desde o início, viajando e vivendo em clãs, transmitindo sua cultura, suas tradições e suas crenças. Os aborígenes veneram a natureza. Veneram seus anciãos e seus antepassados. Estão profundamente comprometidos em manter o equilíbrio entre os aspectos práticos e os espirituais de suas vidas. E seguem uma grandiosa mitologia chamada Tempo dos Sonhos, que é a base de sua fé. O Tempo dos Sonhos, urdido durante suas vidas de acordo com as maneiras mais sagradas e mundanas, tem em seu cerne a época da Criação, em que o espírito dos ancestrais dos aborígenes se movimentava na terra sem vegetação e profana e lhe deu sua forma física e suas leis sagradas.

Havia a Serpente do Arco-Íris, que rastejava na Terra formando rios e vales com seu corpo maciço. Encontramos também Bila, a Mulher Sol, cujo fogo iluminava o mundo.

Existia Kudna e Muda, duas criaturas semelhantes a lagartos e que destruíram Bila. Ficaram tão amedrontadas pela escuridão que criaram ao matar a Mulher Sol que começaram a atirar bumerangues para o céu em todas as direções, tentando trazer a luz de volta. O bumerangue de Kudna voou até o céu oriental, e apareceu uma bola reluzente de fogo. A bola de fogo atravessou lentamente o céu e desapareceu de novo além do horizonte ocidental, e então nasceram o dia e a noite.

Os incontáveis espíritos e histórias da mitologia dos aborígenes foram a maravilhosa base na qual essa antiga civilização construiu sua reverência por todas as formas da natureza e sua crença de que é um privilégio da humanidade viver entre essas santificadas criações e a elas servir.

O Tempo dos Sonhos é uma realidade do passado, do presente e do futuro dos aborígenes. Não é uma coisa que simplesmente aconteceu e terminou há muito tempo: trata-se de uma conscientização e de uma responsabilidade permanentes, com consequências trágicas se ignoradas.

A profecia de um ancião tribal aborígene australiano chamado Guboo Ted Thomas, conservada oralmente até ser finalmente posta no papel, reflete a fé profundamente simples e a visão que os aborígenes têm do fim do mundo:

> Poucos meses atrás,
> vi essa grande onda se aproximando.
> E lhes direi sobre essa onda.
> Não era uma onda do mar.
> Era uma onda espiritual.
> Então, acredito que chegou o Tempo dos Sonhos.

*Fim dos tempos*

*E começará na Austrália, quando estivermos sonhando.*
*Estou falando do sinal.*
*E do amor.*
*Precisamos aprender a amar uns aos outros.*
*Agora você entende que é isso que vai acontecer com a Terra.*
*Teremos ondas gigantescas.*
*Teremos pavorosos terremotos.*
*Isso vai acontecer porque não consideramos esta terra como nossa Mãe.*
*Acabamos com o equilíbrio, e não o estamos reconstruindo.*
*Olho para as árvores, e elas estão vivas.*
*Não estão mortas, estão vivas.*
*E estão pedindo a você que cuide delas.*

## A mitologia escandinava

Existem poucas visões mais pitorescas e confusas a respeito do Juízo Final do que a mitologia escandinava sobre o fim do universo, ou Ragnarök (que significa "destino final dos deuses"). A mitologia escandinava se origina nas crenças pré-cristãs do norte da Alemanha, da Europa anglo-saxã da Escandinávia. E, quando se tratava de Ragnarök, a palavra "final" em "Juízo Final" era apenas meia verdade.

Primeiro, segundo a lenda, chega Fimbulvetr — nevascas que duram três anos sem interrupção, no inverno mais brutal imaginável. Durante o período de Fimbulvetr, provavelmente em razão de sua infelicidade sem tréguas, as pessoas começam a brigar e a lutar entre si, abandonando qualquer aparência de moralidade. É o primeiro sinal de que o fim está a caminho.

Depois, vem um lobo. Seu nome é Skoll, e ao chegar ele devora o sol. Seu irmão Hati rapidamente devora a lua, e o mundo inteiro mergulha em trevas.

Três galos cacarejam, invocando os deuses e os gigantes da terra, chegando a despertar os mortos.

*Crenças antigas sobre o dia do Juízo Final*

A Terra começa a retumbar com maciços terremotos, fazendo tombar montanhas e libertando um navio dos mortos das entranhas do inferno, com Loki no leme, e seu filho Fenrir, outro lobo com uma enorme boca, ao seu lado.

O mar se agita violentamente, e Jormungand, uma serpente colossal venenosa, contorce-se, irada, enquanto se dirige a um campo de batalha chamado Vigrid, onde será travada a guerra final na Terra pelos combatentes reunidos. Jormungand envenena o mar, a terra e o céu e abre caminho até Vigrid.

As ondas tsunami libertam a embarcação Naglfar de seu ancoradouro, que, comandada pelo gigante Hymir e cheia de gigantes, ruma para o campo de batalha.

Do sul vem outro exército de gigantes, liderado por Surt, o gigante de fogo, que carrega uma espada mais quente do que o Sol e calcina tudo em seu caminho, à medida que ele e suas legiões rumam para Vigrid.

Heimdall, o deus viking da luz, vê os guerreiros se aproximando de todas as direções e toca a trombeta para invocar os deuses. Odin, a suprema divindade nórdica, Thor, o deus do trovão, os filhos de Odin e os demais deuses heroicos dos céus chegam ao campo de batalha usando armaduras douradas e cavalgando magníficos cavalos brancos.

A reunião continua até que todos os deuses, gigantes e demônios chegam para um combate mortal na enorme e condenada extensão norueguesa.

Odin e Fenrir instantaneamente se atacam, luta que prossegue por muito tempo.

Thor ataca Jormungand, a serpente venenosa matando-a, mas o veneno do réptil acaba com a sua vida.

Surt, o gigante de fogo, se depara com o deus desarmado do Sol e da Chuva, Freyr, e rapidamente o destrói.

Tyr, deus heroico e glorioso que não tinha a mão direita,[33] luta com o monstruoso cão de gelo Garm, que guarda a entrada do Mundo dos Mortos. Ambos morrem no combate.

---

33. Arrancada pelo deus-lobo Fenrir. (*N. da T.*)

*Fim dos tempos*

Loki e Heimdall, inimigos mortais desde sempre, ajustam as contas, e nenhum dos dois sobrevive.

Finalmente termina a batalha entre Odin e Fenrir, quando o feroz lobo consegue dominar e devorar Odin.

Enfurecido, Vidar, filho de Odin, mata Fenrir com as próprias mãos.

Surt, em uma derradeira e tresloucada explosão de violência, começa a arremessar fogo ao seu redor, até que o mundo inteiro se incendeia e toda criatura ainda viva morre nas chamas.

A Terra se afunda no mar.

Mas esse ainda não é o fim.

Existe uma árvore muito especial no céu: a Árvore do Mundo, ou Yggdrasil. Essa árvore possui a essência de todas as coisas vivas que existiram e que ainda existirão na Terra. E, enquanto o mundo estava sendo destruído, duas pessoas — Lif[34] e Lifthrasir[35] — conseguiram sobreviver, escondendo-se nos bem-vindos galhos da Yggdrasil. Alguns dos deuses também sobreviveram, incluindo o irmão, os filhos de Odin e os filhos dos filhos de Thor.

Assim, quando um novo mundo lindo e purificado surge do mar, quando o Sol e a Lua renascem, Lif, Lifthrasir e os deuses que sobreviveram estão presentes para dar as boas-vindas ao mundo e alegremente nele estabelecer residência. Esse novo mundo, destituído do mal e vicejando em harmonia pacífica, é pouco a pouco repovoado com os descendentes de Lif e Lifthrasir.

Quanto aos habitantes do mundo anterior, que morreram no incêndio causado por Surt ou se afogaram quando os países e os continentes afundaram, suas almas jamais deixarão de existir. Elas talvez estejam vivendo ao redor dos deuses em Grimli, ou no esplendor de Brimir, se tiverem sido pessoas boas durante sua permanência na Terra. Caso contrário, serão exiladas em Nastrond, um calabouço terrível cujo teto e paredes são inteiramente formados por cobras vivas muito venenosas.

---

34. Significa "vida" e é a mulher que sobreviverá ao fim do mundo (Ragnarök). Com Lifthrasir, dará início à nova era da humanidade. (*N. da T.*)
35. Significa "o que segura a vida". (*N. da T.*)

*Crenças antigas sobre o dia do Juízo Final*

Devo reconhecer que ri bastante, mais de uma vez, ao tomar conhecimento da série de ocorrências absurdas criadas pelos nórdicos para descrever o fim do mundo. Então lembrei o que me ensinaram sobre o Apocalipse no colégio católico em que estudei e me perguntei se os próprios nórdicos não teriam rido das histórias sobre gafanhotos usando coroas e saindo do inferno para torturar quem não tivesse o sinal de Deus na testa.[36] Subitamente, compreendi que não eram tão ridículos assim lobos que pudessem devorar o Sol ou serpentes gigantescas que provocavam tsunamis. E, então, me dei conta de que nós, humanos, nunca deixamos de tentar juntar (e sempre tentaremos), da melhor maneira possível, os fragmentos das coisas inexplicáveis.

---

36. Capítulo 9 do Livro de Apocalipse de João. (*N. da T.*)

CAPÍTULO 3

# O que pensam cristãos, judeus e católicos sobre o fim dos tempos

As religiões mundiais são uma de minhas paixões. Eu as estudei na faculdade e desde então continuo a fazê-lo. Estou certa de que as sementes dessa paixão foram plantadas durante a infância, quando as influências familiares do cristianismo, judaísmo e catolicismo se combinaram para criar minha curiosidade liberal e dedicada sobre as várias maneiras como a humanidade define, tenta compreender e idolatra nosso Criador. As diferenças entre essas três lindas religiões são tão fascinantes quanto as semelhanças, desde suas tradições até suas interpretações sobre como — ou se — a vida na Terra vai chegar ao fim.

## O cristianismo

A palavra *escatologia* é definida no *Merriam-Webster Collegiate Dictionary* como "um ramo da teologia que trata dos acontecimentos definitivos na história do mundo ou da humanidade; uma doutrina que diz respeito à morte, ao fim do mundo ou ao destino final da humanidade; especificamente, uma das várias doutrinas cristãs sobre a Segunda Vinda de Cristo, a ressurreição dos mortos, ou o Dia do Juízo Final".

*Fim dos tempos*

Numerosos aspectos da escatologia cristã continuam a ser debatidos por teólogos no mundo inteiro, milênios após a Bíblia ter sido escrita.

O Velho e o Novo Testamento da Bíblia são repletos de profecias sobre o fim dos dias, de modo que seria lógico que essa abundância de informações levasse ao esclarecimento. Mas a grande quantidade de versos e passagens apocalípticos da Bíblia foi deliberadamente disfarçada em imagens e simbolismo, porque o ambiente no qual foram escritos não era exatamente receptivo a "videntes e profetas". Talvez também tenha havido certa relutância para especificarem a data e a hora do fim dos dias em razão das palavras de Jesus em Mateus 24:36:

> *Daquele dia e da hora, ninguém sabe, nem mesmo os anjos dos céus, nem o Filho, mas só o Pai.*

Portanto, há milhares de interpretações das passagens apocalípticas da Bíblia assim como há eruditos que as estudaram.

Eis uma das centenas de exemplos: é muito comum hoje em dia ler sobre advertências de "especialistas" de que, em razão das guerras atuais, da frequência das calamidades naturais e do declínio geral (que se observa) da moralidade e da religião, o fim dos dias é obviamente iminente. O que mais todos esses "sinais inequívocos" poderiam significar?

São Cipriano de Cartagena tinha exatamente a mesma opinião e escreveu a respeito, aproximadamente no ano 250 d.C. Antes dele, no primeiro século d.C., os cristãos tinham certeza de que o fim do mundo ocorreria durante sua permanência na Terra, porque o mundo se tornara muito autodestrutivo. É certo dizer que pelo menos alguns "especialistas" em todas as gerações desde antes de Cristo conseguiram encontrar e interpretar sinais inequívocos do iminente fim dos dias suficientes para atrair uma plateia.

Acredito que deva mencionar que não apenas li como também *estudei* todas as 26 versões da Bíblia. Baseada nesses estudos, compilei uma relação muito simplista do que chamo de "destaques" (na falta de termo melhor) das profecias bíblicas sobre o fim do mundo:

*O que pensam cristãos, judeus e católicos sobre o fim dos tempos*

- todos os bons cristãos que dedicaram sua vida ao Senhor se elevarão da Terra, e serão recepcionados no céu e salvos para a eternidade por Jesus. Essa reunião prazerosa com Cristo entre as nuvens será chamada de Arrebatamento;
- um poderoso Anticristo (ou besta) assinará um acordo de paz de sete anos com Israel. Esse acordo especifica o castigo de Deus para todo o mal na Terra, e o mundo é atormentado por guerras, pragas, desastres naturais e outras formas de grande sofrimento. Esse período de terrível caos é chamado de Tribulação;
- o Anticristo, desrespeitando totalmente seu próprio tratado de paz, reúne sua milícia e ataca Israel. Há uma imagem sua esculpida no templo, e ele exige que ela seja venerada em sua homenagem;
- a Tribulação de sete anos termina com um ataque a Jerusalém pelo Anticristo e por seus exércitos. No acontecimento, a que a Bíblia se refere como batalha de Armagedom, Jesus retorna e então destrói o Anticristo, juntamente com seus soldados e todos os seus seguidores.
- finalmente, o Anticristo é derrotado para sempre, e Cristo abre caminho para a nova Jerusalém e um mundo onde não mais existam mal, sofrimento e morte.

A propósito, um dos incontáveis debates sobre essa sequência de fatos é se o Arrebatamento ocorre antes, durante ou após a Tribulação. Por favor, não interpretem minha lista de destaques como um esforço de influenciar esse debate. De fato, em minha opinião, as referências bíblicas ao Arrebatamento visavam a uma interpretação simbólica, e não literal. Por exemplo:

> *Porque o Senhor mesmo descerá do céu com grande brado, à voz do Arcanjo, ao som da trombeta de Deus, e os que morreram em Cristo ressuscitarão primeiro. Depois nós, os que ficarmos vivos, seremos arrebatados juntamente com eles, nas nuvens, ao encontro do Senhor nos ares, e assim estaremos para sempre com o Senhor.*
>
> (Tessalonicenses 4:16-17)

*Fim dos tempos*

Mais uma vez, imagens lindas, mas, visto que o resultado é o mesmo — "estaremos para sempre com o Senhor" —, não sei se algum de nós se decepcionará se nossa ida para o Reino de Deus na verdade não significar que seremos arrebatados nas nuvens para encontrar o Senhor nos ares.

O livro do Apocalipse costuma ser associado ao vaticinado fim do mundo. Ele é repleto de imagens semelhantes, muitas das quais se tornaram lendárias — embora não sejam compreendidas de modo claro —, e estou convencida de que nenhuma delas deva ser interpretada literalmente. Um exemplo perfeito é a mítica passagem sobre os quatro cavaleiros do Apocalipse.

De acordo com o sexto capítulo do Apocalipse, no fim dos dias Deus exigirá uma série de julgamentos da humanidade, e cada um será mais devastador do que o precedente. A primeira série é a dos "sete selos", e os primeiros quatro desses sete selos são os cavaleiros.

> *E vi quando o Cordeiro rompeu um dos sete selos... E vi, e eis um cavalo branco. Seu cavaleiro tinha um arco e lhe foi dada uma coroa, e saiu vencendo e para vencer...*
>
> *Quando ele rompeu o segundo selo... saiu outro cavalo, sendo esse vermelho intenso. A seu cavaleiro foi dado o poder de tirar a paz da Terra e fazer com que os homens se matassem uns aos outros, e lhe foi dada uma grande espada.*
>
> *Quando ele rompeu o terceiro selo... vi, e eis um cavalo preto, e seu cavaleiro tinha uma balança nas mãos; e ouvi como uma voz... dizer: "Uma medida de trigo por um denário, e três medidas de cevada por um denário, e não danifiques o azeite nem o vinho!".*
>
> *Quando o Cordeiro rompeu o quarto selo... olhei, e eis um cavalo amarelo. Seu cavaleiro se chamava Morte, e o Hades seguia com ele, e lhe foi dado poder sobre um quarto da Terra para matar à espada, pela fome, por pragas e por meio das feras da Terra.*

(APOCALIPSE 6:1-8)

*O que pensam cristãos, judeus e católicos sobre o fim dos tempos*

A tradução mais comum é esta: o primeiro dos quatro cavaleiros, o cavalo branco, traz o Anticristo. O segundo incita uma guerra devastadora. O terceiro impõe a fome. E o quarto mata com mais guerras e fome, pragas e ataques cruéis de animais. Todos os quatro cavaleiros do Apocalipse fazem parte do prelúdio do fim dos dias, e são imagens ainda mais impressionantes, porém obviamente não visam a ser lidos literalmente.

Devo acrescentar que o quinto dos sete selos são as almas martirizadas dos seguidores de Jesus. O sexto selo provoca um terremoto devastador de grandes proporções, e o sétimo selo contém sete trombetas, que causam:

- fogo e granizo que destroem a vida das plantas;
- "algo como uma grande montanha ardendo em chamas" lançado no mar (Apocalipse 8:8), destruindo a vida marinha e as embarcações;
- destruição semelhante à dos lagos e rios da Terra;
- a escuridão do Sol e da Lua;
- uma praga dos "gafanhotos demoníacos";
- um exército igualmente satânico;
- a chegada de sete anjos segurando as sete taças da ira de Deus.

Mais uma vez, a série de castigos de Deus que conduzem ao fim dos tempos é progressiva, por isso as sete taças dos sete anjos são as mais terríveis de todas:

> *Ouvi uma voz alta que vinha do santuário, dizendo aos sete anjos: "Ide e derramai sobre a Terra as sete taças da ira de Deus".*
>
> *O primeiro anjo saiu e derramou sua taça sobre a terra, e nos homens que tinham a marca da besta (Anticristo) e adoravam sua imagem surgiram feridas malignas e dolorosas.*
>
> *O segundo anjo derramou sua taça no mar, e este se tornou em sangue como de um morto, e morreu toda criatura viva que vivia no mar.*
>
> *O terceiro anjo derramou sua taça nos rios e nas fontes, que se tornaram em sangue.*

*Fim dos tempos*

*O quarto anjo derramou sua taça sobre o Sol, e foi dado poder ao Sol para queimar os homens com fogo.*

*Os homens foram queimados com o intenso calor e blasfemaram o nome de Deus, que tem poder sobre essas pragas, e nem se arrependeram para lhe darem glória.*

*O quinto anjo derramou sua taça sobre o trono da besta, cujo reino se tornou em trevas...*

*O sexto anjo derramou sua taça sobre o grande rio Eufrates, e suas águas secaram...*

*O sétimo anjo derramou sua taça no ar, e do santuário saiu uma forte voz, vinda do trono, dizendo: "Está feito!".*

*E houve relâmpagos, vozes, trovões, e um forte terremoto, tão forte e grande como nunca houve igual desde que o homem existe sobre a Terra.*

(APOCALIPSE 16:1-17)

Novamente, no fim, após essa amedrontadora série de acontecimentos (a Tribulação) e a batalha de Armagedom, que é a guerra final e sangrenta do bem *versus* o mal, e Satã estando preso e confinado no inferno por mil anos, existe, de acordo com Apocalipse 21:1, "um novo céu e uma nova terra, pois o primeiro céu e a primeira terra passaram, e o mar não existe mais".

## Algumas palavras sobre o Livro de Apocalipse

Sejam lá quais forem suas crenças sobre o fim dos dias, espero que, se elas se basearam essencialmente no Livro de Apocalipse, você mantenha essas páginas potencialmente perturbadoras em seu contexto.

Não existe consenso nem mesmo entre estudiosos e teólogos sobre o verdadeiro autor do Livro de Apocalipse na Bíblia. Mas, em consideração aos debates, suponhamos que ele tenha sido escrito pelo apóstolo João, a quem mais frequentemente se atribui sua autoria.

*O que pensam cristãos, judeus e católicos sobre o fim dos tempos*

João nasceu na Galileia por volta dos anos 10 e 15 d.C. Era filho do pescador Zebedeu e de Salomé. Ele e o irmão Tiago também trabalhavam como pescadores quando se tornaram discípulos de Jesus. Foi João quem ficou com Jesus no Jardim de Getsêmani, na véspera da crucificação; foi João que permaneceu ao lado do Jesus moribundo, depois que todos os demais discípulos se haviam ido, e foi João que Jesus encarregou de cuidar de sua mãe, Maria, quando Ele morresse.

E João, junto com o apóstolo Pedro, foi condenado por "atividades subversivas contra a autoridade da Terra" — especificamente, o imperador romano Nero e, depois, Domiciano, que se proclamavam "senhor e deus" e perseguiam quem se recusasse a aceitar essa afirmativa. Nero, na verdade, foi responsável pelo primeiro caso documentado de perseguição a cristãos supervisionada pelo governo. João foi sentenciado a um exílio de quatro anos em Patmos, ilha no mar Egeu. Reza a lenda que João teria escrito o livro do Apocalipse na prisão de Patmos.

João permaneceu trancafiado no que era certamente um calabouço atormentador. Ele estava nos anos finais de sua vida. Seu irmão Tiago e seu amigo Pedro, ambos companheiros e discípulos de Cristo, haviam sido assassinados por motivos religiosos. Sua existência deve ter sido triste, cruel e desoladora. Supondo que ele seja realmente o autor do livro do Apocalipse, não surpreende que a maior parte das imagens nele retratadas seja igualmente triste, cruel e desoladora.

Vale acrescentar que o temperamento de João era uma faceta muito conhecida de sua personalidade emotiva, e ele se opunha ferozmente à política da época. Presenciara a transição de um ambiente de respeito à recente religião do cristianismo para uma intolerância tão violenta que os cristãos que se recusavam a repudiar sua fé eram habitualmente executados, crucificados ou devorados por leões, como esporte imperial. Portanto, por que um homem preso por heresia contra um regime político que exigia ser idolatrado escreveria um livro que visava ser interpretado literalmente, exaltando o poder fundamental de Deus, o que só tornaria sua vida um pesadelo ainda maior?

*Fim dos tempos*

Uma das análises do Apocalipse que não consigo aceitar é a mania de reduzir seu simbolismo a um jogo de palavras. Por exemplo, o Capítulo 13:2 do Apocalipse declara: "A besta que vi era semelhante a um leopardo, mas as patas eram de urso e a boca era como a de um leão". Já ouvi mais de um teólogo ressaltar a "óbvia" referência à Rússia em razão da frase "as patas eram de urso". Ora, admite-se geralmente que Apocalipse só foi acrescida à Bíblia trezentos anos depois desse fato, mas ainda assim duvido que alguém estivesse começando a planejar a criação de um país chamado Rússia e menos ainda que decidisse que seu símbolo seria um urso. Sinceramente, não consigo imaginar por que João faria referência, mesmo que sutil, à Rússia para o bem de seus leitores no século I.

Devemos também lembrar que nenhum dos manuscritos originais do Novo Testamento, incluindo o do Apocalipse, existe mais. E nenhum manuscrito do Apocalipse do século I ainda existe. Grande parte do que sabemos sobre o Novo Testamento se origina dos manuscritos gregos que datam dos séculos II a VIII, repetidamente traduzidos, inclusive os escritos dos primeiros teólogos, que gravaram de memória o que haviam lido ou lhes havia sido contado sobre o verdadeiro texto do Novo Testamento. O Apocalipse é um dos vários livros que só existem em fragmentos, têm trechos muito corrigidos e inúmeras traduções. Não consigo compreender como chegam a cogitar a possibilidade de interpretá-lo literalmente, sem o original de João para comparar; isso partindo do princípio de que João seja mesmo o autor.

À medida que você ler ou reler o Livro de Apocalipse, espero que se lembre de tudo isso e também leve em consideração mais algumas teorias, apresentadas a seguir.

Muitos estudiosos da Bíblia consideram o Apocalipse um ensaio exaltadamente político, o que é compreensível, levando-se em conta as circunstâncias em que João se encontrava e seu temperamento.

Outros teorizam que era uma série de sonhos atormentados passados para o papel.

É de consenso geral que a "besta" a que o Livro de Apocalipse se refere com grande frequência e é associada ao número 666, que simboliza o mal, represente Nero, cujo nome na forma hebraica de numerologia chamada gematria[37] é traduzido como o número 666.

Segundo a interpretação do excelente profeta e clarividente Edgar Cayce, o Apocalipse nada tem que ver com batalhas externas, pois é uma expressão da luta espiritual entre o bem e mal que todos nós travamos.

Concluo que o maior perigo em examinar o Apocalipse de forma extremamente literal é a probabilidade de não captar sua mensagem essencial: a de que, independentemente de quão cruel e poderosa a "besta" seja, ou de quão mortal seja a batalha, no final, a vitória, a glória e a alegria pertencem a Deus.

> *Ouvi uma forte voz vinda do trono, dizendo: "O tabernáculo de Deus está agora com os homens. Deus habitará com eles e eles serão Seu povo, e Deus mesmo estará com eles. Ele enxugará de seus olhos toda lágrima, e não haverá mais morte, nem luto, nem pranto, nem dor, porque as primeiras coisas passaram".*

> (APOCALIPSE 21:3-4)

### Algumas palavras sobre o Livro de Daniel[38]

É comum que as pessoas se refiram ao Livro de Daniel como a versão do Velho Testamento do Apocalipse, em vista de suas profecias apocalípticas. Esse livro, assim como o do Apocalipse, é cercado por controvérsias.

Daniel era adolescente quando foi capturado pelo exército da Babilônia durante ataque a Jerusalém em 605 a.C. Passou o resto da vida na Babilônia, servindo à corte imperial — basicamente, ao rei Nabucodonosor — durante os setenta e dois anos de duração do Império Babilônico, como vidente, profeta e intérprete de sonhos.

---

37. Esse método de interpretação das escrituras hebraicas utiliza o valor numérico das letras. (*N. da T.*)
38. O nome significa "Aquele que é julgado por Deus". (*N. da T.*)

*Fim dos tempos*

Jesus falou de Daniel a seus discípulos no monte das Oliveiras, de acordo com Mateus 24:15-16:

> *Portanto, quando virdes que a abominação da desolação de que falou o profeta Daniel está no Lugar Santo (quem lê entenda), então os que estiverem na Judeia fujam para os montes.*

A "abominação da desolação" à qual Jesus se referiu duzentos anos depois de ocorrida foi uma referência específica ao rei Antióquio Epifanes, que, em 167 a.C., ergueu um altar a Zeus, o maior dos deuses gregos, no templo judeu em Jerusalém. Em seguida, sacrificou um porco no altar em homenagem a Zeus. Daniel 9:27 se refere a esse acontecimento:

> *Ele confirmará uma aliança com muitos durante uma semana, mas na metade da semana ele colocará fim ao sacrifício e à oferenda, e sobre a asa da abominação virá o assolador, até a consumação, que está determinada, e será derramada sobre o assolador.*

O consenso entre os teólogos é de que o "assolador" que realizará a abominação de transformar um templo sagrado de Deus em local de veneração de si mesmo se revelará como o Anticristo. A "aliança de uma semana" será, na verdade, um tratado de paz de sete anos com Israel, que o Anticristo romperá antes do final, com sua própria forma de abominação da desolação em um templo de Jerusalém. Não é uma coincidência que o mesmo tratado de paz de sete anos rompido pelo Anticristo seja mencionado no Livro de Apocalipse como um dos sinais de que a Segunda Vinda de Cristo está próxima e de que o fim dos dias é iminente.

Na verdade, há muitas semelhanças entre as imagens do Livro de Daniel, no Antigo Testamento, e as do Livro de Apocalipse, no Novo Testamento: todas elas se referem à mesma sequência de fatos apocalípticos — ou, nas palavras de Daniel, ao "fim da história": a ressurreição dos mortos, o julgamento da humanidade de acordo com os feitos realizados

*O que pensam cristãos, judeus e católicos sobre o fim dos tempos*

na Terra e, de acordo com esse julgamento, sua entrada no céu ou o banimento para o inferno.

Você lerá no capítulo sobre os profetas que Sir Isaac Newton, brilhante matemático e estudioso da Bíblia, calculou um ano para o fim dos dias, baseado nas informações a que Daniel aludiu em 12:6-13:

> *E ele disse para o homem vestido de linho que estava sobre as águas do rio: "Quando será o fim dessas coisas maravilhosas?". O homem... levantou sua mão direita e sua mão esquerda para os céus e jurou por aquele que vive para sempre que isso seria por um tempo, dois tempos, e metade de tempo, e, quando tiverem acabado de quebrar em pedaços o poder do povo santo, todas essas coisas se cumprirão... E, desde o tempo em que o sacrifício contínuo foi abolido, e colocada a abominação desoladora, haverá mil duzentos e noventa dias. Bem-aventurado o que espera, e chega até mil trezentos e trinta e cinco dias. Mas tu vai até o fim, porque descansarás e permanecerás em tua herança, no fim dos dias.*

Há os que acreditam que o Livro de Daniel tenha sido redigido no século VI pelo próprio Daniel. Outros asseguram que foi, na verdade, escrito muitos séculos depois, por um autor anônimo ou por vários autores, mas atribuído a Daniel para conferir credibilidade à obra. Os céticos apontam os seguintes problemas:

- o texto do Livro de Daniel contém várias palavras gregas. A ocupação de Israel pelos gregos ocorreu no século IV a.C., e acredita-se que o livro de Daniel tenha sido escrito no século VI;
- o último capítulo de Daniel declara que, após o Juízo Final, a humanidade vai ascender ao céu ou baixar ao inferno. Entretanto, na época da vida e dos escritos desse profeta, a crença judaica era de que todos os mortos iam diretamente para Sheol. Em hebraico, Sheol é uma sepultura ou fosso debaixo da terra onde os mortos existem no limite do inferno consciente e eterno de desesperança,

*Fim dos tempos*

de separação infeliz de Deus. Os conceitos gregos de céu e inferno só foram conhecidos em Israel centenas de anos depois da morte de Daniel e dos escritos que lhe são atribuídos.

Seja o Livro de Daniel uma peça de ficção escrita sob pseudônimo, seja a verdadeira obra de um profeta reconhecido por Cristo no monte das Oliveiras, sua mensagem essencial — idêntica à do Apocalipse — é a de que, no fim, o mal será derrotado e Deus reinará eternamente sobre todos os que o veneram.

## Algumas palavras sobre o apóstolo Paulo

Um exemplo extraordinário da capacidade de Jesus de redirecionar uma vida é a história de Saulo, cujo nome latino era Paulo. Nos Atos 22:1-8 e 26:4-11, ele partilha sua história:

> *Sou judeu, nasci em Tarso da Cilícia, mas fui criado nesta cidade [Jerusalém]. Aqui fui instruído aos pés de Gamaliel [renomado professor], segundo a exatidão de lei de nossos antepassados, sendo zeloso com Deus, assim como agora o sois todos vós. [...] Na verdade, estava convencido de que devia fazer muitas coisas contra o nome de Jesus, o Nazareno. [...] Tendo recebido autorização dos chefes dos sacerdotes, encerrei muitos dos santos nas prisões, e contra esses dava meu voto quando os matavam. Muitas vezes os castiguei por todas as sinagogas... até em cidades estrangeiras os perseguia. Com essa intenção, parti para Damasco, com autorização e permissão dos chefes dos sacerdotes. [...] Estando a caminho, vi uma luz do céu, mais resplandecente que o sol, brilhando ao meu redor. Todos caímos por terra, e ouvi uma voz... que me falava: "Saulo, Saulo, por que me persegues?". [...] Então perguntei: "Quem és, Senhor?". Ao que o Senhor respondeu: "Eu sou Jesus de Nazaré".*

*O que pensam cristãos, judeus e católicos sobre o fim dos tempos*

Saulo ficou cego pela luz que vinha do céu. Por três dias, não conseguiu enxergar e absteve-se de comer e beber. O discípulo Ananias foi instruído sobre onde encontrá-lo, a tocá-lo com as mãos para lhe restaurar a visão e, depois, a informá-lo de sua missão: a de "levar meu nome perante os gentios [com quem era proibido a um judeu juntar-se — Atos 10:28] e os reis e perante os filhos de Israel" (Atos 9:15). Essa missão divina levou às três viagens missionárias de Paulo e à fundação de igrejas às quais suas cartas no Novo Testamento se dirigem.

Uma das principais mensagens de Paulo tratava do retorno de Jesus, prometido pelos anjos nos Atos 1:11, que descreve a Ascensão: "Esse mesmo Jesus que dentre vós foi levado para o céu voltará da mesma forma".

Paulo disse que esse acontecimento proclamaria o término do mundo. Ele acreditava que o fim dos dias era iminente no século I, o que fica claro em suas cartas, especialmente nas escritas para a igreja em Salônica,[39] e convidava à preparação para isso.

> *Quando o Senhor Jesus se revelar do céu com os anjos do Seu poder como labareda de fogo tomando vingança dos que não conhecem a Deus e dos que não obedecem ao evangelho de Nosso Senhor Jesus Cristo os quais, por castigo, padecerão a perdição eterna, expulsos da face do Senhor e da glória do Seu poder, quando naquele dia vier para ser glorificado nos Seus santos, e para ser admirado em todos os que tiverem crido.*
>
> (2 Tessalonicenses 1:7-10)

> *Reconheçais os que trabalham entre vós, presidem sobre Vós no Senhor, e que os considerais em grande estima e amor por causa do seu trabalho. Tende paz entre vós... Admoesteis os desordenados, encorajeis os abatidos, ajudeis os fracos e sejais longânimes com todos. Vede que ninguém dê mal por mal, mas*

---

39. Cidade portuária do nordeste grego, localizada na baía do mar Egeu. (*N. da T.*)

*Fim dos tempos*

*persigam sempre o bem uns para os outros, e para todos. Regozijai-vos sempre, orai sem cessar, em tudo dai graças... Não extingais o Espírito, não desprezeis as profecias, provai tudo, retende o bem, abstende-vos de toda aparência do mal.*

(1 TESSALONICENSES 5:12-22)

*Pois também quando estávamos convosco, isto vos ordenamos: que, se alguém não quer trabalhar, também não coma. A esses tais, rogamos por Nosso Senhor Jesus Cristo que trabalhem com tranquilidade, comam o seu próprio pão. Porém vós, irmãos, não vos canseis de fazer o bem.*

(2 TESSALONICENSES 3:10-13)

E, finalmente, a descrição de Paulo do fim dos dias e suas palavras de esperança, encontradas em 1 Tessalonicenses 4:13 a 5:11:

*Não queremos, irmãos, que sejais ignorantes acerca dos que dormem, para que não vos entristeçais como os outros que não têm esperança. Pois, se cremos que Jesus morreu e ressuscitou, assim também Deus, por Jesus, tornará a conduzir juntamente com Ele os que dormem. Isso vos dizemos pela palavra do Senhor, que nós os que vivemos deforma alguma iremos antes dos que já dormem. Porque o mesmo Senhor descerá do céu com grande brado, com voz do arcanjo, e com a trombeta de Deus, e os mortos em Cristo ressuscitarão primeiro. Depois nós, os que ficarmos vivos, seremos arrebatados juntamente com eles, nas nuvens, ao encontro do Senhor nos ares, e assim estaremos para sempre com o Senhor.*

*Ora, acerca do tempo e das estações, não tendes necessidade que vos escreva, pois vós mesmos sabeis muito bem que o Dia do Senhor virá como o ladrão de noite. Pois quando disserem: "Paz e segurança", então lhes sobrevirá repentina destruição, como as dores de parto à que está grávida, e de modo nenhum escaparão.*

*Mas vós, irmãos, não estais em trevas para que aquele dia, como o ladrão, vos surpreenda. Pois todos vós sois filhos da Lua e filhos do dia; não somos da noite, nem das trevas... Mas nós que somos do dia, sejamos atentos, colocando a couraça da fé e do amor, tendo por capacete a esperança da salvação... Por isso, encorajai uns aos outros e edificai-vos uns aos outros, como fazeis.*

## Judaísmo

A Torá[40] é composta pelos cinco primeiros livros da Bíblia, os livros que tratam das leis da fé judaica. O Talmude consiste na coleção de jurisprudência e tradições judaicas e descreve como aplicar as doutrinas da Torá a diversas circunstâncias.

De acordo com o Talmude, o mundo que conhecemos existirá por seis mil anos, contados desde que Deus criou o mundo, com o fim dos dias devendo ocorrer em 2040.

O fim do mundo — *acharit hayamim* no judaísmo — será catastroficamente violento e mortal. Um sábio do Talmude escreveu: "Que venha o fim dos dias, mas espero não viver para presenciá-lo". Entretanto, esse período de grande sofrimento conduzirá a uma era de paz, santidade e esclarecimento espiritual global.

A tradição judaica sobre o fim dos dias vaticina o descrito a seguir:

- o retorno a Israel dos judeus exilados do mundo inteiro;
- um ataque a Israel por Gog, o rei de Magog.[41] Embora não haja explicação definitiva desses termos, Gog é descrito como o príncipe de uma terra ao norte de Israel, ou de "bárbaros do norte", possivelmente Rússia ou China. A batalha entre Israel e Magog, o verdadeiro Armagedom, será tão terrível que demorará sete meses para se enterrarem os mortos;

---

40. O mesmo que Pentateuco. Significa "instrução, pensamento". (*N. da T.*)
41. Cidade bíblica no Canadá. (*N. da T.*)

*Fim dos tempos*

- o renascimento dos mortos, ou Ressurreição;
- a derrota de todos os inimigos de Israel;
- a construção da terceira sinagoga judaica em Jerusalém;
- a vinda de um messias, ou do ungido.

O messias, um ser humano que será o rei ungido de Israel, obviamente desempenhará papel essencial e divino nos acontecimentos posteriores ao Armagedom e levará ao sétimo milênio, de pureza e adoração mundial de um Único Deus. Sua volta é levada tão a sério que se organizou uma preparação especial para ele em Jerusalém.

Em uma das muralhas da Cidade Velha, existe uma entrada chamada "Portão dourado", também conhecida por "Portão da misericórdia" ou "Portão da vida eterna". De acordo com a tradição judaica, será pelo "Portão dourado" que o messias entrará em Jerusalém quando voltar. Em 1541, porém, Solimão,[42] o sultão otomano governante, ordenou que o portão fosse mantido fechado, alegando que isso impediria a entrada do messias. O portão permanece fechado até hoje.

Exemplos das profecias judaicas sobre o messias e sua obra:

- ele descenderá do rei Davi;
- ele chegará sob a forma humana e será um "judeu tradicional";
- o mal e a tirania serão vencidos em razão de sua presença;
- ele abrangerá todas as culturas e nações;
- ele eliminará a fome, o sofrimento e a morte para sempre e os substituirá pela alegria eterna;
- as velhas ruínas de Israel serão restauradas;
- os judeus conhecerão a Torá sem estudá-la, e o mundo inteiro conhecerá Deus;
- a terra estéril se tornará produtiva;
- os armamentos de guerra serão destruídos.

---

42. Considerado o maior sultão do Império Otomano, conhecido como "O Legislador", no mundo islâmico, e como "O Magnífico", no mundo ocidental, pelo esplendor de sua corte e pelas grandes vitórias militares na Europa. Era grande apreciador das artes. (*N. da T.*)

*O que pensam cristãos, judeus e católicos sobre o fim dos tempos*

O Livro de Isaías contém muitas das profecias mais importantes das crenças judaicas sobre o fim dos dias, especialmente em 2:1-4:

> *Será nos últimos dias estabelecido o monte da casa do Senhor no alto dos montes; será exaltado sobre os altos e correrão para ele todas as nações. Muitos povos virão e dirão: "Vinde e vamos subir ao monte do Senhor, à casa do Deus de Jacó, e Ele nos ensinará seus caminhos e andaremos em suas veredas, porque do Sião sairá a lei, e de Jerusalém, a palavra do Senhor". E Ele julgará entre as nações e repreenderá a muitos povos, e eles mudarão suas espadas em foices, e suas lanças em foices: nações não levantarão espadas contra nação, e não aprenderão mais a guerrear.*

O profeta Joel foi também parte importante da escritura hebraica e de suas concepções sobre o fim dos tempos. Joel viveu aproximadamente quatro séculos depois que Moisés libertou o povo de Israel da escravidão no Egito e o conduziu até os limites das terras, na ocasião chamadas Canaã.[43]

Os israelitas enfrentaram muitos problemas complexos quando chegaram a Canaã. O país estava ocupado e não havia segurança, de modo que nunca houve dúvida sobre se seriam atacados: a única pergunta era quando isso ocorreria. Os próprios israelitas eram desorganizados, pois não tinham qualquer experiência em autogestão. O clima era árido, havia pouca água, e o solo se apresentava duro e rochoso, o que inviabilizava a plantação e a colheita de alimentos.

Durante a época de Joel, entre 835 e 800 a.C., a área do sul de Canaã, chamada Judá, foi devastada por gafanhotos, que devoraram as ínfimas colheitas. À praga de gafanhotos, seguiu-se severa seca, o que estimulou Joel a expressar-se em voz alta a um Deus onipotente que era basicamente o responsável por tudo o que acontecia.

A explicação que Joel recebeu para essa desastrosa sucessão de dificuldades foi a de que a nação estava recebendo o julgamento divino por

---

43. A Terra Prometida. (*N. da T.*)

*Fim dos tempos*

seus pecados. Ele descreveu simbolicamente os gafanhotos como um exército humano em marcha e assim se manifestou em 1:13-14 e 2:1-2:

> *Sacerdores, lamentai; gemei ministros do altar... Proclamai uma assembleia solene, ajuntai os idosos e todos os moradores da terra na casa do Senhor, vosso Deus, e clamai ao Senhor, pois se não mudarem seus costumes, os exércitos inimigos devorarão a terra da mesma forma que o fizeram os elementos naturais. Despertem, ó ébrios, e chorem!*
>
> *Tocai a trombeta em Sião! Porque o Dia do Senhor se aproxima, e virá como destruição do Todo-Poderoso... Tremam todos os moradores da Terra, porque o Dia do Senhor se aproxima. Dia de trevas, dia de nuvem escura e obscuridade.*

Como a maioria das profecias, a de Joel oferece uma palavra de esperança:

> *"Portanto", afirma o Senhor, "com todo vosso coração, jejum, choro e pranto voltai para mim, e rasgai vosso coração, e não as vossas roupas". Voltai para o Senhor vosso Deus, porque gracioso e misericordioso Ele é, sendo tardio em se irar e compassivo, sendo benevolente com aquele que foi atingido pela maldade.*

(JOEL 2:12-13)

Em seguida aos dias de Jesus na terra, depois da festa de Pentecostes — na qual se manifestou o espírito de Jesus o discípulo Pedro citou Joel 2:28-32 nos Atos 2:17-21:

> *E depois desses acontecimentos, declara Deus, derramarei sobre toda a carne meu espírito, e vossos filhos e vossas filhas profetizarão, e vossos jovens terão visões, e seus idosos sonharão. E também derramarei de meu espírito e eles profetizarão, e colocarei sinais nos céus e sobre a terra, sangue, fogo e colunas de fumaça. O sol*

*O que pensam cristãos, judeus e católicos sobre o fim dos tempos*

*se tornará em trevas, e a lua em sangue, antes que venha o grande e terrível Dia do Senhor. Porque todo aquele que o nome do Senhor invocar será salvo.*

De acordo com o judaísmo, a vinda do messias e a divina era mundial de paz, alegria e pureza espiritual serão, por definição, precedidas de sofrimento inenarrável. É, portanto, compreensível que muitos líderes judaicos tenham declarado que a perseguição herege e indecente dos judeus durante o Holocausto possa ser entendida como o surgimento prematuro da chegada iminente do messias.

## Catolicismo

Embora os católicos não atribuam importância à previsão da data ou do ano do fim dos dias, consideremos uma mulher que frequentou um colégio católico e outrora estava determinada a ser freira: ela acredita firmemente no fim do mundo e na sequência de acontecimentos biblicamente designada:

### 1 — A ressurreição dos mortos

A Igreja Católica acredita não só na ressurreição do espírito como também na da carne, segundo especificado no Credo apostólico:

> *Creio em Deus Pai Todo-Poderoso*
> *Criador do céu e da Terra*
> *E em Jesus Cristo, Seu único filho, nosso Senhor*
> *Que foi concebido pelo poder do Espírito Santo*
> *Nasceu da virgem Maria*
> *Padeceu sob Pôncio Pilatos*
> *Foi crucificado, morto e sepultado*
> *Desceu à mansão dos mortos*

*Fim dos tempos*

*Ressuscitou ao terceiro dia*
*Subiu aos Céus*
*Está sentado à direita de Deus Pai Todo-Poderoso*
*Donde há de vir para julgar os vivos e os mortos*
*Creio no Espírito Santo*
*Na santa Igreja Cristã*
*Na comunhão dos santos*
*Na remissão dos pecados*
*Na ressurreição da carne*
*Na vida eterna*
*Amém.*

## 2 — O julgamento universal

Em seguida à ressurreição de toda a carne terrestre, Cristo se sentará no trono do julgamento, e, um por um, cada um de nós receberá a justiça que merecem nossas ações no mundo.

*Pois o Filho do Homem virá na glória de seu Pai, com os seus anjos, e então recompensará cada um segundo suas obras.*

(MATEUS 16:27)

## 3 — A destruição do mundo

A mando de Jesus Cristo, o mundo será destruído, não por obra do homem, nem por destruição geológica, nem por colisões cósmicas, mas por meios sobrenaturais.

## 4 — A vitória e o reino da Igreja

Cristo e todos os seus seguidores fiéis vivem e reinam juntos para sempre, enquanto todos os que são do mal e aliados do demônio são amaldiçoados por toda a eternidade.

*O que pensam cristãos, judeus e católicos sobre o fim dos tempos*

A Igreja Católica prevê plenamente a segunda manifestação física de Cristo, chamada Parusia,[44] que significa "presença" em grego. Mas ela também enfatiza que não é como se Jesus tivesse deixado a Terra após Sua ressurreição e estado ausente desde aquela época. Seu espírito está entre nós a cada minuto de cada dia de cada ano, como Ele prometeu ao aparecer para Seus discípulos na Galileia, após a morte de Sua carne:

> *Toda a autoridade me foi dada no céu e na Terra. Portanto, ide e fazei discípulos de todas as nações, batizando-os em nome do Pai, e do Filho e do Espírito Santo, ensinando-os a obedecer a tudo o que eu vos tenho ordenado. E eis que estou convosco todos os dias, até a consumação dos séculos.*

(MATEUS 28:18-20)

> *Não vos deixarei órfãos, voltarei para vós. Dentro de pouco tempo o mundo não mais me verá; vós, porém, me vereis. Porque eu vivo, vós também vivereis. Naquele dia compreendereis que estou em meu Pai, vós em mim, e eu em vós.*

(JOÃO 14:18-20)

Três das profecias mais famosas e controversas sobre o fim dos dias tiveram suas origens na Igreja Católica. E as vozes que as enunciaram são tão fascinantes quanto às próprias profecias.

## Padre Pio

Em 16 de junho de 2002, o padre Pio, um sacerdote italiano nascido em 1887, foi santificado pela Igreja Católica Apostólica Romana. Era conhecido por sua misericórdia, suas obras de caridade, seu sofrimento, sua

---

44. Ou Segunda Vinda, ou Segundo Advento de Jesus Cristo. (*N. da T.*)

*Fim dos tempos*

ocasional severidade e seus poderes sobrenaturais divinamente dirigidos, que abrangiam desde curas até profecias. Talvez a característica mais extraordinária e polêmica de todas fossem seus estigmas — chagas nas mãos e nos pés semelhantes às sofridas por Cristo na crucificação.

Seu nome de nascença era Francesco Forgione. O menino foi criado por uma família católica intensamente devota. Tinha dez anos quando um jovem frade franciscano que viajava pela área o inspirou a anunciar aos pais que queria "ser um frade com barba". Os pais, eufóricos, contribuíram para a paixão do filho com muitas viagens e aulas com um professor particular. Em 22 de janeiro de 1903, aos 15 anos de idade, Francesco Forgione tornou--se frei Pio, escolhendo esse nome em homenagem a São Pio V.

Sete anos depois, recebeu a Ordenação Sacerdotal. Certa manhã, logo após a ordenação, reza a lenda que ele estava orando fervorosamente quando Jesus e Santa Maria lhe apareceram e lhe fizeram os estigmas. Ele rezou para que as chagas desaparecessem, dizendo: "Quero sofrer, e até morrer de tanto sofrer, mas em segredo". Os estigmas sumiram, mas apenas temporariamente.

O padre Pio tinha saúde debilitada e, por isso, retirou-se da comunidade religiosa e a ela retornou durante vários anos, continuando sua missa diária e sua vida consagrada à misericórdia por onde passava, chegando a se tornar o mentor espiritual de uma comuna agrícola chamada San Giovanni Rotondo, na região italiana da Puglia, província de Foggia. Lá ele criou e seguiu cinco normas para o crescimento espiritual:

- confissão semanal;
- comunhão diária;
- leitura espiritual;
- meditação;
- exame de consciência.

E criou seu lema: Reze, tenha esperança e não se preocupe.

Foi durante um período de elevada intensidade de orações entre todos os cristãos em 1918 para que acabasse a Primeira Guerra Mundial que os estigmas do padre Pio retornaram. Primeiro, veio uma visão durante a

*O que pensam cristãos, judeus e católicos sobre o fim dos tempos*

qual Cristo se aproximou dele e lhe perfurou o lado do corpo, deixando uma chaga visível. Semanas depois, Cristo reapareceu e deixou-lhe chagas visíveis nas mãos e nos pés. Dessa vez, as cinco chagas da crucificação de Jesus permaneceram com ele pelo resto da vida.

A notícia dos estigmas do padre Pio e de suas visões recorrentes de Cristo logo se espalhou, e ele foi examinado por incontáveis médicos e questionado infinitamente por devotos e também por detratores, de dentro e de fora da Igreja Católica. Para melhor ou para pior, ele se tornou um fenômeno — uma celebridade tamanha que enormes multidões começaram a se reunir na pequena comuna de San Giovanni Rotondo. A Igreja foi forçada a restringir o acesso do público a ele para impedir tumultos, e com o passar do tempo ordenaram-lhe que cessasse todas as responsabilidades e práticas relacionadas à Igreja, à exceção das missas particulares. Quanto mais famoso ficava, mais aumentava o número de acusações contra ele. Dentre elas, estavam as de:

- insanidade, em grande parte devido às suas afirmativas de visões;
- fraude, especialmente a de que ele usou ácido para criar e manter os estigmas;
- imoralidade, incluindo alegações de relações sexuais com mulheres no confessionário;
- apropriação indébita de fundos;
- "perversão de vidas e almas frágeis de meninos". Como resultado, ele foi proibido de ensinar aos rapazes no mosteiro.

Muitos de seus acusadores eram católicos que ocupavam altos cargos, e em 1933 o papa Pio XI emitiu sua opinião sobre a cruel controvérsia que cercava o célebre padre. Em uma afirmativa que quase por si só restaurou a ordem e a dignidade à situação, ele finalmente anunciou: "Não tinha conceito desfavorável em relação ao padre Pio, mas fui mal-informado". Os deveres e privilégios do padre Pio foram então devolvidos e ampliados, e em 1939 o papa Pio XII chegou a incentivar as multidões de devotos para que fizessem visitas e peregrinações a San Giovanni Rotondo.

*Fim dos tempos*

Em 1940, o padre Pio iniciou planos para construir um hospital na comuna, que veio a se chamar Casa Alívio do Sofrimento. O hospital foi oficialmente inaugurado em 1956 e até hoje é considerado um dos mais eficientes da Europa. A Casa Alívio do Sofrimento proporcionou aos inimigos do padre Pio mais uma oportunidade para acusá-lo de apropriação indevida de fundos, mas dessa vez o papa Paulo VI veementemente declarou improcedentes todas as acusações contra o sacerdote.

A crônica saúde debilitada do padre Pio acabou tirando-lhe a vida na madrugada de 23 de setembro de 1968. Mais de 100 mil pessoas compareceram ao enterro do religioso, e trinta e quatro anos após sua morte ele foi canonizado pelo papa João Paulo II e pela Igreja Católica, que tão profundamente o valorizou, mas que, ocasionalmente, permitiu que alguns de seus arcebispos e bispos tentassem destruí-lo.

Os que estiveram com o padre Pio nas horas imediatamente precedentes e posteriores à sua morte afirmam que os estigmas desapareceram, sem deixar traço, quando ele exalou o último suspiro.

Grande parte da fama e da infâmia do padre Pio originou-se de seus dons de curar e vaticinar. Algumas das incontáveis histórias de cura dão uma ideia de seu poder divino e, às vezes, único:

> Certa mulher de posses muito modestas viajou por uma distância considerável para levar a filhinha surda até o padre Pio, que instantaneamente restaurou a audição da criança. Atônita e agradecida, a mulher tirou um cordão de ouro — seu único bem valioso — do pescoço da menina e o entregou ao padre, em nome da Virgem Maria. No dia seguinte, já de volta a casa, a mulher, ao acordar, encontrou o cordão de ouro na mesinha de cabeceira.

> Uma menina cega (nascera sem pupilas) foi levada ao padre Pio pela avó. Durante o tempo que passou com o religioso, a criança começou a ver e a identificar objetos pela primeira vez na vida. Os oftalmologistas que examinaram a garota antes e depois da cura não conseguiram explicar como as pupilas se haviam regenerado nos olhos dela.

*O que pensam cristãos, judeus e católicos sobre o fim dos tempos*

Um homem com um filho em estado grave, que já fora desenganado por vários médicos, levou a criança ao padre Pio. Entretanto, quando entrou no mosteiro, o padre Pio o escorraçou, gritando que, como o homem era comunista e, portanto, ateu, não podia se apresentar ao "tribunal de Deus". Desolado, o homem se preparava para voltar a Moscou com o filho quando se deparou com um professor local, a quem contou sua história. O professor persuadiu o homem a voltar ao padre Pio, confessar seus pecados e renunciar à falta de crença em Deus que lhe havia sido ensinada durante toda a sua vida. O homem acatou o conselho do professor e voltou com o filho ao mosteiro no dia seguinte. Ao ver o padre Pio, imediata e sinceramente caiu de joelhos, chorando. O religioso ajudou a se levantar e lhe disse: "O senhor fez a coisa certa, e seu filho vai ficar bem. Agora, venha confessar-se". O homem fez o que o padre mandou e sentiu um despertar espiritual, e seu filho alcançou a cura completamente.

Uma das profecias mais famosas do padre Pio foi-lhe supostamente transmitida por Jesus Cristo e descreve o Apocalipse iminente. Trechos dessa profecia são apresentados a seguir.

*Meu filho, Meu amor pelo homem é muito grande, especialmente por aqueles que se dão a Mim... O tempo no qual visitarei os que Me são infiéis está muito próximo, pois eles não prestaram atenção ao tempo da Minha graça. Minha sentença os surpreenderá, e quando menos esperarem ninguém escapará da Minha mão. Mas protegerei os justos. Observem o Sol e a Lua e as estrelas, quando elas aparecerem indevidamente perturbadas e inquietas, saiba que o dia não está distante.*

*Fiquem unidos na oração e assistindo até que o anjo da destruição tenha passado por vossas portas. Rezem para que esses dias sejam abreviados. Meus filhos, tenham confiança. Estou no meio de vós. Meu nome será glorificado e Meu nome será abençoado desde o nascer até o pôr do sol. Meu reino não terá fim.*

*Fim dos tempos*

*Orai! Os homens estão correndo em direção ao abismo do inferno, em grande regozijo... Ajudai-Me na salvação das almas. A medida do pecado chegou ao limite. O dia da vingança, com seus acontecimentos aterradores, está próximo! Mais próximo do que vós podeis imaginar! E o mundo está dormindo em falsa segurança! O Julgamento Divino os atingirá como um raio! Essas pessoas ímpias e malvadas serão destruídas sem piedade...*

*Mantenhais vossas janelas bem fechadas. Não olhais para fora. Acendais uma vela bendita, que será suficiente para muitos dias. Rezem o terço. Leiam livros espirituais. Façam gestos de amor, que são tão gratificantes para nós. Rezai com braços estendidos ou prostrados no chão, afim de que muitas almas possam ser salvas...*

*Cuidai dos animais durante esses dias. Eu sou o Criador e o Protetor de todos os animais, assim como o homem. Vou dar-lhes alguns sinais de antemão, e nesse momento vocês devem colocar mais alimentos à frente deles. Vou preservar as terras dos escolhidos, incluindo os animais, pois eles também terão necessidade de se alimentar...*

*O mais terrível castigo será testemunha dos tempos. Meus anjos, que serão os executores desse trabalho, estão prontos com suas espadas pontiagudas! Furacões de fogo se derramarão das nuvens e se espalharão por toda a Terra! Tempestades, mau tempo, raios e terremotos cobrirão a Terra durante dois dias. Uma chuva de fogo ininterrupta acontecerá! Vai começar durante uma noite gélida. Tudo isso é para provar que Deus é o Mestre da Criação.*

*Aqueles que têm esperança em Mim e acreditam nas Minhas palavras não têm nada a temer, porque Eu não vou abandoná-los, nem àqueles que difundirem Minha mensagem. Não advirá nenhum mal àqueles que estão em estado de graça e que procuram a proteção de Minha Mãe. Para vos preparar para essa prova, enviar-vos-ei sinais e instruções. Não faleis a ninguém do exterior. Ajoelhai diante de um crucifixo, arrependei-vos de seus pecados*

*O que pensam cristãos, judeus e católicos sobre o fim dos tempos*

*e implorais a proteção de Minha Mãe. Aqueles que desconsiderarem esses conselhos serão mortos instantaneamente. O vento vai carregar com ele gases venenosos que se espalharão por toda a Terra. Aqueles que sofrerem e morrerem inocentemente serão mártires e ficarão Comigo em Meu Reino.*

*Satanás triunfará, mas, em três noites, o terremoto e o fogo cessarão. No dia seguinte, o sol brilhará novamente, e anjos descerão do céu para difundir o espírito de paz na Terra. Um sentido de gratidão desmedido se apossará daqueles que sobreviverem a essa mais terrível provação, ao castigo iminente com o qual Deus visitará a Terra desde a Criação...*

*O peso do equilíbrio Divino atingiu a Terra! A ira de Meu Pai se derramará sobre o mundo todo! Estou novamente advertindo o mundo, como tantas vezes tenho feito até agora. Os pecados dos homens têm se multiplicado além de qualquer limite. O mundo está cheio de iniquidade.*

*Eu mesmo virei, em meio a trovões e relâmpagos. Os ímpios contemplarão Meu Divino Coração. Haverá grandes tumultos por causa da total escuridão em que toda a Terra será envolvida. E muitos, muitos morrerão de medo e desespero. Aqueles que lutarão pela Minha causa receberão a graça do Meu Divino Coração, e o grito "QUEM É SEMELHANTE A DEUS?" deverá servir como meio de proteção para muitos. Todavia, muitos queimarão em campos abertos como relva seca! Os ímpios serão aniquilados, para que depois os puros possam começar uma nova vida...*

*A escuridão durará um dia e uma noite, seguidos por mais um dia e mais uma noite, e mais um dia, mas na noite seguinte as estrelas brilharão de novo, e na manhã seguinte o sol nascerá novamente, e será primavera!*

*O inferno acreditará estar de posse de todo o planeta, mas Eu irei reavê-lo...*

*Rezai! Rezai! Minha querida Mãe Maria e os santos e os santos anjos serão seus intercessores. Implorem a ajuda deles.*

*Fim dos tempos*

*Sejais corajosos soldados de Cristo! Ao retornar a luz, vamos todos dar graças à Santíssima Trindade por sua proteção! A devastação será enorme, mas Eu, o vosso Deus, terei purificado a Terra. Estou com vós, tenhais confiança. Repetidas vezes tenho advertido os homens e frequentemente dei-lhes oportunidades especiais de voltar ao caminho certo, mas agora a maldade alcançou o ápice, e o castigo não pode mais ser adiado. Mesmo que Meu coração sofra e sangre, em Meu nome não posso deixar de realizar essa desgraça.*

*Conte a todos os homens que chegou a hora em que essas coisas precisam ser cumpridas.*

## As profecias de Fátima

Em 13 de maio de 1917, três primos — Lúcia, de 11 anos, Francisco, de 9, e Jacinta, de 7 anos — levaram as ovelhas da família para pastar na Cova da Iria, uma aldeia perto da cidade de Fátima, em Portugal. Os animais pastavam tranquilamente e as crianças brincavam quando, de repente, mais ou menos ao meio-dia, surgiu uma luz brilhante que parecia um relâmpago vindo do céu de brigadeiro. Confusos e assustados, os pastorinhos começaram a reunir o rebanho, a fim de voltar correndo para casa, quando apareceu um segundo clarão e uma senhora vestida de branco brilhante e radiante materializou-se acima de uma azinheira:[45]

— Não tenham medo — assegurou a senhora às crianças aterrorizadas.
— Venho do céu, para pedir-lhes que voltem aqui nos próximos cinco meses, sempre no dia 13 e à mesma hora. Nessa ocasião, eu lhes direi quem sou e o que desejo.

Após mais algumas mensagens e instruções, a senhora desapareceu em uma nuvem de luz.

---

45. Ou carvalho, árvore que chega a medir 10 metros. (*N. da T.*)

*O que pensam cristãos, judeus e católicos sobre o fim dos tempos*

As crianças correram para casa e contaram aos pais a extraordinária experiência. Foram castigadas: primeiro, por mentirem; depois, por se recusarem a admitir a mentira. A história incrível das crianças espalhou-se pela cidade de Fátima, e elas foram ridicularizadas sem trégua.

Mas todo mês, no dia 13, as crianças obedientemente iam até a Cova da Iria, e a senhora nunca deixou de aparecer. Pouco a pouco, mas sem falhar, a cada mês mais gente curiosa começou a seguir os pequenos, apesar de ninguém, a não ser as crianças, ser capaz de ver ou ouvir a senhora enquanto ela partilhava importantes segredos com elas. Finalmente, ela prometeu um milagre em outubro, o sexto mês de suas aparições aos meninos, que faria com que todos acreditassem no que eles contavam.

— Sou a Senhora do Rosário — disse. — Gostaria que se construísse uma capela neste local em minha honra.[46]

Ela subiu mais uma vez, abrindo as mãos em direção ao céu. E, no céu, as crianças viram os Mistérios do Rosário, seguidos por José, Maria e o menino Jesus, que abençoou a multidão. Nessa altura surgiu uma visão que apenas Lúcia registrou: a Virgem Maria ao lado de seu Filho ressuscitado.

Enquanto essas visões ocorriam, as multidões próximas silenciaram ao assistir ao espetáculo no céu que se desenvolvia simultaneamente: a chuva parou de súbito, e o sol apareceu. De maneira inacreditável, no momento em que surgiu por entre as nuvens, o sol começou a dançar, a girar sobre si mesmo, irrompendo em um arco-íris de fogo que refletiu prismas coloridos no rosto da multidão. Então, sem aviso, em um impulso rápido e ofuscante, o sol pareceu se arremessar para fora do céu em direção às setenta mil testemunhas, apavorando-as e convencendo muitas delas de que chegara o fim do mundo. Mas, em questão de segundos, o sol inverteu sua direção e voltou a seu local e benigno no céu. Somente quando começaram a se recuperar do pânico e de sua estupefação, as pessoas observaram que suas roupas e o solo estavam completamente secos, apesar da chuva incessante sob a qual tinham permanecido durante horas.

---

46. Chamada Capelinha das Aparições, atualmente é a parte central do Santuário de Fátima. (*N. da T.*)

*Fim dos tempos*

De acordo com o pedido da Mãe Santíssima, construiu-se uma capela no lugar das visões. Francisco e Jacinta morreram tragicamente em consequência da gripe espanhola, que também devastou Portugal três anos depois daquele dia miraculoso de outubro de 1917. Lúcia entrou para um convento e continuou a receber visitas ocasionais da Virgem Maria, que, em 1927, deu-lhe permissão de revelar duas das três profecias que ela transmitira às crianças. Nossa Senhora disse-lhe que a terceira profecia não poderia ser divulgada antes de 1960.

Na primeira profecia, partilhada com as crianças em 13 de julho de 1917, Maria afirmou aos três videntes que a guerra (a Primeira Guerra Mundial) terminaria — como de fato ocorreu — no ano seguinte. Ela prosseguiu para dizer no mesmo dia que "uma noite iluminada por uma luz desconhecida" precederia uma "guerra pior". Em 25 de janeiro de 1938, uma impressionante aurora boreal estendeu-se no céu nórdico com tamanho brilho que foi visível em toda a Europa. A Segunda Guerra Mundial começou em 1939.

Em sua segunda profecia, Nossa Senhora de Fátima advertiu que a Rússia "espalharia seus erros pelo mundo, promovendo guerras. Várias nações seriam aniquiladas. Voltarei a pedir a santificação da Rússia ao meu Imaculado Coração. Se as pessoas atenderem ao meu pedido, a Rússia será convertida". Em 1984, o papa João Paulo II consagrou a Rússia, o que, conforme muitos acreditam, tenha feito a profecia se cumprir e levado à subsequente derrocada, ou conversão, da União Soviética.

Quanto à terceira profecia, Lúcia a escreveu em um papel e colocou-o em um envelope, que lacrou. Ela entregou o envelope a um bispo português, com instruções de que só deveria ser aberto e lido depois de 1960. Por sua vez, o bispo entregou o envelope ao Vaticano.

Quando chegou o ano de 1960, o papa João XXIII supostamente abriu o envelope, mas se recusou a revelar o conteúdo, com a explanação misteriosa de que "essa profecia não se refere à minha época". Diz-se que o papa João Paulo II (cujo pontificado foi de 1978 a 2005) também leu a profecia. Comenta-se que a profecia se referia a "um bispo com vestes brancas" — isto é, o papa — que, enquanto abre caminho por entre multidões de devotos, cai ao chão, aparentemente morto por um disparo de arma de fogo.

*O que pensam cristãos, judeus e católicos sobre o fim dos tempos*

Em 13 de maio de 1981, 64 anos depois do dia em que Nossa Senhora de Fátima apareceu pela primeira vez às três crianças na Cova da Iria, um terrorista tentou assassinar o papa João Paulo II na praça São Pedro. O papa agradeceu à Virgem Santa por salvar-lhe a vida ao "desviar o caminho da bala", e a bala potencialmente fatal foi entregue pelo papa ao bispo de Leiria-Fátima, que a mandou encravar na coroa da imagem de Nossa Senhora de Fátima em sua capela.

No dia 13 de maio de 2000, o papa João Paulo II visitou a irmã Lúcia dos Santos, então com 93 anos de idade. Lúcia se tornara uma freira carmelita. Ele também beatificou seus primos Francisco e Jacinta, que estão enterrados perto da capela da Virgem. A Igreja Católica Apostólica Romana nunca havia beatificado crianças que não foram mártires antes.

Finalmente, em 26 de junho de 2000, o Vaticano liberou o texto completo de 40 páginas da terceira profecia de Fátima, escrito em português pela irmã Lúcia em 3 de janeiro de 1944, e depois foi traduzido para inglês, francês, italiano, espanhol, alemão e polonês.

Parte da terceira profecia da Virgem Santa de Fátima é transcrita a seguir.

> *No lado esquerdo de Nossa Senhora, e um pouco acima, vimos um Anjo com uma espada flamejante em sua mão esquerda; reluzindo, ela emitia chamas que parecia que incendiariam o mundo, mas se apagaram em contato com o esplendor que Nossa Senhora irradiava com a mão direita em direção a ele. Apontando para a terra com a mão direita, o Anjo gritou em voz alta: "Penitência, Penitência, Penitência!".*
>
> *E vimos em uma imensa luz que é Deus: "Algo semelhante a como as pessoas aparecem em um espelho quando passam em frente a ele, um bispo vestido de branco; tivemos a impressão de que era o santo padre". Outros bispos, sacerdotes, religiosos e religiosas subiram uma montanha íngreme, em cujo topo havia uma grande cruz de troncos maltalhados como os*

*Fim dos tempos*

*de uma árvore de cortiça.*[47] *Antes de chegar lá, o santo padre passou por uma grande cidade metade em ruínas. Com pequenos passos trêmulos, afligido por dor e tristeza, ele rezou pelas almas dos cadáveres que encontrou no caminho. Tendo atingido o topo da montanha, de joelhos aos pés da grande cruz, ele foi morto por um grupo de soldados que dispararam balas e flechas contra ele, e da mesma forma morreram em seguida os outros bispos, sacerdotes, religiosos e religiosas, e diversos leigos de diferentes classes e posições. Sob os dois braços da Cruz havia dois anjos, cada um com um aspersório [bacia para água benta] de cristal na mão, no qual reuniram o sangue dos mártires e com ele borrifaram as almas que estavam a caminho de encontrar-se com Deus.*

O cardeal Joseph Ratzinger, prefeito da Congregação para a Doutrina da Fé (e que depois se tomaria o papa Bento XVI), interpretou a terceira profecia de Nossa Senhora de Fátima. Segundo ele, ela poderia ser perfeitamente resumida pelo triplo grito "Penitência, Penitência, Penitência!". Em sua totalidade, ele acredita que a terceira profecia seja:

*Uma visão confortante, que procura revelar uma história de sangue e lágrimas ao poder curador de Deus. Sob os braços da cruz, anjos se reúnem para coletar o sangue dos mártires, e com ele dão vida às almas que estão indo ao caminho de Deus. Aqui, o sangue de Cristo e o sangue dos mártires são considerados um só: o sangue dos mártires escorre pelos braços da cruz. Os mártires morrem em comunhão com a paixão de Cristo, e sua morte se torna uma só com a Dele... Como o próprio Deus pegou um coração humano e dessa forma conduziu a liberdade humana em direção ao que é bom, a liberdade de escolher o mal já não tem a última palavra. Daquela época em diante, as palavras que prevalecem são estas:*

---

47. Árvore conhecida como sobreiro, cresce principalmente em Portugal, na Espanha e no norte da África. (*N. da T.*)

*O que pensam cristãos, judeus e católicos sobre o fim dos tempos*

*No mundo, tereis tribulações, mas tende bom ânimo!*
*Eu venci o mundo.*

João 16:33

A mensagem de Fátima nos convida a confiar nessa promessa.

## María Esperanza

María Esperanza é considerada uma das mais dotadas místicas e videntes do mundo contemporâneo. Nascida na Venezuela em 1928, tinha 5 anos de idade quando recebeu uma visão de Santa Teresa, "a pequena flor de Jesus", que lhe jogou uma rosa, rosa essa que se materializou nas mãos da menina. Aos 14 anos, quando foi acometida por uma pneumonia e por problemas cardíacos, e não se esperava que vivesse, María teve a força da fé para rezar a Jesus e pedir-Lhe uma morte feliz ou a cura completa, qualquer que fosse a vontade do Pai. A Virgem Maria Santíssima instantaneamente lhe apareceu, e nesse momento María foi milagrosa e completamente curada.

Em 1954, María viajou a um convento venezuelano para rezar e pedir uma orientação para sua vida. Foi lá que Santa Teresa lhe apareceu mais uma vez e lhe jogou uma segunda rosa. Dessa vez, quando María estendeu o braço para apanhar a flor, sua mão foi picada por um espinho. Foi um pequeno ferimento, mas que prenunciou o fato de que María carregaria os estigmas, os ferimentos visíveis de Cristo na cruz, toda Sexta-Feira Santa, pelo resto de sua vida.

María recebeu as bênçãos do papa Pio XII em Roma, em 1954, e a Virgem Maria lhe apareceu novamente durante sua estada com mais uma mensagem, que concluía:

*Você será mãe de sete filhos: seis rosas e um botão.*

*Fim dos tempos*

María se casou em 1956 com um membro da Guarda Suíça Pontifícia, casamento que produziu um filho e seis filhas.

Em 1984, María Esperanza e quase quinhentas pessoas testemunharam uma aparição da Mãe Maria Santíssima em um local chamado Betânia, perto de Caracas, Venezuela. As testemunhas foram entrevistadas pelo reverendo supremo Pio Bello Ricardo, bispo e psicólogo que, após debates com o Vaticano, afirmou que as visões eram autênticas, declarando ser Betânia "um solo sagrado".

Antes de morrer, em 7 de agosto de 2004, María Esperanza apresentou suas teorias sobre a Segunda Vinda e o fim dos tempos durante uma entrevista com Michael H. Brown, escritor e biógrafo:

*Será muito diferente do que as pessoas pensam. Ele [Jesus] vai chegar em silêncio. As pessoas só vão perceber que Ele está entre nós pouco a pouco... Nesses tempos, uma pessoa inocente que Ele amava muito vai morrer, uma pessoa inocente. Isso vai chocar o mundo, vai emocionar o mundo. Muitas pessoas vão acreditar. Ele desaparecerá por alguns dias e, depois, reaparecerá.*

*E, quando Ele desaparecer, as pessoas vão voltar às enrascadas, às trapalhadas. Ele vai estar em dois lugares ao mesmo tempo. Ele se multiplicará, para ajudar todo mundo em seus lares, porque isso será algo definitivo. Ele virá e baterá em todas as portas. E então as pessoas vão compreender que será realmente Ele. Ele se deixará ver por algum tempo e, depois, desaparecerá, até Deus determinar o que precisa ser feito.*

*Da mesma forma como Ele ressuscitou, é assim que Deus vai aparecer a você, a mim... como uma aparição... Ele já está entre nós, mas não nos permite que O vejamos. Com nossos cérebros, nesta realidade física, só podemos ver o que Deus quer que vejamos, mas só é preciso um pequeno toque de Deus para abrir-se outra pequena porta em nosso cérebro, para que possamos ver Jesus sempre que Ele quiser que O vejamos...*

*Quando Ele vier em sua glória, será o Julgamento Final, o fim do mundo. Se Ele vier agora, os que O receberem serão o papa e*

*O que pensam cristãos, judeus e católicos sobre o fim dos tempos*

*todas as almas fiéis do mundo, ninguém mais, porque eles O estarão esperando.*

*Nos anos anteriores a essa manifestação, haverá uma luz especial vinda do céu. Além disso, ocorrerão muitos fatos naturais e políticos, para purificar e preparar as pessoas.*

## Séculos de católicos no fim dos tempos

Acredite no que afirma alguém que estudou em um colégio católico: o legado das profecias do fim dos tempos é uma tradição linda e valorizada da Igreja. Algumas das profecias tinham origem bíblica, enquanto se dizia que outras eram canalizadas divinamente.

São Malaquias, por exemplo, nascido em 1094, foi o primeiro santo irlandês canonizado por um papa, Clemente III. Dizia-se que ele possuía os poderes divinos de levitação, cura, clarividência e profecia. Provavelmente sua visão mais famosa lhe apareceu durante um estado mediúnico, quando ele viu toda a sucessão de papas, de sua época até o fim dos tempos. Malaquias escreveu breves descrições de cada um deles e apresentou o manuscrito ao papa Inocêncio II. O manuscrito só foi revelado em 1950 e, desde aquele tempo, tem sido fonte de controvérsia. Os últimos papas, de acordo com a profecia de São Malaquias, serão os apresentados a seguir:

- "A Flor das Flores", como São Malaquias o chamou, julga-se que seja Paulo VI (pontificado entre 1963 e 1978), cujo brasão ostenta três flores-de-lis;
- "Da Meia-Lua",[48] que se acredita ser João Paulo I. Este nasceu na diocese de Belluno, que se traduz por "linda lua", e foi escolhido papa durante uma lua crescente, em 26 de agosto de 1978. Morreu um mês depois, quase em seguida a um eclipse lunar;

---

48. O mesmo que lua crescente. (*N. da T.*)

- "A Labuta do Sol", que corresponderia ao papa João Paulo II, cujo pontificado durou de 1978 a 2005. Em 1920, na manhã em que ele nasceu, houve um eclipse quase total do Sol na Europa, o que obviamente incluiu a terra de nascença de João Paulo II, a Polônia. Quanto à referência sobre "labuta", ele foi o papa que mais viajou na história da Igreja;
- "A Glória da Oliveira", que seria Bento XVI, escolhido papa em 2005. A Ordem de São Bento, também conhecida como os Olivetanos, declarou que o penúltimo papa pertenceria às suas fileiras e "lideraria a Igreja Católica em sua luta contra o mal";
- "Pedro, o Romano". De acordo com São Malaquias, o último papa será Satanás, sob a forma de um homem chamado Pedro, que inspirará grande lealdade e adoração no mundo. Ele será o último Anticristo há muito vaticinado, que "alimentará seu rebanho em meio a muitas tribulações, após as quais a cidade das sete colinas [Roma] será destruída e o terrível juiz julgará o povo".

Um monge austríaco chamado Johannes Friede (1204-1257) escreveu a seguinte profecia, que continua a ser estudada e discutida mais de sete séculos após ter sido redigida:

> *Quando chegar o grande momento, no qual a humanidade enfrentará seu último e mais severo julgamento, ele será prenunciado por mudanças surpreendentes na natureza. A alternância entre frio e calor se tornará mais intensa, as tempestades terão efeitos mais catastróficos, terremotos destruirão grandes regiões, e os mares inundarão muitas planícies. Nem tudo isso resultará de causas naturais, mas a humanidade penetrará no interior da Terra e se estenderá às nuvens, jogando com a própria existência. Antes de o poder da destruição ser bem-sucedido em seu intento, o universo será arremessado para a desordem, e a Idade de Ferro mergulhará no nada. Quando as noites forem preenchidas por frio mais intenso, e os dias, por mais calor, uma vida nova*

*terá início na natureza. O calor significará a radiação emanada pela Terra, e o frio, a luz decrescente do Sol. Apenas alguns anos depois as pessoas tomarão conhecimento de que a luz do Sol se tornou perceptivelmente mais fraca. Quando até a luz artificial deixar de funcionar, o grande acontecimento nos céus estará próximo.*

São Vicente Ferrer (1350-1419) foi um missionário dominicano cujos seguidores — comentou-se — ultrapassariam os dez mil. Ele levava uma vida austera e disciplinada de autossacrifício, pregando para crianças e curando um grande número de almas atormentadas e corpos infestados por pragas. Foi canonizado pelo papa Calixto 111. Eis sua profecia:

*Nos dias de paz que deverão vir após a desolação das revoluções e das guerras, antes do fim do mundo, os cristãos se tornarão tão negligentes em sua religião que se recusarão a receber o sacramento da Confirmação, alegando tratar-se de "um sacramento desnecessário".*

O papa Pio X (pontificado de 1903 a 1914) inicialmente recusou a indicação papal por não se sentir à altura dessa honra. Grande quantidade de textos afirma que ele estava tão enganado que acabou sendo canonizado em 1951 por Pio XII.

Certo dia, em 1909, durante uma audiência da Ordem dos Franciscanos, Pio X pareceu entrar em transe. Após vários momentos, durante os quais todos ao seu redor o observaram alarmados e em silêncio, o papa abriu os olhos, levantou-se e gritou: "Tive uma visão assombrosa. Será comigo, ou com algum sucessor meu? Vi que o papa deixará Roma e, para sair do Vaticano, terá de passar sobre os cadáveres de seus padres!". Ele, então, pediu a todos os presentes na sala que guardassem segredo sobre o incidente até que ele morresse.

Sua visão se esclareceu pouco antes de sua morte, por meio de uma segunda visão, que ele descreveu assim:

*Fim dos tempos*

*Vi um de meus sucessores, de mesmo nome, que estava fugindo sobre os corpos de seus irmãos. Ele vai se refugiar em um esconderijo, mas, após breve pausa, morrerá cruelmente. O respeito a Deus desapareceu dos corações humanos. Querem apagar até mesmo a lembrança de Deus. Essa perversidade é nada menos do que os últimos dias do mundo.*

CAPÍTULO 4

# Outras grandes religiões e o fim dos tempos

Por favor, não pensem que "outras" no título deste capítulo, mesmo remotamente, signifiquem "menos importantes". Nasci em uma família católica/judaica/luterana/episcopal e ao longo de minha vida tenho estudado as religiões mundiais. Todas são fascinantes, todas incluem aspectos absolutamente lindos, e todas elas, mesmo que não se concorde com todas as minúcias de suas crenças, justificam nossa percepção e nosso respeito.

## Islamismo

Os muçulmanos — como são chamados os seguidores da fé islâmica — acreditam que, no ano 570 d.C., Deus (ou Alá) enviou o último de Seus profetas à Terra para transmitir Sua mensagem à humanidade. Esse profeta era Maomé, que nasceu em Meca, no que é hoje a Arábia Saudita. Para os muçulmanos, Maomé era humano, não uma parte da divindade; assim, nunca se referem a ele como Alá. Alá é o Deus único, nosso Criador, Todo-Poderoso, onisciente, clemente, supremo e soberano, a única entidade em todo o universo que merece ser venerada.

*Fim dos tempos*

Maomé ficou órfão muito pequeno[49] e foi criado pelo tio Abu Talib. Ainda muito jovem era reconhecido por sua sabedoria, sua honestidade, sua generosidade e sua sinceridade. Estava com 40 anos, em um dos retiros espirituais que sempre fazia na gruta de Hira, perto de Meca, quando o anjo Gabriel lhe apareceu e lhe transmitiu a primeira das revelações que faria durante vinte e três anos. E esses vinte e três anos de revelações, passadas a Maomé por Deus, por meio do anjo Gabriel, tornaram-se o Alcorão, o Livro Santo da fé islâmica.

Maomé morreu aos 63 anos. No período de cem anos após sua morte, o islamismo já havia se espalhado pela Europa, Ásia, e até pela China. Os muçulmanos tratam Maomé com carinho e o consideram o último mensageiro e profeta de Deus. Entretanto, como já se disse, sua devoção é estritamente a Alá.

Nada resume mais elegantemente a visão islâmica do Apocalipse do que os Sinais Finais do Islamismo, uma das mais famosas profecias islâmicas:

*O chão vai se abrir em fendas:*
*uma no Oriente,*
*uma no Ocidente,*
*e uma em Hejaz, Arábia Saudita.*
*Névoa ou fumaça vai cobrir os céus durante quarenta dias.*
*Os descrentes ficarão inconscientes,*
*enquanto os muçulmanos adoecerão [de resfriados].*
*Os céus então ficarão claros.*
*Uma noite com duração de três noites se seguirá à névoa.*
*Ela ocorrerá no mês de Zil-Hajj,[50] após Eideul-Ahja,[51]*
*e causará grande inquietação entre as pessoas.*

---

49. Aos 7 anos de idade. (*N. da T.*)
50. O último mês do calendário islâmico. (*N. da T.*)
51. O Festival do Sacrifício. (*N. da T.*)

*Outras grandes religiões e o fim dos tempos*

*Após a noite de três noites,*
*na manhã seguinte o sol nascerá no Ocidente.*
*O arrependimento popular não será aceito após esse incidente.*
*Um dia depois, a Besta da Terra miraculosamente*
*surgirá do monte Safaa, em Meca, causando uma cisão*
*no terreno.*
*A Besta será capaz de falar com as pessoas e*
*marcar-lhes os rostos,*
*fazendo com que reluzam os rostos dos crentes e*
*escureçam os rostos dos descrentes.*
*Uma brisa do sul provocará chagas nas axilas dos muçulmanos*
*e causará sua morte.*
*O Ka'aba[52] será destruído por um grupo africano não muçulmano.*
*Kufr [o Nada] será desenfreado.*
*Hajj [a peregrinação à Meca] será descontinuada.*
*O Qur'an[53] será retirado do coração do povo*
*trinta anos após a morte do governante Muquad.*
*O fogo seguirá as pessoas à Síria e lá cessará.*
*Alguns anos depois do incêndio,*
*o Qiyaamah [islamismo] começará com o Soor [trompete]*
*soando.*
*O ano não é sabido por pessoa alguma.*
*O Qiyaamah surgirá após o pior da Criação.*

É preciso acrescentar que os muçulmanos têm enorme respeito por Jesus e nunca pronunciam Seu nome sem adicionar a expressão de homenagem "A paz esteja com Ele". O Alcorão menciona o nascimento imaculado de Cristo, reconhece Seus milagres e prevê a Segunda Vinda. Na verdade, a fé islâmica acredita que, nos últimos dias, Jesus e o profeta Imam Mahdi,

---

52. Estrutura cúbica de pedra no centro da cidade de Meca, que abriga a sagrada Pedra Negra (meteorito) dada a Abraão pelo anjo Gabriel. É considerada o centro do mundo muçulmano. (*N. da T.*)
53. Alcorão. (*N. da T.*)

*Fim dos tempos*

descendente de Maomé, virão à Terra para combinar as forças do bem contra o mal e conduzir o Apocalipse.

## Hinduísmo

O hinduísmo é a terceira maior religião do mundo, com mais de 750 milhões de seguidores. Acredita-se que tenha nascido no norte da Índia entre 4000 e 2200 a.C. Não há consenso sobre a origem de suas crenças — se o hinduísmo foi trazido pelos indo-europeus que praticavam uma religião chamada vedismo ou se consiste no desenvolvimento de uma cultura védica já estabelecida na Índia.

Contudo, não há desacordo no tocante aos muitos aspectos exclusivos dessa antiga religião. O hinduísmo não é o resultado de nenhum messias, líder ou grupo de líderes. Não existem profetas em sua rica história, bem como qualquer sequência de acontecimentos específicos que tenham levado à sua criação.

Em vez disso, o hinduísmo se desenvolveu para a realidade, com textos sagrados — os vedas e os upanixades — que foram transferidos para manuscritos entre 800 e 400 a.C. Essa religião venera um Deus supremo, o princípio dos brâmanes, entidade divina extraordinária que está de acordo com o universo e ao mesmo tempo o transcende. Os brâmanes existem em três aspectos separados:

- Brama, o Criador, que incessantemente cria novas realidades;
- Vixnu ou Krishna, o protetor das criações; quando a ordem eterna é ameaçada, Vixnu viaja à Terra para restaurá-la;
- Shiva, o Destruidor.

Os hindus acreditam que tudo se transforma em nada, que se torna tudo novamente, em ciclos constantes. Em outras palavras: Brama cria o universo, Vixnu toma conta dele, e depois Shiva o destrói, para que Brama possa recomeçar o ciclo. Um ciclo é muito demorado; a atual

*Outras grandes religiões e o fim dos tempos*

sabedoria hindu acredita que ainda restem ao universo aproximadamente 427 mil anos, antes que termine este ciclo e comece outro. Classificam-se esses ciclos como idades, e há quatro idades no hinduísmo ortodoxo, que oscilam de uma idade de pureza absoluta a uma de corrupção absoluta. Essa quarta idade, corrupta, é a Idade de Kali, ou Idade de Ferro, caracterizada pelo declínio espiritual da civilização e por violência, pragas e uma profanação trágica da natureza. A Idade de Kali precede imediatamente a destruição completa, que então se desenvolve até a pureza da Idade de Ouro, quando o ciclo recomeça mais uma vez. De acordo com o hinduísmo, quando o mal e o caos no mundo alcançarem o ápice da obscenidade intolerável, um avatar — encarnação do Ser Supremo — aparecerá na Terra para restaurar a correção e a pureza da humanidade.

Os puranas hindus, que são um entrelaçamento escrito de mitologia e história, contêm uma lista de profecias sobre esse conceito cíclico. É o que mais se aproxima, no hinduísmo, do conceito do fim dos tempos das outras religiões:

- para os hindus, o Apocalipse é o fim natural do mundo na quarta idade, a Idade de Kali, a Idade das Trevas e da Discórdia;
- é a primeira de uma "série de apocalipses", cada uma das quais marca o fim de um ciclo e o começo de outra Criação. A figura central dessas transições é Vixnu, o Deus Protetor, por quem o mundo é absorvido antes de nascer de novo;
- Vixnu já salvou a humanidade em várias ocasiões, aparecendo simbolicamente como salvador sob diversas formas. Diz-se que Ele ressurgirá em breve como Kalki, um cavalo branco, destinado a destruir o mundo atual e a elevar a humanidade a um plano superior;
- todos os reis que estiverem ocupando a Terra na Idade de Kali serão desprovidos de tranquilidade, sentirão muita raiva, gostarão de mentir e roubar, matarão mulheres, crianças e vacas, tenderão a se apossar de bens alheios de pouco valor, terão caráter absolutamente desprezível, chegarão ao poder, mas logo o perderão;

*Fim dos tempos*

- esses reis viverão pouco, terão pouca virtude, mas muita ganância;
- as pessoas seguirão os hábitos das outras e também serão corrompidas;
- os bárbaros estranhos e indisciplinados serão vigorosamente apoiados por governantes e, como continuarão a viver sendo depravados, serão destruídos;
- Dharma [ordem e correção eternas] será muito débil na Idade de Kali. As pessoas pecarão em pensamentos, palavras e ações;
- surgirão contendas, pragas, doenças fatais, fome, seca e calamidades;
- testemunhos e provas não mostrarão segurança. Não existirá mais qualquer critério quando a Idade de Kali se estabelecer;
- as pessoas ficarão menos vigorosas e talentosas;
- as pessoas serão malvadas, raivosas, pecadoras, falsas e avaras;
- ambições negativas, má educação, transações irregulares e ganhos adquiridos por meios sinuosos instigarão o medo;
- todos serão gananciosos e mentirosos;
- muitos sudras [ímpios] se tornarão reis, e haverá muitos hereges;
- surgirão várias seitas, sannyasins [seres elevados, gurus] usando roupas de vermelho vivo;
- muitos afirmarão ter conhecimento superior porque, ao assim fazer, facilmente ganharão a vida;
- na Idade de Kali, haverá muitos falsos devotos;
- a Índia será arrasada por repetidas calamidades, vidas curtas e diversas enfermidades;
- todos serão infelizes em razão do predomínio do vício e da tamoguna [apatia, indolência];
- a Terra só será valorizada por seus tesouros minerais;
- apenas o dinheiro concederá nobreza;
- poder será a única definição de virtude;
- prazer será a única razão para o casamento;
- luxúria será a única razão para a condição de mulher;
- trapaças vencerão as disputas;
- estar seca, sem água, será a única definição de terra;
- o merecimento será avaliado pela riqueza acumulada;

*Outras grandes religiões e o fim dos tempos*

- a conveniência será considerada boa conduta, e apenas a fraqueza será razão para desemprego;
- ousadia e arrogância equivalerão a sabedoria;
- só aqueles sem riqueza mostrarão honestidade;
- um único banho[54] significará purificação, e caridade será a única virtude;
- o rapto significará casamento;
- somente estar bem-vestido significará decência;
- qualquer local onde água for difícil de ser obtida será julgado um local de peregrinação;
- a pretensão de grandeza será sua comprovação, e homens poderosos, com muitos erros graves, governarão todas as classes na Terra;
- oprimidas pelas normas excessivamente ambiciosas, as pessoas se esconderão em vales entre montanhas, onde recolherão mel, legumes, raízes, frutas, pássaros, flores;
- sofrendo com o frio, o vento, o calor e a chuva, as pessoas vestirão roupas feitas de cascas e folhas de árvores;
- e ninguém viverá mais de 23 anos;
- assim, na Idade de Kali, a humanidade será totalmente destruída.

Será impressão minha, ou grande parte da descrição da Idade de Kali nos parece muito conhecida?

## Budismo

De acordo com a lenda, há 2.500 anos, a rainha Maha Maya, esposa do rei Suddhodana, do norte da Índia, teve um sonho certa noite. Nesse sonho, um lindo elefante branco a circundou e a penetrou no flanco direito. Os sábios interpretaram o sonho como sinal de que um filho pro-

---

54. Supostamente, no rio Ganges, localizado no norte da índia e de Bangladesh, um dos sete rios sagrados da cordilheira do Himalaia. (*N. da T.*)

## Fim dos tempos

digioso nasceria para a rainha e o rei, um príncipe que, se permanecesse no palácio, acabaria sendo um grande monarca. Entretanto, se renunciasse ao trono, ele se tornaria um asceta, um Buda, ou um Desperto.[55]

Nasceu um filho da rainha e do rei. Eles o chamaram de Siddhartha,[56] que significava "todos os desejos realizados". Altas muralhas foram erguidas ao redor do palácio deslumbrante, para impedir que o príncipe Sidarta ficasse exposto a qualquer coisa que pudesse arruinar seu privilegiado isolamento. Ordenou-se que ele jamais tivesse contato com os gravemente enfermos, os muito idosos, os moribundos e — principalmente — com quaisquer homens santos que perambulassem pela região.

O príncipe Sidarta viveu no luxo palaciano até os 26 anos de idade e foi muito bem casado com a princesa Yasodhara por 13 anos. Entretanto, ele sentia que faltava alguma coisa em sua vida, que ela era incompleta. Tornou-se, então, consumido pela curiosidade sobre como era o mundo além das altas muralhas do palácio. E assim, com a ajuda de seu cocheiro Channa, começou uma série de excursões secretas além das muralhas, nas ruas dos vilarejos do norte da Índia.

Pela primeira vez na vida, o príncipe Sidarta viu doentes, moribundos, mortos e famintos. Ficou arrasado com as cenas. Contaram-lhe sobre a crença de que nascimento e morte eram simplesmente parte de um ciclo eterno que só poderia ser rompido se alguém conseguisse escapar da armadilha do renascimento contínuo. Ele ficou consumido pela trágica inevitabilidade desse ciclo ao perceber que isso incluía as graves privações e enfermidades que o cercava nos povoados miseráveis.

Foi durante o que seria a última excursão do príncipe que a vida de Sidarta se transformou para sempre. Ele se deparou com o que primeiro julgou ser apenas mais um mendigo: um homem pequeno, descalço, aparentemente faminto, de cabeça raspada, usando uma veste amarela e segurando uma tigela para receber um gesto bondoso a que um estranho talvez fosse compelido. Mas, quando Sidarta o olhou mais detidamente,

---

55. Ou Um Iluminado. (*N. da T.*)
56. Sidarta, em português. (*N. da T.*)

*Outras grandes religiões e o fim dos tempos*

viu que o rosto do homem era quase radiante, repleto de paz e dignidade. Profundamente comovido, o príncipe comentou com seu cocheiro sobre o pequeno homem surpreendentemente transcendente, e Channa lhe explicou que o homem era um monge,[57] um dos serenamente devotos que encontravam grande felicidade espiritual em uma vida de simplicidade, pureza, disciplina e meditação em sua jornada para se livrar do sofrimento.

Irremediavelmente emocionado por essa experiência, o príncipe Sidarta, em uma decisão que veio a ser conhecida como a Grande Renúncia, abandonou sua amada família, sua herança e sua vida de riqueza ilimitada e, aos 29 anos, começou uma busca solitária por uma forma de terminar o ciclo constante de sofrimento e renascimento e então, de algum modo, ser realmente de ajuda ao mundo triste e angustiado à sua volta.

Depois de seis anos brutais de dor, autoflagelação, disciplina punitiva e privações, Sidarta chegou à conclusão de que um corpo exaurido, negligenciado e mal alimentado não era um ambiente favorável para uma mente e um espírito saudáveis e esclarecidos. Começou a se alimentar e a reconstruir sua força e sua vitalidade. Seus companheiros o abandonaram, desdenhosos de sua incapacidade de manter suas práticas disciplinares de sacrifício, e ele se viu tão sozinho como no dia em que fora embora do palácio.

Em seu 35º aniversário, Sidarta perambulava em uma linda floresta quando certa mulher apareceu e lhe ofereceu uma tigela de leite e arroz.

— Venerável senhor — disse ela —, seja o senhor quem for, deus ou humano, por favor, aceite esta oferta. Para que o senhor possa alcançar o bem que procura.

Nesse mesmo dia, mais tarde, ele se deparou com o responsável pela manutenção da terra, que lhe ofereceu uma almofada de capim recém-cortado debaixo de uma magnífica figueira que se esparramava; essa árvore veio a ser conhecida como Árvore Bodhi, ou Árvore da Iluminação. Enquanto descansava debaixo da árvore, começou a analisar sua vida e sua quase morte por meio do fracasso de sua exagerada autodisciplina.

---

57. Asceta. (*N. da T.*)

## Fim dos tempos

À sombra da Árvore Bodhi, ele prometeu: "Mesmo que minha pele, meus nervos e meu sangue[58] ressequem, só abandonarei este lugar quando alcançar a Suprema Iluminação". Lembrou-se, então, de um momento parecido em sua infância, quando, enquanto descansava sob uma árvore, descobriu que, se se sentasse de pernas cruzadas, com os olhos fechados e a mente só concentrada em inalar e exalar, poderia alcançar um estado de bem-aventurança mental. A paz desse exercício simples e particular lhe voltou plenamente naquele dia debaixo da Árvore Bodhi, e ele cruzou as pernas, fechou os olhos e não pensou em nada, exceto em seu respirar silencioso e ritmado.

Permaneceu imóvel enquanto mil dúvidas, temores, lembranças, desejos e tentações se enraiveciam dentro dele, travando uma guerra com todo o bem que ele queria tanto conquistar. Continuou sentado, imóvel, mesmo com uma violenta tempestade que trovejou a noite inteira na floresta. Sentiu a força de sua determinação e de sua serenidade meditativa o penetrarem. Finalmente, estendeu a mão direita e tocou o solo, que estremeceu, tremeu e rugiu ao seu toque, pedindo à Mãe Terra a confirmação do valor de sua peregrinação solitária com as palavras: "Eu, Terra, sou sua testemunha!".

Durante toda a noite, à medida que sua profunda meditação continuava, ele conseguiu saber como se originam as trevas da mente e como elas podem ser destruídas para sempre. Ele dispersou a ignorância espiritual passada, presente e futura, e sua desilusão se transformou em absoluta clareza. Ele conseguiu compreender inteiramente "as coisas como são", e, quando chegou a madrugada, o príncipe Sidarta transformou-se em Buda Shakyamuni, o Iluminado, cujos subsequentes ensinamentos e revelações divinas originaram o budismo, com uma multidão de devotos que hoje em dia supera os 665 milhões.

A religião que a vida e a iluminação de Buda inspiraram requer ser tão ativo, automotivador e pessoalmente responsável quanto foi Buda em sua procura para compreender "as coisas como são". Através das práticas

---

58. Metáfora para "vitalidade". (*N. da T.*)

*Outras grandes religiões e o fim dos tempos*

budistas, seus seguidores começaram a perceber que a solução para a falta de profundidade, significado e substância em sua vida não está em Buda ou nas pessoas à sua volta, mas sim, na sua capacidade de fazer uma autoanálise e encontrar a transformação em sua própria alma.

Buda predisse que um dia nasceria outro Buda. O Buda Maitreya, que atualmente mora no Tutshita (céu), espera nascer novamente para um último período na Terra. Antes da chegada do Buda Maitreya, os ensinamentos de Buda Shakyamuni e todas as lembranças que se tem dele vão desaparecer, e mesmo suas relíquias sagradas serão destruídas pelo fogo. Só então o Buda Maitreya aparecerá, a fim de renovar o budismo no mundo e iluminar o caminho para o Nirvana, isto é, a extinção da ignorância, do ódio e do sofrimento terrestres. As profecias budistas o descrevem assim:

> *Ele terá uma voz celestial que alcança longe; sua pele terá uma tonalidade dourada; um grande esplendor se irradiará de seu corpo; seu peito será largo, os membros serão bem desenvolvidos e seus olhos serão como pétalas de lótus. Seu corpo terá oitenta cúbitos[59] de altura e vinte de largura... Sob orientação do Maitreya, centenas de milhares de seres vivos abraçarão uma vida religiosa.*

O período anterior a Maitreya, de acordo com as escrituras, seria reconhecível pelo hedonismo, pela depravação sexual, pelo caos social geral e pela falta amplamente disseminada de saúde física. E só uma força tão poderosa quanto a do Buda Maitreya será capaz de movimentar o mundo para o seu próximo ciclo inevitável.

Os budistas, em outras palavras, não acreditam no fim dos tempos. Em vez disso, concordam que um ciclo universal de Criação, destruição e mais uma vez Criação, conduzido por um novo Iluminado, trará paz e bem-estar — ou Nirvana — para a humanidade bem aqui, na Terra.

---

59. Medida antiga de comprimento. (*N. da T.*)

## A fé bahá'i

Em 1844, um comerciante iraniano chamado Sayyid Ali Muhammad Shiraz, supostamente descendente do profeta Maomé, fundou um movimento religioso que se desenvolveu para o que hoje conhecemos como a fé bahá'i. Assumindo o título de Báb, que se traduz por "o portão", ele reuniu dezoito discípulos ao seu redor, a quem chamou de Cartas dos Vivos, e os enviou pela região para divulgar sua mensagem.

Báb cooptou milhares de adeptos nos anos seguintes e atraiu a atenção de alguns poderosos detratores, incluindo o primeiro-ministro iraniano, que mandou prendê-lo por temer que o poder de expansão cada vez maior de Báb pudesse interferir na influência religiosa do primeiro-ministro sobre o xá. Foi durante sua prisão, em 1848, que Báb escreveu o *Bayán*, seu livro mais importante de ensinamentos. Nesse meio tempo, os babis, como eram chamados os seguidores de Báb, estavam sendo atacados por diversos exércitos locais cujos líderes religiosos acreditavam que eles fossem desordeiros e ameaçadores às suas próprias crenças.

Finalmente, em 1850, o primeiro-ministro e o xá decidiram que a maneira mais eficaz de deter esse novo movimento que trazia desarmonia seria eliminar seu fundador, o próprio Báb. Ele foi levado a Tabriz, no norte do Irã, e pendurado por cordas à frente de um pelotão de fuzilamento em uma praça onde o público pudesse testemunhar sua execução.

Obedecendo à ordem dada, o pelotão atirou em Báb, mas ele pareceu desaparecer no ar e nenhuma bala o atingiu. Muitos seguidores da fé bahá'i consideram esse ato um milagre. Foi descoberto depois, transmitindo suas últimas palavras para um manuscrito, e levado de volta à praça pública. O pelotão de fuzilamento anterior recusou-se a participar de mais uma tentativa de executar Báb, de modo que se convocou um outro pelotão de fuzilamento. Dessa vez, os soldados tragicamente cumpriram sua missão. O corpo de Báb foi conduzido por alguns de seus seguidores e acabou enterrado em um relicário na cidade de Haifa, em Monte Carmelo.

Uma das principais missões de Báb na Terra era a de preparar a humanidade para a chegada iminente de outro grande profeta e professor

*Outras grandes religiões e o fim dos tempos*

que conduziria o mundo a uma nova era de paz global. Em 1863, um seguidor de Báb chamado Mirza Húsayn Ali Nuri, cujo pai era um nobre iraniano, declarou que ele próprio era esse profeta e professor. Assumiu o título Bahá'u'llah, que se traduz por "a glória de Deus", e foi o líder a quem os babis recorreram depois da execução de Báb.

Os babis continuavam a ser torturados e mortos quando Bahá'u'llah assumiu a responsabilidade pelos devotos de Báb. Ele foi preso e severamente espancado várias vezes. Enquanto estava aprisionado em uma masmorra negra, ele teve uma visão considerada, na fé bahá'i, correspondente ao Arbusto em Chamas, que transformou Moisés, e à Iluminação de Sidarta sob a Árvore Bodhi, que o elevou ao grande Buda:

*Afundado em tributações, ouvi uma voz maravilhosa e doce, falando acima de minha cabeça. Virei o rosto e contemplei uma donzela — a personificação da lembrança do nome de Meu Senhor — suspensa no ar, à minha frente. Ela estava tão jubilosa em sua própria alma que seu semblante reluzia com o esplendor do Clemente. Entre a Terra e o céu ela incitava um chamamento que cativou os corações e as mentes dos homens. Ela estava comunicando a meu ser, interno e externo, notícias que alegraram minha alma e as almas dos servos honrados. Com o dedo apontado para minha cabeça, ela se dirigiu a todos que estão no céu e a todos que estão na terra, dizendo: "Por Deus! Este é o mundo mais amado de todos, mas mesmo assim vocês não o compreendem. Essa é a Beleza de Deus entre vocês, e o poder de Seu reinado dentro de vocês, mas vocês não entendem isso. Esse é o Mistério de Deus e Seu tesouro, a Causa de Deus e Sua glória para todos os que estão nos reinos do Apocalipse e da Criação, se vocês estiverem entre aqueles que percebem".*

(Trecho de *GOD PASSES BY*, de SHOGHI EFFENDI)

*Fim dos tempos*

Antes de morrer, em 1892, Bahá'u'llah criara a fé bahá'i, baseada nos ensinamentos de Báb. De acordo com essa crença, há um Deus, o Ser Supremo que enviou à Terra professores e profetas divinos como Buda, Abraão, Jesus, Moisés, Krishna, Zaratustra e Maomé — além de Báb e Bahá'u llah — para instruir a humanidade quanto às revelações religiosas que vão orientar "uma civilização em constante avanço". Eles acreditam na unidade, expressa nos manuscritos de Bahá'u'llah com a afirmação de que "a Terra é nada mais do que um país, e seus cidadãos são a humanidade". Essa civilização global deve e vai incluir princípios como:

- a eliminação total do preconceito;
- uma união das grandes religiões do mundo, baseada no fato de que elas partilham uma Fonte onipotente;
- a eliminação da pobreza e da riqueza extremas;
- a educação obrigatória em todo o mundo;
- uma colaboração harmônica entre as comunidades religiosas e científicas;
- e o ensinamento de que toda pessoa é responsável pela própria procura da verdade e da sabedoria.

Na fé bahá'i, o "pecado" nada tem que ver com um poder maligno externo nem mesmo necessariamente com os conceitos de "certo" e "errado". O pecado é qualquer coisa que interfira no progresso espiritual, enquanto o certo é qualquer coisa que ajude e estimule o progresso espiritual. Um dos maiores empecilhos ao progresso espiritual — segundo eles — é o orgulho, porque cria ilusões de excesso de importância e superioridade em relação às demais pessoas. Nenhuma dessas duas ilusões perpetua a unidade global pretendida por Deus. A salvação não abrange o julgamento de Deus; em vez disso, ela é uma jornada em direção à proximidade com Deus, que é a única fonte da felicidade completa e verdadeira. A proximidade com Deus é a definição da fé bahá'i de "céu", que eles não acreditam ser um lugar físico real, enquanto "inferno" é a alma que existe a distância Dele, por meio de suas próprias escolhas malfeitas.

*Outras grandes religiões e o fim dos tempos*

A crença geral dessa religião sobre o fim do mundo é a de que não haverá uma destruição cataclísmica literal deste planeta, mas uma grande transformação global baseada na unidade divina pretendida por Deus quando nos criou. Essa transformação começou em meados do século XIX, quando o Ciclo Profético evoluiu para o Ciclo das Realizações — a era na qual as profecias apocalípticas das grandes religiões do mundo seriam cumpridas e o Reino de Deus aconteceria.

"O dia virá quando esta Terra for substituída por uma nova, e também os céus", está escrito nas escrituras bahá'i. "E a Terra brilhará com a luz de seu Senhor... Louvado seja Alá, que cumpriu Sua promessa para nós e nos fez herdar a terra." E no texto das tábulas de Bahá'u'llah: "Está se aproximando o dia em que teremos dominado o mundo e tudo o que ele contém e disseminado uma nova ordem em seu lugar. Está se aproximando o dia em que a chama [da civilização] devorará as cidades, quando a língua de Esplendor proclamará: 'O Reino é de Deus, do Todo-Poderoso, do Todo-Laudabilíssimo'".

A fé bahá'i é uma das religiões mais disseminadas do mundo, com mais de seis milhões de seguidores ou adeptos que exercem sua veneração em países como Índia, Irã, Vietnã, Estados Unidos e, obviamente, na matriz dessa fé — Haifa, Israel.

### Testemunhas de Jeová

TEOTWAWKI[60] é o acrônimo de "The End of the World as We Know It". A Sociedade Torre de Vigia, fundada no começo da década de 1870 por Charles Taze Russell, previu várias datas para OFDMCOC. Como nenhuma de suas previsões se mostrou precisa, eles agora simplesmente afirmam que o fim do mundo vai ocorrer "num futuro próximo".

Também conhecida como Testemunhas de Jeová, a Sociedade Torre de Vigia acredita que OFDMCOC — que eles preferem chamar de "conclusão de um sistema de coisas" — será proclamado por Jesus Cristo, que reaparecerá para reivindicar seu reinado na Terra. Outros

---

60. O fim do mundo como o conhecemos (OFDMCOC). *(N. da T.)*

*Fim dos tempos*

profetas bíblicos, que incluem Abraão, Jacó, Elias e Isaac, serão ressuscitados para participar da gloriosa perfeição da humanidade. Deus travará a grande guerra do Armagedom, um genocídio global no qual morrerão bilhões de pessoas. Os únicos sobreviventes da guerra de Deus serão os adultos tidos em alto conceito pelas Testemunhas de Jeová, o que por definição exige obediência aos ensinamentos do pastor Charles Russell. Caberá a Deus decidir, à base de "cada caso é um caso", se crianças e adultos mental e psicologicamente desafiadores sobreviverão ao genocídio. Testemunhas de Jeová sem direitos civis, a maioria cristãos, judeus, budistas, hindus e muçulmanos — em outras palavras, todas as demais religiões —, serão eliminadas e jamais sentirão o Arrebatamento de ascender aos céus ao encontro de Jesus nas nuvens.

O pastor Russell, como era chamado por seus seguidores, nunca reivindicou ser o messias e, por sinal, tampouco alguma vez afirmou ter fundado uma religião. Ele se considerava total e integralmente comprometido com o serviço de Deus, razão pela qual lhe foi concedida permissão divina para compreender completamente a Bíblia e cumprir a promessa do Senhor de que os dedicadamente obedientes, restaurados à perfeição da mente, do corpo e do caráter, passarão a eternidade no paraíso.

Os intensos estudos e interpretações da Bíblia realizados pelo pastor Russell, aliados a seus estudos de maravilhas espiritualmente históricas, como a Grande Pirâmide, resultaram em uma variedade de previsões sobre a data do Armagedom, ou OFDMCOC. No cerne dos cálculos do pastor, estava Daniel 4:13-16:

> *Eu estava vendo nas visões de minha mente, em minha cama, e eis que um vigilante, um santo, desceu do céu. Ele gritou em alta voz, dizendo assim: "Derrubai a árvore, e cortai-lhe os ramos, sacudi-lhe as folhas, e dispersai seu fruto: fujam os animais de debaixo dela, e as aves de seus ramos. Mas o tronco e suas raízes deixai na terra, atado com cadeias de ferro e de cobre, na erva do campo, e seja molhado pelo orvalho do céu, e seja sua porção com*

*Outras grandes religiões e o fim dos tempos*

*os animais, na erva da Terra. Seu coração de homem seja muda-do, e o coração de animal lhe será dado, e sobre ele passem sete tempos".*

O pastor Russell interpretou a palavra "tempos" nessa passagem como o equivalente a 360 dias. Sete "tempos" lhe deram um total de 2.520 dias, que ele traduziu com o significado de 2.520 anos de fato. Usando 607 a.C. como data de começo e acrescentando 2.520 anos, o OFDMCOC aconteceria em outubro de 1914. A Bíblia da Torre de Vigia, escrita no final do século XIX, declara: "O término definitivo dos reinados deste mundo e o total estabelecimento do Reinado de Deus se realizarão no final de 1914 d.C.".

Obviamente, 1914 chegou e passou sem que Deus exterminasse bilhões de pessoas. Continuando a acreditar na profecia do pastor Russell sobre o fato de 1914 ser um ano importante, a Sociedade Torre de Vigia simplesmente redefiniu sua significação. OFDMCOC seria inegavelmente precedido por uma série de acontecimentos passageiros, em lugar de um genocídio e do reaparecimento de Jesus Cristo na Terra sem nenhum presságio — e que presságio mais provável que a guerra do Armagedom do que o início da Primeira Guerra Mundial, em 1914? Com a declaração do pastor Russell de que aqueles acontecimentos passageiros poderiam demorar alguns anos para ocorrer, a data do Armagedom final foi transferida para 1915 e, depois, para 1918.

O pastor Russell morreu em 1916, e J. E. Rutherford, o recém-nomeado presidente da Sociedade Torre de Vigia, resolveu fazer alguns ajustes nos cálculos e profecias do pastor. Utilizando números antes e depois dessa data, com a ajuda da Bíblia e de outras fontes espiritualmente ordenadas na terra, Rutherford chegou à conclusão de que a data inicial de 1914 para OFDMCOC calculada pelo pastor Russell poderia de forma confiante ser alterada para 1925. Não que ele estivesse pronto a arriscar sua reputação quanto a essa previsão. À medida que se aproximava o Ano-Novo de 1925, ele escreveu: "O ano de 1925 é uma data definitiva e claramente marcada nas Escrituras, ainda mais niti-

*Fim dos tempos*

damente do que 1914, mas seria presunçoso da parte de qualquer seguidor do Senhor presumir exatamente o que o Senhor vai fazer durante aquele ano".

É desnecessário dizer que o Senhor evidentemente decidiu não cometer genocídio em massa em 1925. Sem recuar, as Testemunhas de Jeová continuaram a calcular que OFDMCOC ocorreria em 1932; depois, em 1966. Então, afirmaram, com uma dose de certeza, que isso aconteceria no outono de 1975. "Nossa cronologia", escreveram na publicação da Torre de Vigia, "que é razoavelmente precisa (mas reconhecidamente não infalível), na melhor das hipóteses indica o outono de 1975 como o fim da existência de 6 mil anos do homem na Terra".

Evidentemente, isso também não ocorreu em 1975, o que fez com que as Testemunhas de Jeová voltassem a seus cálculos e recursos. E nos Salmos 90:9-10 elas encontraram um possível indício:

> *Pois todos os nossos dias vão passando em tua indignação, acabam-se nossos anos como um gemido. A duração de nossas vidas é de 70 anos, e alguns, por sua robustez, chegam a 80 anos.*

Ainda se acreditava que o começo de OFDMCOC fosse 1914. Oitenta anos depois de 1914, então, era aparentemente a data em que ocorreria o Armagedom. Ou seja, 1994. Os líderes desse movimento religioso ficaram compreensivelmente relutantes em fazer um anúncio impressionante sobre o significado de 1914, e, como todos sabemos agora — até mesmo os que não são Testemunhas de Jeová —, sobrevivemos ao ano de 1994 também.

Até hoje os devotados membros das Testemunhas de Jeová, que ultrapassam os 6 milhões no mundo inteiro, continuam a acreditar que o fim está se aproximando rapidamente e se comportam como tal. Como eles só podem ser salvos do extermínio em massa de Deus se forem testemunhas ativas e perpétuas Dele, pregam Sua palavra e o OFDMCOC iminente todos os dias, a serviço Dele.

*Outras grandes religiões e o fim dos tempos*

## Os mórmons: a Igreja de Jesus Cristo dos Santos dos Últimos Dias

No Livro de Mateus, 24:35-36, diz Jesus:

> *O céu e a Terra passarão, mas as minhas palavras jamais passarão. Daquele dia e hora, porém, ninguém sabe, nem mesmo os anjos do céu, nem o Filho, senão só o Pai.*

Essa passagem bíblica talvez seja a razão pela qual algumas religiões, inclusive a dos Santos dos Últimos Dias, acreditam na inevitável Segunda Vinda de Cristo e no subsequente fim do mundo, mas evitam prever a data ou o ano exato em que isso acontecerá. No caso dos Santos dos Últimos Dias, também conhecidos como mórmons, eles ensinam que estamos vivendo agora os derradeiros dias de vida nesta Terra e que a única maneira de nos prepararmos é observar, mas não temer, os sinais de que o Armagedom está próximo.

De acordo com a história dos mórmons, em Vermont[61], no ano de 1823, um rapaz de 18 anos chamado Joseph Smith, foi visitado pelo anjo Moroni, que lhe contou sobre a existência e a localização de uma série de placas de ouro. As placas, escritas em forma de hieróglifos, traduzidos por Smith com a ajuda de Moroni, tornaram-se o Livro de Mórmon. Em 1830, aos 25 anos, Joseph Smith, com seu Livro de Mórmon publicado em mãos, fundou o que seria a Igreja Mórmon e se estabeleceu com seus seguidores em Kirtland, Ohio, e, posteriormente, em Nauvoo, Illinois.

Em junho de 1844, Joseph Smith foi morto, atacado por uma multidão enfurecida em Carthage, Illinois, que não acreditava em sua afirmativa de que mantinha contato com os mortos. Brigham-Young, membro do Conselho dos Doze Apóstolos, sucedeu a Joseph Smith como líder da Igreja Mórmon e, em 1846, conduziu os mórmons do oeste de Illinois até uma cidade em Utah que se tornou Salt Lake City.

---

61. Estado no nordeste dos Estados Unidos. (*N. da T.*)

*Fim dos tempos*

Os Santos dos Últimos Dias acreditam que os líderes de sua igreja sejam profetas e que esses profetas recebam informações constantes enviadas por Deus. Incluído nessas informações está o conceito de que Deus deu à Terra seis mil anos para sobreviver quando Ele a criou; atualmente, estamos vivendo aproximadamente o ano 6000. Precedendo a Segunda Vinda de Cristo, no ano 7000, a Terra será atormentada por guerras, terremotos e outros desastres naturais, epidemias globais e colapso econômico.

O templo mórmon em Salt Lake City exibe duas grandes portas de frente para o leste, consideradas sacrossantas e que nunca são usadas. Os mórmons acreditam que, quando Jesus voltar à Terra, vai passar por essas portas santificadas, iniciando mil anos de paz chamados de Milênio. Durante o Milênio, os mal-intencionados serão destruídos, enquanto os íntegros, conduzidos por Jesus, viverão em paz na Terra. Os íntegros que morreram em séculos passados serão ressuscitados ou, na linguagem dos Santos dos Últimos Dias, "arrebatados ao encontro do Senhor" (Tessalonicenses 4:17). Na verdade, no final do Milênio, todos — inclusive os mal-intencionados — ressuscitarão. Apenas àqueles que insistirem em negar a santidade de Cristo será negado um lugar no céu. Em vez disso, serão banidos para um lugar chamado Trevas Exteriores, que é a destinação final de Satanás.

De acordo com os Santos dos Últimos Dias, entre os sinais específicos que indicarão o retorno iminente de Jesus estão:

- o escurecimento do Sol e da Lua, com a resultante escuridão cobrindo a Terra;
- aumento do poder de Israel;
- união de todas as nações para lutar contra Jerusalém;
- morte e ressurreição em Jerusalém de dois profetas; ascensão e queda da Babilônia.

Vale acrescentar que mais de 13 milhões de mórmons do mundo inteiro estão atentos aos sinais da Segunda Vinda, e existem todas as razões do mundo para acreditar que eles terão compaixão suficiente para alertar-nos quando essa hora chegar.

*Outras grandes religiões e o fim dos tempos*

# A ideologia rastafári[62]

No início do século XX, um cristão jamaicano chamado Marcus Garvey fundou a Igreja Ortodoxa Africana para fornecer a seus conterrâneos uma alternativa às igrejas brancas. Líder ativista e nacionalista, Garvey falou com paixão eloquente sobre um movimento chamado "De Volta à África", ou um êxodo à "terra natal" da Etiópia, e a coroação de um rei na África que seria revelado como o messias negro.

Em 1930, Leonard Howell, também jamaicano, iniciou um movimento religioso baseado nas crenças de Marcus Garvey (para grande desprazer de Garvey, segundo todos os relatos). Esse movimento afirmava que Marcus Garvey se constituía em um profeta completo e que Hailê Selassiê, recém-coroado imperador da Etiópia, era o messias negro, o rei dos reis e o senhor dos senhores profetizado por Garvey. Selassiê era antes conhecido como Ras Tafari Markonnen, e aqueles que o idolatravam como a Segunda Vinda de Cristo começaram a se denominar rastafáris, termo que coloquialmente se transformou em rastafarianos.

Os rastas, como são também chamados, na verdade não consideram seu sistema de crenças uma religião; eles acreditam que se trate de uma ideologia, simplesmente um estilo de vida. Não há sacerdócio nem igrejas verdadeiras. Os rastas costumam venerar em pequenos grupos na privacidade de suas casas, estudando o Santo Piby, sua versão editada das bíblias cristã e hebraica. O outro livro de enorme importância para os rastafáris é chamado de Kebra Negast e descreve a linhagem que, em sua opinião, determina que Hailê Selassiê é descendente direto do rei Salomão. Eles acreditam firmemente nos Dez Mandamentos hebreus, na importância da simplicidade e da pureza, na corrupção potencial do materialismo e na veneração e no temor simultâneos a Jah, o nome que atribuem a Deus.

Os rastafáris são proibidos de interferir no crescimento e no penteado de seu cabelo — os *dreadlocks*[63] clássicos dos rastas são um avanço natural,

---

62. Literalmente, "chefe". (*N. da T.*)
63. Penteado tradicional no qual mechas densas de cabelo são entrelaçadas, em forma cilíndrica. São também chamados de *dreads* ou *locks*. (*N. da T.*)

*Fim dos tempos*

e não um estilo trabalhado e criado. A dieta ortodoxa é pura e livre de aditivos e conservantes, e eles não fumam e não consomem bebidas alcoólicas, sal, frutos do mar ou qualquer espécie de carne.

Seu famoso relacionamento com a maconha, que eles chamam de *ganja*, baseia-se na crença de que a erva os ajuda a obter um conhecimento esclarecido da verdadeira vontade de Jah. Uma reunião dos rastas invariavelmente inclui fumar o cachimbo cerimonial conhecido pelos rastafáris como Cálice,[64] cheio da ganja sacramental. O ritual mais comparável no mundo cristão é o sacramento da Comunhão.

Em 1966, Hailê Selassiê visitou a Jamaica, para proporcionar uma audiência a seus crentes fiéis. Ele morreu em 1980, embora não seja crença rara entre os rastafáris que essa morte jamais aconteceu e que, em vez disso, ele deixou vivo esta Terra e ascendeu ao céu. O aniversário de Selassiê e a data de sua chegada à Jamaica são comemorados como feriados importantes.

Quanto ao movimento/profecia de Marcus Garvey chamado "De Volta à Africa", o imperador Selassiê declarou a seus devotos jamaicanos que eles não deveriam voltar à África antes da independência[65] da Jamaica.

Os rastas criaram suas próprias e fascinantes crenças sobre o Apocalipse. Segundo eles, o fim dos tempos começou em 1930, quando Hailê Selassiê foi coroado imperador da Etiópia. "Muito em breve ele se revelará como o verdadeiro rei dos reis e proclamará o Dia do Julgamento Final. As forças do bem e do mal entrarão em choque, e Selassiê, o Deus encarnado, reunirá todos os cidadãos íntegros e voltará com eles para Zion, a terra prometida, onde viverão eternamente em um paraíso no qual não há opressão, maldade nem a corrupção materialista da presente sociedade, à qual se referem como Babilônia".

Costuma-se atribuir ao falecido grande músico de *reggae* Bob Marley o fato de ter levado o movimento rastafári à cultura de comportamento predominante, em decorrência de sua conversão a essa ideologia em 1967.

---

64. Tipo de mangueira d'água, com um cano para inalar. (*N. da T.*)
65. A Jamaica foi colônia britânica até 1958. (*N. da T.*)

*Outras grandes religiões e o fim dos tempos*

A letra da canção "One Love" resume lindamente a visão dos rastafáris sobre o fim do mundo:

*Vamos ficar juntos*
*para combater este Santo Armagedom*
*para que, quando surgir o Homem,*
*não haja nenhum, nenhum castigo.*

**Zoroastrianismo**

Foi mais ou menos em 8000 a.C. que um homem chamado Zaratustra[66] nasceu onde hoje é o Irã (antiga Pérsia). Seus seguidores são chamados de zoroastrianos, e muitos estudiosos da teologia consideram o zoroastrianismo a religião predecessora e o cerne das religiões mundiais contemporâneas. E com razão, acrescento.

Atribui-se a Zaratustra o fato de ser o primeiro profeta a abraçar e defender o conceito de que existe apenas um só e único Deus; isso é o monoteísmo. O nome que ele deu a esse Deus único, esse Ser Supremo, foi Aúra-Masda, uma combinação de palavras que se traduz por "Senhor Criador" e "Supremamente Sábio". Ele também acreditava, vários milênios antes do nascimento de Jesus, que um messias viria, gerado por uma virgem.

Para Zaratustra, Aúra-Masda (ou Deus) criara a humanidade com a liberdade de escolher durante a vida entre o bem e o mal e com a obrigação de enfrentar as consequências dessa escolha. Em outras palavras: nós, humanos, somos a causa do bem e do mal em nossa vida. Nada de culpar Aúra-Masda, e certamente nada de culpar algum tipo de mal — Zaratustra não acreditava em Satanás, ou demônio.

Ele acreditava que nosso objetivo na vida é participar da renovação do mundo, à medida que ele avança rumo à perfeição. Da mesma forma que

---

66. Ou Zoroastro. (*N. da T.*)

*Fim dos tempos*

combater as trevas é espalhar a luz e lutar contra o mal é espalhar o bem, a melhor maneira de lutar contra o ódio é espalhar o amor e refletir a essência de Deus, que é nosso direito de nascença. Ele pregava que cada um de nós possui o elemento divino dentro de si; é nossa obrigação honrar e agir de acordo com nossa divindade ao respeitar as leis naturais e morais do universo.

*Asha* é a lei fundamental do universo, o rumo natural e o padrão dos céus, as quatro estações, a repetição confiável de fenômenos como as marés, o pôr-do-sol e o aparecimento da lua. Tudo na criação física é governado por essa lei fundamental, o plano e a ordem divina de Aúra-Masda. Denegrir essa lei é denegrir o que Aúra-Masda criou, o que significa denegrir o próprio Aúra-Masda.

O conceito zoroastriano da batalha entre as forças opostas da Terra não se limita ao conflito clássico do bem *versus* o mal. A batalha de opostos que rompe a ordem das criações de Aúra-Masda, a que se denomina *druj* — em outras palavras, a luta incessante entre *asha* e *druj* estende-se à mentira *versus* a verdade, ao caos *versus* a ordem, à destruição do planeta *versus* a Criação, ao amor *versus* o ódio, à guerra *versus* a paz, e assim por diante.

Zaratustra ensinava que, quando deixamos a vida na Terra, nossa essência abandona o corpo no quarto dia após a morte. Se tivermos feito escolhas afirmativas e centralizadas em Deus durante a vida, tratando a nós e aos outros com amor, misericórdia e consideração, nossa essência vai para a Casa dos Cânticos, também chamada de Reino da Luz. Se tivermos vivido contra as leis naturais e morais do universo criado por Aúra-Masda, nossa essência se destinará ao Reino das Trevas e da Separação. Zaratustra não acreditava que o Reino da Luz e o Reino das Trevas e da Separação fossem lugares físicos verdadeiros, mas que se tratasse de estados eternos de nada com Aúra-Masda ou de separação dele.

Julga-se que o conceito de fim do mundo de Zaratustra seja a primeira profecia registrada na história sobre o Juízo Final, datada de 500 a.C. Os últimos dias, de acordo com a escritura zoroastriana Zand-i Vohuman Yasht, começariam assim: "No final do teu centésimo décimo inverno, o

*Outras grandes religiões e o fim dos tempos*

céu é mais invisível; ano, mês e dia são mais curtos. A terra é mais árida, e as colheitas não produzirão sementes... Os homens tornam-se mais falsos e se rendem mais às práticas infames. Eles não têm gratidão".

Haverá uma grande e derradeira batalha entre o bem e o mal. O bem triunfará, e Aúra-Masda purificará a terra com metal derretido e um fogo divino que removerá as impurezas. (Os zoroastrianos não consideram que o fogo seja sagrado, mas ele é muitíssimo importante para sua religião como símbolo do poder de Aúra-Masda, assim como o crucifixo é muitíssimo importante para os cristãos.)

Aúra-Masda começará, então, Seu julgamento de todas as almas da Terra. De modo coerente com a crença de Zaratustra de que Aúra-Masda é basicamente uma divindade misericordiosa que criou o bem, mas não o mal, mesmo os considerados maus ou pecadores não serão banidos para uma eternidade de condenação; em vez disso, eles enfrentarão três dias de penitência, após os quais serão perdoados e ressuscitarão. Todo o sofrimento na Terra terminará, e haverá perfeição no mundo inteiro em consequência da grande purificação realizada por Aúra-Masda.

Acredita-se haver aproximadamente 3 milhões de zoroastrianos que atualmente professam essa linda fé no mundo todo.

## Pentecostalismo

Em 1901, em um grupo de orações da Escola Bíblica Bethel em Topeka, no Kansas, EUA, uma mulher chamada Agnes Ozman começou espontaneamente a falar em línguas existentes[67] ou desconhecidas[68] para o pastor. O reverendo Charles Fox Parham, que estava conduzindo o grupo de orações, interpretou esse fenômeno como comprovação bíblica do batismo do Espírito Santo, baseado nos Atos 2:1-5:

---

67. Xenoglossia. (*N. da T.*)
68. Glossolalia. (*N. da T.*)

*Fim dos tempos*

*Chegando o dia de Pentecostes, todos estavam reunidos no mesmo lugar. De repente, veio do céu um som, como o de um vento muito violento, e encheu toda a casa onde estavam sentados. Apareceram-lhes línguas como que de fogo, que eram distribuídas entre eles, e que pousaram em cada um deles. Todos ficaram plenos do Espírito Santo e começaram a falar em outras línguas, conforme o Espírito lhes concedia que falassem.*

O reverendo Parham também citou os Atos 2:38-39 como um dos fundamentos de suas crenças:

*Pedro lhes respondeu: "Arrependei-vos, e cada um de vós seja batizado em nome de Jesus Cristo, para perdão dos vossos pecados, e recebereis o dom do Espírito Santo. Pois a promessa é para vós, para vossos filhos e para todos os que estão longe, para todos quantos o Senhor nosso Deus chamar".*

O reverendo Parham saiu de Topeka para um Encontro de Renascimento Cristão. Um de seus discípulos em Houston, no Texas, era um afro-americano chamado William J. Seymour, que recebeu permissão para sentar-se do lado de fora da sala de aula,[69] a fim de escutar os ensinamentos de Parham.

William Seymour transferiu-se para Los Angeles, EUA, e, em 12 de abril de 1906, afirmou ter recebido o Espírito Santo. Um pequeno grupo de seguidores que haviam conhecido Seymour na casa de um cavalheiro chamado Edward Lee alugou uma igreja abandonada na rua Azusa. Essas pessoas se organizaram como a Missão da Fé Apostólica. A maioria das tradicionais seitas pentecostais de hoje considera a Missão na rua Azusa o local de fundação de sua fé.

O Pentecostes do Antigo Testamento originou-se após o êxodo israelita do Egito, quando também foi chamado de Festa das Colheitas. Era

---

69. Era 1905, época da segregação racial. (*N. da T.*)

*Outras grandes religiões e o fim dos tempos*

comemorado cinquenta dias depois da celebração do êxodo do Egito, daí a origem da palavra "Pentecostes", que em grego significa "o quinquagésimo". O Pentecostes do Novo Testamento ocorreu cinquenta dias após a crucificação de Jesus Cristo.

Alguns pentecostais acreditam que falar línguas seja o sinal do batismo do Espírito Santo, mas não é um requisito da salvação. Outros enfatizam a necessidade do arrependimento e de ser batizado em nome de Jesus e só então receber o Espírito Santo. Entretanto, todos os pentecostais acreditam que a salvação não é possível sem que se receba o Espírito Santo.

O trabalho do Espírito Santo é um fundamento essencial da fé pentecostal. Não é rara a crença cristã de que o Espírito Santo esteja dentro de todos que foram salvos. Mas os pentecostais, diferentemente das seitas cristãs mais tradicionais, também creem que o Espírito Santo esteja mais profundamente enraizado naqueles que já foram batizados, o que os leva a um relacionamento mais próximo com Deus e os fortalece para agirem a serviço Dele. O Espírito Santo pode também "santificar", que é um ato de graça no qual os efeitos dos pecados passados são neutralizados e se elimina a tendência humana para cair em tentação. De acordo com a fé pentecostal, a salvação só é disponível àqueles que verdadeiramente se arrependem de seus pecados e veneram Jesus como seu salvador. Os pentecostais acreditam que a Bíblia seja a autoridade básica, divina e infalível.

Interpretando a Bíblia literalmente, a fé pentecostal mantém vigilância estrita sobre os sinais do fim iminente do mundo como profetizado no livro do Apocalipse, e os crentes consideram que o século XXI está repleto desses sinais. Eles citam, por exemplo, o movimento internacional para dar a todo cidadão de todos os países tuna carteira de identidade nacional contendo todos os dados pessoais de cada um; isso será propiciado por uma tecnologia chamada IPRF,[70] na qual um microchip com número da

---

70. Identificação por radiofrequência. (*N. da T.*)

# Fim dos tempos

Previdência Social, históricos médicos etc. seria implantado sob a pele de cada cidadão. Para os pentecostais, essas medidas podem muito bem ser as advertências pré-Apocalipse descritas no Apocalipse 13:6-17:

> *Obrigou a todos, pequenos e grandes, ricos e pobres, livres e escravos, que recebessem certa marca na mão direita ou na testa, para que ninguém pudesse comprar ou vender, senão aquele que tivesse a marca.*

Outros sinais que, para os pentecostais, foram profetizados biblicamente como a iminência do fim dos tempos incluem:

- o poder de Putin na Rússia;
- a crescente tensão entre Síria e Israel;
- o terrorismo internacional;
- o programa nuclear do Irã;
- o valor declinante do dólar norte-americano;
- o crescimento do poder econômico e militar da China e as mudanças no clima do planeta.

Em outras palavras: no que diz respeito a muitos pentecostais, não precisamos nos preocupar com a aproximação do fim do mundo: ele já chegou.

## A Igreja Batista

Enquanto alguns acreditam que a Igreja Batista tenha se originado no século XVII, como resultado do movimento puritano-separatista da Igreja da Inglaterra, muitos creem que ela foi, basicamente, fundada por Jesus e que exista desde aquela época. Sua fonte de crença na perpetuidade é a proclamação de Jesus em Mateus 16:18:

*Outras grandes religiões e o fim dos tempos*

*E sobre esta pedra edificarei minha Igreja, e as portas do inferno nunca prevalecerão contra ela.*

Independentemente de quais sejam suas origens, há crenças gerais que formam os fundamentos da Igreja Batista e da maioria de suas seitas. Entre elas estão as apresentadas a seguir:

- a Bíblia foi escrita por homens com a inspiração de Deus e revela os princípios que devem orientar todas as crenças e condutas humanas;
- existe apenas um único Deus verdadeiro, Criador e Governante do céu e da Terra, e a trindade é criada por Deus, o Pai, Jesus Cristo, o Filho, e o Espírito Santo;
- a humanidade foi criada na perfeição, mas caiu em desgraça voluntariamente, ao cometer o pecado original no Jardim do Éden;
- Jesus nasceu de Maria, que era virgem;
- Jesus morreu por nossos pecados, ressuscitou e está coroado ao lado do Pai no céu;
- a Bíblia torna a salvação disponível a todos, se eles nascerem de novo por meio do arrependimento e da fé genuínos, que são deveres sagrados e graças inseparáveis;
- o batismo cristão é a imersão do crente na água, e isso é um pré-requisito para ser membro da igreja;
- as quatro liberdades expressas em palavras pelo historiador batista Walter B. Shurden devem ser acatadas: liberdade de alma (ou seja, a alma é capaz de tomar as próprias decisões quanto à fé); liberdade de igreja (não deve haver interferência externa nas práticas das igrejas locais); liberdade da Bíblia (com a ajuda dos recursos mais confiáveis disponíveis, toda pessoa tem o direito de fazer sua própria interpretação da Bíblia) e liberdade religiosa (toda pessoa é livre para escolher sua própria religião ou escolher não ter religião).

*Fim dos tempos*

Em 1833, o reverendo John Newton Brown redigiu um documento intitulado Confissão de Fé, de New Hampshire, baseado no qual os batistas poderiam organizar uma sociedade missionária. Houve algumas revisões desde que a Confissão de Fé foi originalmente escrita, mas ainda é amplamente aceita. Ela se conclui com uma declaração clara e concisa das crenças batistas sobre o fim dos tempos:

> *Cremos que o fim do mundo está se aproximando; que no último dia Cristo descerá dos céus e ressuscitará os mortos das sepulturas para a retribuição final; que uma solene separação tomará então lugar; que os ímpios serão condenados a uma punição incessante e os justos receberão alegrias infindáveis, e que este julgamento fixará para sempre o estado final dos homens no céu ou no inferno, sobre os princípios da justiça.*

## Jainismo[71]

A religião do jainismo, atualmente com número de membros no mundo inteiro superior a 12 milhões, originou-se na Índia antiga, provavelmente no século VI a.C. Suas raízes não deixaram de ser investigadas até hoje, porque antigos manuscritos da Índia continuam a ser descobertos e traduzidos, mas de modo geral acredita-se que o jainismo tenha sido uma das forças propulsoras do início do budismo. Entretanto, ao contrário do budismo, essa religião não tem um fundador único, e suas doutrinas, ou verdades, evoluíram e foram resolvidas por uma série de "tirthankars", ou mestres. Possivelmente o último e mais dedicado desses mestres tenha sido Vardhamana Mahavira, nascido em 559 a.C. Ocasionalmente lhe atribuem a criação do jainismo, mas os historiadores acham bem mais plausível que a religião já existisse há séculos, quando Mahavira chegou e dedicou a vida a disseminar os preceitos dessa crença.

---

71. Ou jinismo. A palavra se origina do verbo sânscrito *jin*, que quer dizer "conquistar". (*N. da T.*)

*Outras grandes religiões e o fim dos tempos*

Os jainas acreditam que todos os seres vivos, humanos e não humanos, tenham almas eternas, e que todas as almas sejam iguais. Consideram matar outro ser humano, independentemente das circunstâncias, um ato de horror abominável. E exigem que todas as pessoas que sigam o jainismo, desde os monges e as monjas até os fiéis em geral, sejam vegetarianas.

A ênfase no conceito do carma, sobre a responsabilidade e a consequência de suas ações, é muitíssimo importante para a crença jainista. O carma pode ou não se manifestar na mesma vida como a ação que o criou, mas não há como dele fugir, e colher o que plantamos inclui ações físicas, verbais e mentais.

O jainismo prega que as energias, chamadas tapas, são criadas pela interação dos vivos com os não vivos. Essas energias são os motores que impulsionam o ciclo constante do nascimento, da vida e do renascimento. Os jainistas chamam esse ciclo de "samsara". O objetivo fundamental do jainismo é promover uma vida de disciplina tão exemplar que seus membros sejam capazes de transcender o samsara e os inevitáveis sofrimentos e provações que ele implica, podendo viver sob a perfeição bem-aventurada do moksha — a palavra jainista que significa "nirvana".

Existe um caminho de "três joias" que levam ao moksha: a crença correta, o conhecimento correto e a conduta correta. Incluídas nessas joias estão cinco leis e abstinências essenciais:

- a não violência, chamada ahimsa;
- a verdade, chamada satya;
- a castidade, chamada brahmacarya (celibato total para os monges e as monjas jainistas, total castidade fora do casamento para os leigos);
- a abstinência de roubar, chamada asteya;
- a abstinência de ganância/materialismo, chamada aparigraha.

Basicamente, o jainismo interpreta o tempo como um círculo integral, ou dois meios ciclos ou ciclos conectados. *Muito* basicamente, imagine

*Fim dos tempos*

um relógio. O Utsarpini, ou o ciclo do tempo ascendente, corresponderia às horas entre 6 e 12, quando a humanidade evolui de seu pior para seu melhor. Quanto mais próximo das 12 horas o ciclo avança, mais felizes, saudáveis, fortes, éticos e espirituais nos tornamos. Então, entre as 12 horas e de volta às 6 horas, acontece o Avasarpini, ou ciclo do tempo descendente — ou seja, a inevitável descida de nosso melhor para nosso pior. Todo o ciclo está dividido em seis aras, ou períodos de duração desigual. De acordo com o jainismo, estamos atualmente na quinta ara do Avasarpini (ou da fase regressiva), uma deterioração gradual dos valores humanos e do espiritualismo, e ainda devem ocorrer vinte milênios antes que recomece a fase Utsarpini (ascendente).

Com essa abordagem cíclica da vida, faz muito sentido que os jainistas acreditem que o universo não foi criado e que ele e as almas (jivas) que o habitam durem pela eternidade — a não ser que abram caminho até o céu de moksha. Sua visão do fim dos tempos, portanto, seria causa de celebração, pois envolveria nada mais nada menos do que a liberação da alma/jiva do ciclo perpétuo de nascimento, morte e renascimento, cheio de dor e repercussões cármicas, e a conquista essencial do jainismo: uma eternidade de ventura no moksha.

A interação dos princípios do jainismo e sua variação sobre "o fim dos tempos" de cada pessoa estão ilustradas em uma pequena história simples, mas revigorante, relatada a seguir:

> Um homem constrói uma pequena canoa para levá-lo de um lado a outro do rio. (O homem representa jiva, ou a alma, enquanto a canoa representa as coisas não vivas, chamadas ajiva.)
>
> Ele está no meio de sua viagem quando a canoa começa a vazar. (A entrada da água representa o dilúvio do carma na alma, ou asrava, e o acúmulo de água na canoa é a ameaçadora servidão do carma, de nome bandha.) O homem rapidamente tampa o vazamento e começa a tirar a água da canoa. (O ato de tampar representa deter a aceleração do carma, denominada samvara,

*Outras grandes religiões e o fim dos tempos*

e livrar-se da água é a eliminação do carma, conhecida como nirjara.)

O homem teve sucesso em seus esforços, atravessou o rio e chegou em segurança a seu destino, moksha — a liberdade e a ventura da salvação eterna.

CAPÍTULO 5

# Os profetas falam sobre o fim dos tempos

Se existe uma coisa que os profetas pós-bíblicos têm em comum, além do óbvio dom das profecias, é o fato de não terem praticamente nada em comum. Não existe um profeta típico; Deus não seleciona um grupo para receber esse talento específico. Talvez o único ponto semelhante seja a disposição de partilhar suas visões com o público em geral. Este capítulo, que abrange apenas uma parte minúscula dos "profetas do Juízo Final" que tiveram importância, inclui três russos (um vidente bombástico, um "monge maluco" e um médico); dois autores ingleses; um matemático/ cientista genial e um modesto fotógrafo do Kentucky, EUA. Todos já se firmaram como profetas que vaticinaram profecias precisas, e eu os escolhi basicamente porque, para mim, são extremamente fascinantes. Mas você vai observar que mesmo entre esse grupo pequeno e seleto não há um consenso sobre quando, como ou mesmo se o fim do mundo realmente acontecerá.

## Edgar Cayce

Existem poucos médiuns, profetas e clarividentes que me fascinem mais e cuja totalidade de obras eu considere mais instigante do que Edgar Cayce. Sua vida começou em 1877. Ele era peão em uma fazenda e sua educação

*Fim dos tempos*

formal terminou no ensino elementar. Na época de sua morte, em 1945, ele já era reconhecido internacionalmente, sem o solicitar, como "O profeta adormecido", realizando curas, psicografando e executando profecias espirituais e metafísicas enquanto se encontrava em um sono profundo, auto induzido, e em meditação. Ao acordar, ele não se recordava de nada do que acontecera.

Seus dons de profecia e clarividência surgiram sem aviso. Cayce tinha vinte e poucos anos e ganhava a vida modestamente como fotógrafo, quando uma enfermidade fez com que perdesse a voz. Depois de um ano de tratamentos médicos que não deram certo, ele aceitou o conselho de um amigo para ser tratado por um hipnotizador.

Em sua primeira sessão com um hipnotizador local, Cayce sugeriu que, em vez daquele profissional esforçar-se para fazê-lo adormecer, seria mais eficiente se ele mesmo, Cayce, tentasse adormecer, o que ele descobrira há anos ser capaz de fazer com facilidade. Quando entrou em transe, Cayce surpreendeu o amigo e o hipnotizador ao relatar e prescrever à perfeição por que ficara sem voz. O rapaz que havia frequentado apenas o curso elementar e tinha desinteresse tanto por leitura quanto por uma educação formal exibiu a perícia anatômica de um médico competente ao descrever detalhadamente uma lista de complexas instruções fisiológicas ao hipnotizador, para que ele lhe transmitisse enquanto estava em transe. O hipnotizador agiu como lhe foi dito, seguindo as sugestões de Cayce sobre o descanso das cordas vocais e a abertura das artérias para restaurar oxigênio e sangue para específicos músculos paralisados. E Cayce despertou da sessão com a voz plenamente recuperada.

Rapidamente se espalhou a notícia sobre o dom de Edgar Cayce de diagnosticar e curar doenças enquanto "dormia", e logo ele começou a receber cartas e visitas pessoais de clientes de todo o país, querendo que ele os ajudasse a curar-se de enfermidades pessoais. Sua reação inicial foi a de recusar esses pedidos: argumentou que não tinha instrução e era a pessoa inadequada para receber uma responsabilidade tão grande. E o fato de ao acordar não se lembrar das técnicas que demonstrava durante o transe tornava ainda mais impossível acreditar que suas curas fossem confiáveis. Entretanto, a única coisa que ele não podia contestar era, de alguma forma, ter conseguido se curar com a ajuda de um hipnotizador, enquanto a comunidade médica havia falhado por mais de um ano. Por isso, finalmente chegou à conclusão de que, se realmente recebera esse dom e poderia usá-lo para ajudar os que sofriam, seria censurável não tentar.

A carreira de Cayce de oferecer palestras "físicas" continuou durante toda a sua vida. Sua esposa, Gertrude, fornecia-lhe as únicas informações a que ele se permitia em cada palestra: nome e endereço da pessoa e sua localização exata quanto à hora acordada para a leitura. Cayce se tranquilizava, a fim de entrar em transe, e assinalava estar pronto para começar com as palavras: "Sim, temos o corpo". Gertrude lia perguntas que lhe eram feitas pelo remetente da carta, e sua secretária, Gladys Davis, sentava-se perto, registrando a sessão em taquigrafia.

Certo dia, em 1923, Cayce — que nessa época continuava a trabalhar com fotografia — conheceu um impressor chamado Arthur Lammers, que ficou boquiaberto com o mundo da metafísica e com o dom do fotógrafo, e lhe pediu uma sessão diferente de todas já feitas: uma sessão na qual, enquanto Cayce estivesse "adormecido", Lammers lhe faria perguntas sobre a vida, a morte, o além, a natureza da alma, o futuro, qualquer coisa que lhe ocorresse relativa a esse tema, orientado espiritualmente, para ver o que a mente "adormecida" de Cayce responderia.

Esse foi o começo de mais de duas mil sessões que vieram a ser chamadas de "sessões de vida", nas quais Cayce discutia os aspectos metafísicos da vida de seus clientes e da vida em geral. As filosofias que ele apresentava com perícia e profundidade eram completamente contrárias à sua criação protestante conservadora, mas finalmente, por meio dessas sessões, ele chegou a uma crença inevitável na reencarnação e a uma percepção de que suas respostas não vinham dele, mas *por* ele. Ele estava certo de que recebia informações das mentes inconscientes de seus clientes e dos registros akáshicos — as lembranças e histórias coletivas e de cada pensamento, instante, palavra e acontecimento da história do universo.

*Fim dos tempos*

Durante a vida, Edgar Cayce realizou mais de 14 mil sessões, e transcrições dessas sessões forneceram a base para mais de trezentos livros sobre sua obra. Inevitavelmente, muitas dessas sessões envolviam o futuro da humanidade e do planeta, bem como o Apocalipse.

Cayce previu uma série de desastres naturais, guerras e catástrofes econômicas e uma grande turbulência civil: tudo isso preparará o caminho para que o Reino de Deus governe a Terra, com paz e esclarecimento sagrados vicejando na humanidade. Essencial às profecias sobre acontecimentos catastróficos era a crença de Cayce de que esses fatos poderiam ser evitados se a humanidade fosse capaz de mudar seu modo de ser. Ele acreditava que as profecias têm o potencial de ser muito úteis se as pessoas reagirem a elas como advertências, e não como mensagens de frivolidade inescapável e irreversível.

Algumas das visões de Edgar Cayce sobre o futuro e a Segunda Vinda são apresentadas a seguir:

- prevista no final da década de 1920: uma alteração nos polos da Terra mais ou menos no ano 2000, como resultado de mudanças na superfície terrestre. (A NASA confirma que em 1998, à medida que as calotas polares se derretiam, as correntes oceânicas começaram a fluir em direção ao equador, o que contribuiu para mudanças contínuas no campo magnético em nosso planeta);
- "Se houver maior atividade dos vulcões Vesúvio e Pelee do que no litoral sudeste da Califórnia e nas áreas entre Salt Lake e as áreas ao sul de Nevada, pode-se esperar, nos três meses seguintes, uma inundação por terremotos, mas que devem acontecer mais no hemisfério Sul do que no Norte";
- "Surgirá uma terra no Atlântico (Atlântida) e no Pacífico (Lemúria, o continente perdido). E o que hoje é o litoral de muitas terras será o leito do oceano. Até mesmo muitos campos de batalha serão oceanos, os mares, as baías, as terras nas quais a Ordem do Novo Mundo realizará seu comércio";
- "A Terra será fragmentada na área ocidental da América";

*Os profetas falam sobre o fim dos tempos*

- "A maior parte do Japão ficará submersa no mar";
- "Áreas da atual costa leste de Nova York, ou a própria cidade de Nova York, desaparecerão em grande parte. Contudo, lá haverá outra geração, mas os locais ao sul da Carolina e da Geórgia desaparecerão";
- "Surgirão contendas nesse período. Fiquem atentos para elas perto do estreito de Davis (entre a Groenlândia e o Canadá), nas tentativas para manter aberta a conexão entre a linha da vida e a Terra. Fiquem atentos para elas na Líbia e no Egito, em Ancara e na Síria, nos estreitos acima das áreas da Austrália, no oceano Índico e no Golfo Pérsico";
- "Como prometido pelos profetas e pelos sábios, a hora [do dia do Senhor] foi e está sendo cumprida neste dia e nesta geração. O Senhor, então, virá, 'esse mesmo Jesus que dentre vós foi elevado ao céu' (Atos 1:11), quando aqueles que forem Seus devotos purificarem o caminho, para que Ele possa nele seguir quando vier. Ele virá da mesma forma que O vimos partir, no corpo que Ele ocupou na Galileia. O corpo que Ele formou e que foi crucificado. Leiam Suas promessas no que vós escreverdes das palavras Dele: 'Ele reinará durante mil anos. Mas, quando terminarem os mil anos, Satanás será solto de sua prisão' (Apocalipse 20:6-7)";
- e, na esteira de toda uma sequência de mudanças drásticas na Terra, algumas das quais já mencionamos, enquanto nos prepararmos para a Segunda Vinda de Cristo, "uma nova ordem de condições deverá surgir; deverá haver um expurgo em altos cargos e também nos baixos; e deverá haver maior consideração da pessoa, de modo tal que cada alma seja protetora da de seu irmão. Então, certas circunstâncias aparecerão nas áreas políticas e econômicas, e todo um relacionamento no qual haverá um nivelamento, ou uma compreensão maior da necessidade disso... Essa nossa América, dificilmente uma nova Atlântida, terá mais mil anos de paz, mais um milênio... e, então, os atos e as orações dos fiéis glorificarão Nosso Pai, porque paz e amor reinarão para aqueles que amam o Senhor".

*Fim dos tempos*

## Sir Isaac Newton

Pai da física moderna, descobridor da teoria da gravidade e da teoria da ótica e provavelmente o maior talento matemático da história, Isaac Newton nasceu no dia de Natal em 1642, em Woolsthorpe, Lincolnshire, Inglaterra. Seu pai morreu três meses antes de Isaac nascer, e quando Isaac tinha 3 anos sua mãe o deixou com a avó e se mudou para longe, para viver com o novo marido. Voltou oito anos depois, quando Isaac foi mandado a outro lugar, para frequentar o Ensino Médio. Nesse período, ele morou com o farmacêutico local em Grantham, onde despertou seu fascínio por química e pelas ciências em geral.

Aos 17 anos, ele voltou para casa, a fim de se ocupar das mesmas atividades do pai, fazendeiro. Foi um fracasso completo nessa área. Entrou em Cambridge, onde seu talento para a matemática e as ciências se evidenciou. Na verdade, seu mentor em Cambridge, Isaac Barrow, abriu mão de ser um renomado catedrático lucasiano[72] para que Isaac Newton pudesse sê-lo.

Sir Isaac Newton inventou coisas tão diversificadas quanto o telescópio refletor e o cálculo de infinitesimais e mudou para sempre a visão do mundo que girava em torno da astronomia, da física, da gravidade, do movimento, da mecânica e da ótica. Ainda hoje se considera sua obra *Princípios matemáticos* como o maior livro científico do mundo. O livro só foi publicado depois que seu amigo Edmond Halley soube por acaso que Newton escrevera a primeira parte e a guardava em uma gaveta havia dez anos.

Enquanto ele ativamente aplicava seu talento a praticamente todas as atividades acadêmicas, começou também a aplicá-lo à teologia, à cronologia e à Bíblia, pelas quais foi um apaixonado a vida inteira. Estava convencido de que o cristianismo se desviara dos ensinamentos de Jesus e de que a Bíblia deveria ser lida como uma verdade literal.

---

72. Cargo fundado em 1663 por Henry Lucas, da Universidade de Cambridge e membro do Parlamento. (*N. da T.*)

*Os profetas falam sobre o fim dos tempos*

Isaac era especialmente fascinado pelo fim dos tempos, segundo apresentado no Apocalipse e no livro de Daniel (este, geralmente considerado o Apocalipse do Antigo Testamento). Seu único livro sobre a Bíblia, publicado seis anos após sua morte, em 1727, foi *Observações sobre as profecias de Daniel e o Apocalipse de São João*, no qual ele declarou:

> *As profecias de Daniel e João não devem ser compreendidas até o fim dos dias, mas alguns deveriam profetizar saírem dela em uma situação aflitiva e desolada por um longo tempo e isso de forma a converter, mas, no fim dos dias, a profecia deve ser interpretada de forma a convencer muitos. Então Daniel disse: "Muitos correrão em um vaivém, e aumentará o conhecimento... Se a pregação geral do Evangelho estiver se aproximando, cabe a nós e à nossa posteridade que essas palavras dele façam parte: nos últimos dias os sábios compreenderão, mas nenhum dos ímpios compreenderá. Abençoado aquele que lê, e os que escutam as palavras desta Profecia, e seguem as coisas nela escritas".*

Em 1704, Sir Isaac Newton escreveu várias cartas sobre o Apocalipse, sua conclusão matemática sobre quando chegaria o fim do mundo, baseada em cálculos encontrados em passagens não especificadas do livro de Daniel, e sua previsão de que a Segunda Vinda de Cristo precederia um reinado de mil anos na Terra pelos próprios santos. Essas cartas, cuidadosamente conservadas e coletadas nesses três séculos, pertencem à Biblioteca Nacional de Israel desde 1969.

Em fevereiro de 2003, o cálculo oficial de Sir Isaac Newton sobre o fim do mundo, escrito apressadamente em um pedaço de papel, foi revelado ao público pela primeira vez:

O ano, de acordo com Newton, será 2060.

Ele acrescentou:

*Pode terminar depois disso, mas não vejo razão para terminar antes...*
*Menciono isso não para assegurar quando será o fim do mundo, mas*
*para eliminar as precipitadas conjecturas de homens fantasiosos que*
*estão sempre prevendo a época dos últimos dias e, ao fazer isso, trazem*
*descrédito às sagradas profecias com frequência igual àquela em que*
*suas previsões fracassam.*

Então, é isso aí. 2060. Essa é a data do fim dos tempos calculada com base em informações bíblicas pelo matemático mais brilhante que o mundo já conheceu. Faça com ela o que você quiser.

## Senhora Helena Blavatsky

A senhora Helena Blavatsky era uma criatura fascinante — aventureira temerária, estudiosa apaixonada da paranormalidade, clarividente requisitada de autenticidade dúbia, cofundadora da Sociedade Teosófica do estudo do espiritualismo e das ciências ocultas e autora do livro *A doutrina secreta,* que confirmou sua capacidade e talento como profeta. Alguns de seus críticos mais exaltados a classificavam como uma fraude completa, enquanto Albert Einstein mantinha um exemplar daquele livro em sua mesa de trabalho.

Ela nasceu na Rússia em 1831. O pai era soldado, e a mãe, uma romancista de sucesso. Um indício de seu relacionamento especial com a verdade pode ser encontrado no fato de que, durante toda a vida, Helena afirmou que sua mãe morreu quando ela ainda era um bebê, muito embora tivesse, na verdade, 12 anos de idade.

Helena estava com 17 anos quando fugiu de um casamento sem amor que durou três meses, com um general russo chamado Nicephore Blavatsky, que tinha mais do que dobro de sua idade. Ela passou os dez anos seguintes viajando. As minúcias desses dez anos variam de uma narrativa para outra, e nunca serão reveladas de modo confiável; mas a versão de Helena incluía dois anos de estudos com o Lama no Tibete, onde a entrada não era facilmente permitida no século XIX, especialmente às mulheres.

*Os profetas falam sobre o fim dos tempos*

Ela acabou voltando à Rússia para ficar com o marido, sob a condição de que passasse com ele o mínimo de tempo possível. Helena começou realizando sessões espíritas na casa do avô e rapidamente atraiu um punhado de intelectuais russos que estavam cada vez mais se interessando pela paranormalidade e pela senhora Helena Blavatsky.

Sua atração se limitava a suas habilidades como clarividente, pois nos anos seguintes ela se envolveu romanticamente com um espiritualista estoniano e com um cantor de ópera casado, embora continuasse a viver com o marido. Deu à luz um filho, Yuri, que nasceu deformado, e nenhum de seus amantes assumiu a paternidade do menino. A morte da criança, aos 5 anos de idade, deixou-a arrasada e, segundo escreveu certa vez, destruiu sua crença no Deus ortodoxo russo. No entanto, ela manteve parte de sua fé, como se comprova pela seguinte declaração: "Havia momentos em que eu acreditava profundamente... que o sangue de Cristo me redimira".

O dinheiro e os clientes em busca de seus conhecimentos sobre ocultismo estavam diminuindo, de modo que Helena decidiu viajar novamente, dessa vez para Odessa, Egito e Paris, onde ouviu falar de um movimento espiritualista que começava a se destacar nos Estados Unidos. Certa de que esse era o novo começo que estivera procurando, ela embarcou em um navio a vapor para Nova York, onde chegou em julho de 1873 com pouquíssimo dinheiro.

Lutou por mais de um ano, mal conseguindo se sustentar por meio de sessões espíritas ocasionais e seu emprego em uma *sweatshop*.[73] Entretanto, em outubro de 1874, sua vida mudou radicalmente quando viajou a uma fazenda distante em Vermont, com o único objetivo de se apresentar ao coronel Henry Steel Olcott. Este estava escrevendo uma série de pesquisas sobre dois irmãos que realizavam sessões espíritas na fazenda, e Helena decidiu que ele era uma pessoa que ela queria e precisava conhecer.

Ela ficou na fazenda durante dez dias, realizando sessões espíritas com os irmãos Eddy e causou uma impressão muito positiva no coronel

---

73. Estabelecimento de condições precárias, onde os empregados trabalham além do horário habitual e ganham pouco. (*N. da T.*)

*Fim dos tempos*

Olcott. Ele escreveu vários artigos sobre Helena e ficou encantado quando ela se ofereceu para traduzi-los de modo que pudessem ser publicados na Rússia. Graças a esses artigos e à divulgação boca a boca, a fama da senhora Helena Blavatsky começou a se espalhar na cidade de Nova York e também em outras cidades. Seu relacionamento com o coronel Olcott floresceu e os levou a fundar a Sociedade Teosófica, em 1875, uma organização que enfatiza a compreensão cultural entre as filosofias, religiões e ciências do Oriente e do Ocidente e que continua ativa até hoje.

Acrescentando controvérsia a uma vida já polêmica, Helena começou a divulgar que via uma sucessão de espíritos se manifestarem durante as sessões. Alguém tirou uma fotografia infame da senhora Blavatsky sentada em frente a três desses espíritos que se manifestaram, a quem ela chamava de Mestres da Sabedoria: seu mestre pessoal, El Myora; o Conde de Saint Germain, vestido em capa de pele; e seu professor, Kuthumi, por meio de quem ela afirmou ter canalizado grande parte de seu trabalho escrito, incluindo *A doutrina secreta*.

Com ou sem a ajuda do Mestre da Sabedoria Kuthumi, Helena Blavatsky escreveu *A doutrina secreta*, em 1888, e não há como negar a precisão de muitas profecias registradas nesse livro. Por exemplo:

*Entre 1888 e 1897 ocorrerá um grande cisma no Véu da Natureza*[74] *[ou monastiscismo], e a ciência materialista receberá um golpe mortal.*

A "ciência materialista" referia-se ao conceito dos cientistas da época de que o mundo era composto de nada mais do que seus elementos materiais, visíveis e tangíveis. A visão atrofiada mudou para sempre quando, em 1895, Wilhelm Roentgen descobriu os raios-X, que expunham um uni-

---

74. Do grego *monachos*, é a prática das pessoas que abdicam do convívio social em geral, como monges e monjas, segundo o que pregam as doutrinas cristã, budista, hindu e islâmica. (*N. da T.*)

*Os profetas falam sobre o fim dos tempos*

verso de realidades totalmente novo além do olho nu, e em 1896, quando Antoine Becquerel descobriu a radioatividade.

A *doutrina secreta* também incluiu fatos sobre a realidade da energia que eram contrários às crenças da maioria dos cientistas na década de 1800, mas que aconteceram depois que Helena Blavatsky os transmitiu para o papel em 1888. Citando apenas algumas dessas realidades, ela anunciou que:

- os átomos podiam ser divididos. 11 anos depois, em 1897, Sir J. J. Thomson descobriu o elétron;
- os átomos estão sempre em movimento. 12 anos depois, em 1990, a obra de Max Planck lançou as fundações de teoria da física quântica;
- a matéria e a energia podem ser transformadas. 17 anos depois, em 1905, Albert Einstein revelou a teoria da relatividade.

As profecias de Helena inevitavelmente se estenderam à Terra e a seu futuro geográfico e espiritual. Ela acreditava firmemente, por exemplo, que os continentes perdidos da Atlântida e da Lemúria ressurgiriam, e acrescentou:

> A elevada cordilheira da bacia atlântica, com 1,1 mil metros de altura e que se origina de um ponto perto das Ilhas Britânicas, inclina-se originalmente em direção à América do Sul, depois se desloca quase em ângulos retos para continuar em uma linha sudeste rumo ao litoral africano... Essa cordilheira é um remanescente de um continente atlântico... Se pudesse ser mais investigado, estabeleceria a realidade de um cruzamento de uma ferradura submarina com um ex-continente do oceano Índico... Um véu impenetrável de segredo foi jogado sobre os mistérios ocultos e religiosos ensinados [lá], após a submersão do último remanescente da raça atlântida, há cerca de 12 mil anos.

*Fim dos tempos*

Em março de 1996, a revista *Discover* publicou fotografias de satélites das áreas que Helena descrevera um século antes. A *Discover* assim explicou as imagens:

> *A cordilheira mesoatlântica contorce-se no centro desse oceano, desde a costa da Groenlândia até a latitude do cabo Horn... Sob a África do Sul, a cordilheira da Índia ocidental se arremessa no oceano Índico como um foguete zunindo ou, talvez, como a trilha de uma toupeira gigantesca abissal de desenho animado.*

Anos antes, em 1954, o *Geological Society of America Bulletin*[75] relatou uma exploração do cume dessa mesma cordilheira mesoatlântica:

> *O estado da pedra calcária sugere que ela possa ter se petrificado sob condições subaéreas [isto é, acima da água, na superfície da terra] e que o monte marinho [o cume] pode ter sido uma ilha nos últimos 12 mil anos.*

Ampliando suas profecias para outras áreas do mundo, Helena Blavatsky também escreveu em *A doutrina secreta*:

> *A Inglaterra está às vésperas dessa catástrofe, ou de uma outra; a França está se aproximando desse ponto de seu ciclo, e a Europa em geral está ameaçada por, ou melhor, está às vésperas de um cataclismo. Ocorrerá a destruição do mundo da forma como aconteceu com a Atlântida. Em vez da Atlântida, toda a Inglaterra e áreas do litoral noroeste da Europa afundarão no mar. Em contrapartida, a região submersa dos Açores, a ilha de Poseidônis, mais uma vez se erguerá do mar.*
>
> *[Julga-se que a ilha de Poseidônis seja aproximadamente do tamanho da Irlanda e uma remanescente da Atlântida.]*

---

75. Boletim da Sociedade Geológica da América. (*N. da T.*)

*Os profetas falam sobre o fim dos tempos*

Por mais cataclísmicas que possam ter sido algumas das previsões geológicas da senhora Blavatsky sua profecia para o futuro definitivo não físico de nosso planeta foi otimista:

> *Estamos no término do ciclo de cinco mil anos da atual Aryan Kali Yuga, ou Idade das Trevas. A esse período se seguirá uma era de luz. Mesmo agora, sob nossos próprios olhos, a nova raça ou raças se preparam para ser formadas, e essa transformação ocorrerá na América; aliás, já começou silenciosamente. Essa raça terá uma mentalidade diferente e se moverá rumo a uma existência espiritual mais perfeita.*

## H. G. Wells

Uma discussão sobre o que há reservado para nós e o nosso planeta seria incompleta se não reconhecêssemos o prolífico autor e ativista social que veio a ser conhecido como "O homem que inventou o amanhã".

Herbert George Wells nasceu em Bromley, Kent, na Inglaterra, em 21 de setembro de 1866. Filho de trabalhadores que exerciam funções modestas, teve acesso à sua grande paixão desde criança — os livros — por acaso: sua mãe era empregada em uma propriedade rural perto de casa, e Wells a acompanhava ao trabalho em toda oportunidade que tinha para se enfiar na vasta biblioteca da mansão e ler até a mãe terminar o serviço.

Por impossibilidade financeira da família, os anos escolares do jovem Herbert foram interrompidos, e ele começou a trabalhar como aprendiz de um comerciante de tecidos. Ao voltar para a escola, concentrou os estudos nas ciências, recebeu um diploma de bacharel e foi professor até que, em 1893, começou sua carreira de escritor.

Nesse meio tempo, Wells estava começando o que pode ser gentilmente descrito como uma vida pessoal "movimentada". Em 1891, um ano após se formar na faculdade, casou-se com a prima Isabel. Para sustentar a mulher e os pais, tinha dois empregos e, como "recompensa", contraiu

*Fim dos tempos*

tuberculose. Abandonou Isabel por uma de suas alunas, uma moça chamada Amy Catherine Robbins, com quem se casou em 1895. Com ela, teve os únicos dois filhos legítimos — dos sete cuja paternidade acabou reconhecendo.

Felizmente para o mundo literário, Wells também canalizou sua paixão para seu primeiro livro, *A máquina do tempo*,[76] história de um homem que voltou de uma viagem ao ano 802701. É uma combinação fascinante de paródia e ficção científica *dark*, mas os princípios e os detalhes técnicos da própria máquina do tempo expuseram as previsões inusitadas de Wells relativas à ciência e à física não ficcional. *A máquina do tempo*, por exemplo, aludiu a anos de sequência contínua entre tempo e espaço antes mesmo que Einstein publicasse sua teoria sobre o mesmo tema.

À medida que seu sucesso literário crescia, com obras revolucionárias como *A guerra dos mundos* e *A ilha do dr. Moreau*, sua reputação como comentarista social atormentado, franco e radical também aumentava. Ele defendia as classes sociais mais baixas e acreditava tão fervorosamente em uma comunidade justa e igualitária da humanidade que entrou para uma organização socialista de Londres chamada Sociedade Fabian. Mas ele e os líderes da organização — especialmente o autor George Bernard Shaw — discutiam muito, e Wells usou seu relacionamento litigioso com a Sociedade Fabian como base de seu romance *The New Machiavelli*.[77]

H. G. Wells também acreditava apaixonadamente que, embora o futuro pudesse parecer sombrio em razão da desumanidade do homem com seu semelhante, ainda valia muito a pena lutar por ele. Esse tema central inspirou uma série prolífica de obras não ficcionais que inclui *História universal*,[78] o segundo livro mais vendido do século XX. Suas percepções eloquentes fizeram com que fosse convidado a participar do Comitê de pesquisas da Liga das Nações; reuniu-se algumas vezes com Lenin, Stalin e Franklin Roosevelt e foi candidato ao Parlamento britânico.

---

76. Em 1895, aos 29 anos. (*N. da T.*)
77. Sem edição em português. A tradução literal seria Os *novos Maquiavéis*. (*N. da T.*)
78. O título original é *The Outline of History*. Foi lançado no Brasil na década de 1950. (*N. da T.*)

*Os profetas falam sobre o fim dos tempos*

Ao morrer, em 13 de agosto de 1946, H. G. Wells havia escrito mais de 100 livros — apenas metade deles era de ficção — e previra todos os acontecimentos listados a seguir, anos antes que cada um deles se tornasse realidade:

- a bomba atômica;
- a entrada da Inglaterra na Segunda Guerra Mundial em 1940;
- a Blitz de Londres;
- o veículo militar que conhecemos como "tanque";
- o uso militar de aeronaves;
- as super-rodovias;
- os computadores;
- as superpopulações urbanas;
- as bombas de urânio;
- os videocassetes;
- os televisores, pelos quais seriam transmitidas notícias.

H. G. Wells tendia a ser deprimido, triste e pessimista. Escreveu o seguinte epitáfio para si mesmo: "Danem-se todos, eu avisei!". Isso torna sua concepção do potencial do mundo para uma longevidade infinda ainda mais surpreendente e emocionante: ele acreditava verdadeiramente que, se a humanidade transcendesse seu comportamento autodestrutivo, ele antevia, para os meados do século XXI, um mundo indestrutível de paz, cooperação e liberdade, longe dos sentimentos habituais de ódio, preconceito e consciência de classe. Sobreviva ou não este planeta, e nós, humanos, nele sobrevivamos — em outras palavras, a escolha e a responsabilidade cabem completamente a nós.

### Grigori Rasputin

Eu disse no começo deste capítulo que não existe um profeta típico e que Deus atribui o dom da profecia a uma ampla diversidade de pessoas. Grigori Rasputin é um exemplo dessa ampla diversidade.

*Fim dos tempos*

Ele nasceu em 1872, no povoado siberiano de Pokrovskoie. Seus pais, ambos camponeses, eram devotadamente religiosos, e o pai de Grigori, Efim, lia a Bíblia para a família todas as noites; essa prática influenciou a vida inteira de Rasputin.

Ele tendia à depressão durante a infância, especialmente quando, aos 8 anos, perdeu o irmão mais velho em razão de uma pneumonia. Na adolescência, já tinha uma reputação do que agora chamaríamos de delinquente juvenil: bebia muito, era rebelde e achava as moças de Pokrovskoie tão irresistíveis quanto elas o achavam.

Ainda menino, obteve também reputação como vidente. Diz a lenda que certa noite ele estava deitado na cama quando ouviu o pai e um grupo de visitas falar sobre o roubo de um cavalo e levantar hipóteses sobre possíveis suspeitos. Grigori foi até a sala, identificou um dos homens como o ladrão do cavalo e voltou para a cama. O grupo desdenhou da acusação do garoto e continuou a conversar. Mas, depois, dois dos visitantes seguiram o acusado e ficaram chocados ao encontrar o cavalo roubado escondido em um anexo da casa dele.

O casamento de Rasputin, aos 19 anos, não adiantou para acalmá-lo ou fazê-lo parar de beber, e, ironicamente, ele foi acusado de roubar cavalos — embora não tenha sido condenado. Foi sentenciado a ir embora de Pokrovskoie, mas convenceu o tribunal a conceder-lhe uma alternativa à expulsão: sugeriu tomar o lugar do pai em uma peregrinação ao Mosteiro de Verkhoturie, a mais de 300 quilômetros de distância. O tribunal concordou, e Rasputin aceitou satisfeito o que considerou um castigo comparativamente leve.

Ele estava se preparando para partir para o mosteiro quando sua mulher perdeu o primeiro filho do casal. Rasputin não teve escolha a não ser continuar com sua viagem, mas foi um percurso longo, triste e solitário. Pouco depois de chegar a Verkhoturie, Rasputin teve a honra de conhecer um eremita dedicado e altamente respeitado chamado Makary, que lhe disse que a trágica morte de seu filho era uma mensagem divina para que ele voltasse a Pokrovskoie e dedicasse a vida a Deus.

*Os profetas falam sobre o fim dos tempos*

Rasputin fez exatamente isso, surpreendendo o vilarejo com sua piedade recém-surgida. Ele deixou de beber e passava muitas horas do dia rezando. O destino, porém, fez com que sua peregrinação ao Mosteiro de Verkhoturye o tivesse também exposto a uma seita ortodoxa russa relativamente obscura chamada Skoptsi, cuja abordagem à sua fé era mais compatível com a natureza de Rasputin: eles acreditavam que o pecado era um elemento essencial na ligação entre a humanidade e Deus. Sem pecado não haveria confissão. Sem confissão não haveria perdão. E sem perdão não poderia haver purificação da alma, dádiva de Deus. Isso era conveniente e fazia todo o sentido para Rasputin, e ele se tornou um monge skoptsi, percorrendo seu caminho por meio de viagens a vários locais e impressionando como mestre religioso instruído, educado e intensamente carismático.

Na verdade, Rasputin era tão impressionante que, em 1903, quando fez sua primeira visita a São Petersburgo, rapidamente começou a atrair os moradores da elite. Seu imenso conhecimento das escrituras, seu talento agradável como contador de histórias e seu carisma ameaçadoramente misterioso, combinado com boatos sobre seus poderes sobrenaturais — que, já nessa ocasião, diziam incluir habilidades mediúnicas e o dom de curar —, tornaram-no irresistível à sociedade de São Petersburgo. Em sua volta à cidade, em 1905, foi convidado para ir à residência do grão-duque Peter Nikolaievich e da grã-duquesa Militsa, que o consideravam um homem devoto a quem Deus abençoara com grandes poderes sobrenaturais. Rasputin recebeu a oportunidade perfeita para confirmar a fé que o casal depositava nele quando os dois o levaram até seu amado cachorro, que estava muito doente e supostamente só viveria mais alguns meses. Ele se ajoelhou ao lado do cão e começou a rezar, e, segundo todas as opiniões, o cachorro lenta, mas evidentemente, recuperou a saúde. O cão ainda viveu por muitos anos, depois da cura de Rasputin, e a reputação deste como homem de Deus verdadeiramente dotado foi definitivamente estabelecida.

O grão-duque e a grã-duquesa apresentaram Rasputin a seus amigos, o czar Nicolau II e a czarina Alexandra. Ainda que ele não tenha demons-

*Fim dos tempos*

trado qualquer de seus poderes sobrenaturais nos primeiros encontros que os três mantiveram, Rasputin causou impressão significativa no czar e na czarina — tão significativa que o czar começou a se referir a Rasputin como "o homem santo". Seu impacto sobre a czarina foi sem dúvida ampliado pelo fato de que seu conselheiro anterior, o dr. Phillipe, assegurara-lhe, quando fora embora, que "Sua Majestade terá um dia um amigo como eu, que lhe falará de Deus". Alexandra, então, supôs que Rasputin fosse o amigo pelo qual procurara.

Em 1905, Nicolau e Alexandra, depois de terem sido abençoados com quatro filhas, euforicamente recepcionaram um filho e herdeiro do trono, Tsarevich Alexei Nikolaievich. Seu nascimento foi comemorado por todos na Rússia, enquanto o czar e a czarina guardavam o doloroso segredo que descobriram pouco depois do nascimento de Alexei: a criança era hemofílica, o que fazia dela um menino frágil e doente que nunca poderia subir ao trono russo, se fosse considerado fisicamente inadequado.

Nicolau e Alexandra convocaram Rasputin várias vezes durante a infância de Alexei, e ele foi inegavelmente notável ao amenizar o sofrimento da criança. Possivelmente o acontecimento mais famoso do relacionamento entre Rasputin e esse frágil menininho tenha sido registrado pela irmã mais velha, Olga:

> *O pobrezinho ficava deitado, cheio de dor, com negras olheiras e o corpinho todo torcido, e a perna [lesionada] terrivelmente inchada. Os médicos eram simplesmente inúteis... estavam mais assustados do que nós... [Alexandra] mandou um recado para Rasputin em São Petersburgo. Ele chegou ao palácio cerca da meia-noite... De manhãzinha [Alexandra] me chamou para ir ao quarto de Alexei. Eu não pude acreditar no que vi. O garotinho não estava apenas vivo; estava bem. Sentado na cama, sem febre, os olhos vivos e brilhantes, sem qualquer sinal do inchaço na perna. Depois soube que Rasputin nem sequer tocara na criança; ele simplesmente ficará ao pé da cama e rezara.*

*Os profetas falam sobre o fim dos tempos*

Desnecessário dizer que o "milagre" garantiu o status de Rasputin com a família real. Nicolau e Alexandra o "adotaram" agradecidos, de todo o coração — e, alguns diriam, até cegamente. Rasputin, embora tão aclamado, nunca abandonara sua crença como devoto de que o pecado era o único verdadeiro caminho até Deus. E agora, com seu próprio quarto no palácio, ele praticava essa crença com os benefícios adicionais de um caro enxoval e sua escolha real das mulheres locais, que ele "purificava" regularmente. Para ele, nem mesmo as filhas de Nicolau e Alexandra eram vetadas. Embora ninguém jamais tenha sequer insinuado a ocorrência de um contato sexual entre Rasputin e as moças, ele era encontrado nos quartos delas com tanta frequência que a governanta delas recomendou à Alexandra que ele fosse permanentemente proibido de ir àqueles aposentos. Uma comprovação veemente da extensão da influência de Rasputin sobre Alexandra é o fato de que, em vez de acatar o conselho da governanta, ela defendeu o direito de ele se movimentar livremente no palácio, sem quaisquer restrições.

Previsivelmente, a influência de Rasputin sobre Nicolau e Alexandra estava começando a alarmar um número cada vez maior de pessoas, desde a Igreja Ortodoxa russa até o grão-duque e a grã-duquesa que haviam apresentado Rasputin à família real. A Igreja conduziu uma investigação que resultou em provas devastadoras contra ele fornecidas por muitas mulheres, inclusive a tentativa de estuprar uma monja. O czar e a czarina receberam a extensa lista dos crimes de Rasputin, comprovados e alegados, mas se recusaram a tomar qualquer providência. Alexandra, especialmente, assumiu a posição de que a maré crescente contra Rasputin era resultado apenas de inveja e ressentimento, "porque nós o amamos".

A Primeira Guerra Mundial estava em plena fúria, e em 1915 Nicolau viajou para assumir o comando das tropas no *front* oriental. Se isso foi ideia de Rasputin é questão polêmica, mas não há dúvida quanto ao efeito da decisão de Nicolau: sua ausência deixou a czarina Alexandra como governante da Rússia, o que essencialmente significou para Rasputin uma posição de grande poder e influência sobre ela e, como resultado, sobre o país inteiro. Entre as primeiras medidas dele se incluiu a remoção de seus de-

*Fim dos tempos*

tratores de cargos de importância no governo, os quais foram substituídos por pessoas que lhe eram leais. Até hoje se acredita plenamente que Rasputin e a confiança quase submissa de Alexandra nos conselhos dele foram diretamente responsáveis pela perda de confiança no governo imperial.

Um número crescente de inimigos de Rasputin, dentro e fora do governo, decidiu que ele tinha de ser eliminado. Ele não seria posto de lado — até porque a czarina nunca permitiria isso. Portanto, na noite de 16 de dezembro de 1916, Rasputin foi convidado a ir à casa do príncipe Félix Yussupov com o propósito de conhecer a mulher de Yussopov, a princesa Irina. A noite foi um estranho testemunho do poder de Rasputin. Obviamente sem saber, Rasputin comeu bolo "confeitado" de veneno e bebeu o quanto quis, estando as bebidas também envenenadas. Para irritação de Yussupov e seus companheiros conspiradores, nem o bolo nem a bebida tiveram o menor efeito em Rasputin, de modo que Yussupov resolveu atirar nas costas dele. Rasputin caiu no chão. Yussupov se inclinou sobre ele para se assegurar de que estava morto, e nesse momento Rasputin levantou-se de um salto e agrediu Yussupov.

Yussupov conseguiu desvencilhar-se de Rasputin e disparou mais quatro balas contra ele, uma das quais atingiu Rasputin na cabeça. Para resolver logo o assunto, Yussupov em seguida espancou Rasputin com um porrete, até não haver mais nenhum movimento ou som vindo dele. Yussupov e seus companheiros conspiradores cobriram o corpo de Rasputin com uma cortina e o atiraram no rio Neva. Inacreditavelmente, a morte foi registrada como afogamento, porque a água encontrada nos pulmões de Rasputin indicou que ele ainda respirava quando foi jogado no rio escuro.

Descobriu-se depois que, em dezembro de 1916, Rasputin escreveu uma carta à czarina Alexandra, prevendo que seria assassinado antes de 1º de janeiro de 1917.

E acrescentou:

> *Se eu for morto por assassinos comuns, a senhora nada terá a temer. Se, porém, eu for assassinado por nobres e eles derramarem o meu sangue, as mãos deles permanecerão sujas. Irmãos matarão irmãos, e não haverá mais nobres no país.*

*Os profetas falam sobre o fim dos tempos*

O restante da carta esclareceu a profecia de Rasputin: se ele fosse morto pelos pobres, a família real teria êxito, mas, se ele fosse exterminado pelas mãos de príncipes, a czarina e toda a sua família seriam assassinadas em menos de dois anos.

Um ano e meio após a morte de Rasputin pelas mãos de príncipes, Nicolau, Alexandra e os filhos foram executados por guardas bolcheviques, em 16 de julho de 1918.

Não surpreende que a controvérsia sobre a vida de Rasputin, que veio a ser conhecido como "o monge louco", continue até os dias de hoje. Há aqueles que acreditam que, apesar de seu comportamento pessoal desprezível, ele era um curador e um médium verdadeiramente dotado, um assessor profético da czarina Alexandra e que indiscutivelmente salvou a vida de Alexei. Outros argumentam da mesma forma veemente que Rasputin era um trapaceiro e um farsante que usou seu carisma e seu talento de hipnotizador para se fazer estimar pela família mais poderosa da Rússia e para criar a ilusão da cura em um menino doente e altamente sugestionável.

Seja qual for a verdade, muitas de suas profecias sobrevivem desde meados da Primeira Guerra Mundial, incluindo a relatada a seguir, que contém sua visão do Apocalipse a caminho:

*A humanidade está rumando na direção da catástrofe. Os menos capazes é que estarão dirigindo o carro. Isso ocorrerá na Rússia, como na França, na Itália e em outros lugares. A humanidade será esmagada pelos loucos e pelos malfeitores. A sabedoria será acorrentada. Os ignorantes e os prepotentes ditarão as leis ao sábio e ao humilde. A maior parte da humanidade acreditará nos poderosos e não mais acreditará em Deus. A punição de Deus chegará tarde, mas será tremenda. E isso acontecerá antes que o nosso século chegue ao fim. Depois, finalmente, a sabedoria será libertada e o homem voltará a entregar-se totalmente a Deus, como a criança se entrega à mãe. Por esse caminho, a humanidade chegará ao paraíso terrestre.*

*Fim dos tempos*

## Sir Arthur Conan Doyle

Ele criou o personagem Sherlock Holmes, sobre quem escreveu quatro romances e 56 contos. Arthur era um médico bem-sucedido que servia em uma unidade médica na África do Sul. Foi nomeado cavaleiro pelo rei Eduardo VII por um artigo que escreveu intitulado "A guerra na África do Sul: suas causas e conduta", no qual defendeu o comportamento da Inglaterra na Guerra dos Bôeres. Tornou-se um renomado escritor e orador público sobre o espiritualismo e a vida após a morte. E transmitiu para o papel, em 1930, uma lista de profecias que a história mostrou serem notavelmente precisas.

Seu nome era Arthur Conan Doyle, e ele nasceu de pais devotadamente católicos em Edimburgo, na Escócia, em 22 de maio de 1859. O princípio de sua carreira de médico o conduziu à sua mulher, Louise, cujo irmão Jack — de quem ele tratou — tinha meningite cerebral terminal. A enfermidade e a morte de Jack aproximaram Arthur e Louise, que tiveram um casamento dedicado e respeitoso que resultou no nascimento de dois filhos, em uma época em que Arthur estava fazendo sua transição de médico bem-sucedido a autor brilhante.

A primeira história de Sherlock Holmes foi publicada em 1887. Em 1893, Louise foi diagnosticada com tuberculose. Em 1897, Conan Doyle levou a família para morar na região de Hindshead, Surrey, Inglaterra, cujo clima era mais saudável, e foi lá que conheceu o amor de sua vida, uma mulher chamada Jean Leckie. Durante quase dez anos, ele e Jean Leckie conseguiram de alguma forma manter o caso, que era ao mesmo tempo apaixonado e platônico, e Conan Doyle nunca violou seu juramento de que Louise jamais deveria tomar conhecimento de Jean nem jamais seria magoada por ele, seu marido.

Louise morreu em 1906, e por muito tempo Conan Doyle se afundou em depressão e outros problemas de saúde, e lutou contra o remorso de ter escondido de sua esposa, que lhe fora dedicada a vida inteira, seu caso com Jean Leckie. Entretanto, o amor entre ele e Jean sobreviveu, e eles se casaram no outono de 1907.

*Os profetas falam sobre o fim dos tempos*

Em 1881, Conan Doyle compareceu a uma palestra sobre espiritismo, o que foi curioso pois, nessa época, o catolicismo de sua infância já havia se transformado em agnosticismo.[79] Porém, alguma coisa dita naquela palestra lhe tocou a alma e permaneceu com ele. O médico começou a escrever artigos para publicações espiritualistas e a frequentar sessões espíritas. Ofereceu-se como voluntário para ser hipnotizado[80] em uma palestra sobre mesmerismo (o estudo do magnetismo animal, em voga naquele período). Finalmente, em 1893, ele ingressou na Sociedade Britânica de Pesquisas Psíquicas, uma organização que, entre outras coisas, investigava alegadas assombrações e fenômenos paranormais semelhantes.

Em 1920, sir Arthur Conan Doyle era um dos principais escritores e oradores públicos da Inglaterra e dos Estados Unidos nos temas de espiritismo e de vida após a morte. Era uma tarefa corajosa da sua parte, porque ele supunha, com razão, que isso comprometeria sua vida inteira de credibilidade. Contudo, suas convicções espirituais eram tão fortes e profundas que ele se dispôs a pagar esse preço sem qualquer hesitação nem justificativas até o dia em que morreu de parada cardíaca, em 7 de julho de 1930.

Um homem tão liberal, de múltiplos interesses e espiritualmente disponível como Arthur Conan Doyle era um canal perfeito para profecias. Algumas delas vieram de seu espírito guia, Phineas, e algumas foram baseadas em material cujas informações ele obtivera de médiuns na Inglaterra e nos Estados Unidos. Todas elas estavam contidas em uma carta que ele escreveu pouco antes de sua morte, quase uma carta aberta à humanidade, fundamentada em uma preocupação sincera, que não tinha o objetivo de assustar, mas de simplesmente incentivar a vigilância e a preparação.

Em 1930, Sir Arthur Conan Doyle previu que:

- um período de conturbações naturais acontecerá durante o qual perecerá grande parte da raça humana;
- terremotos de grande intensidade e enormes maremotos serão responsáveis por isso;

---

79. Crença de que o conhecimento se limita à experiência humana. (*N. da T.*)
80. O palestrante, professor Milo de Meyer, não conseguiu hipnotizá-lo. (*N. da T.*)

*Fim dos tempos*

- uma guerra surgirá apenas nos estágios iniciais e será um sinal da crise que se seguirá;
- a crise chegará rapidamente;
- a destruição e a desarticulação da vida civilizada serão muito além da compreensão humana;
- haverá breve período de caos, seguido por reconstrução parcial;
- o período total de sublevação demorará cerca de três anos;
- os principais centros de perturbação serão na bacia do Mediterrâneo oriental, onde não menos que cinco países desaparecerão completamente;
- no Atlântico, haverá uma elevação de terrenos que será a causa de ondas que provocarão grandes catástrofes nas praias das Américas, da Irlanda e dos países da Europa ocidental, abrangendo todos os litorais ingleses;
- haverá ainda mais convulsões no sul do Pacífico e na região do Japão;
- a humanidade poderá ser salva se retornar a seus valores espirituais.

## Nostradamus

Michel de Nostredame, também conhecido como Nostradamus, nasceu em St. Remy de Provence, França, em 1503. Mais de quinhentos anos depois, suas profecias continuam a ser exaustivamente estudadas, discutidas, elogiadas e menosprezadas, e ele mesmo é tema de grande admiração como profeta e também de grande desprezo como farsante.

Não afirmo ser uma especialista em Nostradamus, mas sei que quando jovem foi um brilhante físico e alquimista. Trabalhou incansavelmente para tratar muitas vítimas de uma praga que se disseminou na França pouco depois de receber seu diploma de médico pela Universidade de Montpellier, e as ervas medicinais que criou foram tão eficazes em curar os incuráveis que Nostradamus foi acusado de ser herege, o que era uma acusação mortal à época. Ninguém menos que o próprio papa declarou que as acusações eram infundadas após saber do inegável sucesso de Nostradamus contra a praga. Nostradamus era conhecido pela generosidade em relação aos pobres, o que exercitou durante toda a vida.

## Os profetas falam sobre o fim dos tempos

Passou quatro anos escrevendo seu primeiro livro de profecias, chamado *Centuries* ("os séculos"), mas relutou em publicá-lo por temer a cruel perseguição religiosa predominante contra videntes e profetas daquela época. Com o tempo, contudo, ele veio a acreditar firmemente que a obra poderia ser útil à sociedade e que não faria sentido mantê-la escondida. O livro foi publicado em 1555, mesmo com Nostradamus correndo perigo. Por último, mas não menos importante, Nostradamus não quis receber qualquer mérito por suas profecias; em vez disso, preferiu reconhecer Deus como autor e como Aquele de quem recebeu o dom de vaticinar. As palavras a seguir foram por ele escritas no prefácio de seu primeiro livro de profecias,[81] que dedicou ao filho:

> *Tua chegada tardia, meu filho, fez-me outorgar muito tempo, por meio de reflexões noturnas, para deixar-lhe, por escrito, esta lembrança à qual se referir... que poderá servir para o benefício comum da humanidade, que o Ser Divino me permitiu aprender com a revolução das estrelas.*

Portanto, mesmo que suas profecias tenham sido consideradas exatas ou não, é difícil imaginar que um homem com sua generosidade, fé, humildade e solidariedade fosse deliberadamente realizar uma fraude.

Tragicamente, a mesma praga combatida por Nostradamus com tanto sucesso matou sua mulher e os dois filhos, levando-o a passar os anos seguintes como médico viajante. Foi durante esses longos e solitários anos que ele começou a estudar e a experimentar intensamente as ciências ocultas, que o fascinaram a vida inteira. Em uma de suas viagens rotineiras entre a França e a Itália, ele teve o que é considerada sua primeira experiência profética.

Encontrava-se em uma estreita trilha na Itália, quando deparou com um pequeno grupo de monges franciscanos. Nostradamus tinha origem judaica, mas sua família se convertera ao cristianismo, e ele foi criado na

---

81. *As verdadeiras e completas profecias de Nostradamus.* (N. da T.)

*Fim dos tempos*

fé católica. Assim, como qualquer católico respeitoso, ele se pôs de lado na trilha, para que os monges pudessem passar, porém de súbito focalizou um deles e, dominado por um temor respeitoso, caiu de joelhos aos pés do padre Felice Peretti, que fora guardador de porcos antes de ingressar no mosteiro.

Quando o monge, perplexo, perguntou-lhe o que Nostradamus estava fazendo, ele respondeu: "Devo render-me e reverenciar Sua Santidade".

19 anos depois da morte de Nostradamus, aquele monge, o pai Peretti, tornou-se o papa Sisto V.

Quando as viagens de Nostradamus terminaram, ele se casou de novo, desta vez com uma viúva rica com quem teve seis filhos. Eles se instalaram em Salon, França, e foi lá que ele começou seus escritos proféticos.

Suas obras tinham uma estrutura muito peculiar. Ele escrevia em versos de quatro linhas, ou quadras. Depois, organizava as quadras no que chamava de Centúrias — cem quadras por século. Embora desde então tenha redigido um total de 942 quadras durante a vida, houve um século que continha apenas 42 quadras.

Quanto ao estilo, só pode ser descrito como obscuro. Era cheio de termos em grego e em latim e de anagramas e artifícios estranhos e complicados com as palavras. Uma escola de pensamento advoga que seus escritos eram deliberadamente vagos de forma que fossem muito difíceis de interpretar por quem afirmasse que ele era inexato. De fato, a verdade é bastante distinta dessa teoria: Nostradamus sabia que enfrentava possíveis perseguições, inclusive tortura ou morte, se ele se revelasse como profeta. Mas como seus manuscritos eram obscuros e confusos, ninguém poderia acusá-lo com certeza de ser um vidente herege unido ao demônio. Por isso, os debates sobre a "verdadeira" interpretação das quadras de Nostradamus que continuam até hoje são um testemunho de sua habilidade em se proteger e da integridade de suas profecias.

Foi uma das quadras menos obscuras de Nostradamus que o fez cair nas graças da família real francesa e lhe elevou o status durante a vida. A quadra é esta:

*Os profetas falam sobre o fim dos tempos*

*O jovem leão superará o leão mais velho*
*no campo de batalha, em um só combate.*
*Em uma viseira dourada seu olho será perfurado*
*Duas feridas virarão só uma, e ele terá morte cruel.*

Poucos anos depois que Nostradamus escreveu essas palavras, o rei Henrique II da França foi morto durante um torneio a cavalo, quando a lança de seu adversário atravessou a viseira dourada do capacete do rei, perfurando-lhe o olho. A rainha, Catarina de Médici, conhecia a profecia de Nostradamus sobre seu marido e, depois da morte dele, passou a utilizar regularmente Nostradamus como seu consultor pessoal.

As profecias de Nostradamus foram traduzidas, dissecadas, analisadas e interpretadas por várias pessoas em inúmeros livros, artigos e filmes. Não há como lhes fazer justiça neste livro, mas, com o objetivo de discutirmos o Apocalipse, há várias quadras que se prestam perfeitamente a esse papel.

Nostradamus previu que, no longo caminho até o fim dos tempos, o mundo veria a ascensão ao poder de três anticristos que aterrorizariam e sadicamente brutalizariam quem não lhes fosse total e cegamente leal.

Sua descrição do primeiro desses anticristos declara:

*Um imperador nascerá perto da Itália*
*e custará caro ao império.*
*Dirão que, com as pessoas que o cercam,*
*acharão que ele é menos um príncipe do que um carniceiro.*[82]
*A partir de um simples soldado, ele chegará a imperador*
*De um manto curto ele chegará a um longo.*
*Grandes enxames de abelhas surgirão.*

E em uma quadra separada:

---

82. Napoleão era assim considerado até pelos aliados e simpatizantes. (*N. da T.*)

*Fim dos tempos*

*O príncipe cativo, conquistado, é enviado para Elba*
*Ele navegará no golfo de Gênova até Marselha.*
*Com grande esforço das forças estrangeiras ele será vencido*
*Embora escape do fogo, suas abelhas produzirão sangue aos bor-*
    *botões.*

A identidade do primeiro Anticristo de Nostradamus é indubitável para seus inúmeros estudiosos e admiradores: Napoleão Bonaparte, imperador da França entre 1799 e 1814, nascido em 1769 na ilha de Córsega, a 80 quilômetros do litoral italiano. Ninguém discorda da descrição de que ele foi um "carniceiro" durante todo o seu reinado, e seu penacho imperial era o símbolo de uma colmeia. Napoleão foi exilado na ilha de Elba, mas fugiu durante cem dias. Após uma derrota em Waterloo, abdicou de todo o poder e foi exilado na minúscula ilha de Santa Helena.

O segundo Anticristo foi descrito por Nostradamus como um "grande inimigo da raça humana" e um mestre em manipulação:

> *Da parte mais profunda do oeste da Europa, de gente muito pobre,*
> *nascerá uma criança que, com sua língua, seduzirá muitas*
> *pessoas. Sua fama aumentará nos reinos do leste. Ele virá para*
> *tiranizar a terra.*
> *Ele despertará ódios há muito adormecidos.*
> *O filho da Alemanha não obedecerá a nenhuma lei.*
> *Gritos e lágrimas, fogo, sangue e batalhas.*

Em uma quadra separada, Nostradamus acrescentou:

> *Um capitão da Alemanha se renderá à falsa esperança,*
> *de modo que sua revolta causará grandes derramamentos de*
> *sangue.*
> *Bestas selvagens famintas cruzarão os rios*
> *A maior parte do campo de batalha será contra Hister.*

*Os profetas falam sobre o fim dos tempos*

Não surpreende que se acredite que essa profecia de Nostradamus se refira à ascensão de Adolf Hitler, que nasceu em uma família pobre na Áustria, em 1889. Referências como "para tiranizar", e "despertará ódios", "não obedecerá a nenhuma lei" e "com sua língua seduzirá muitas pessoas" são eufemismos para descrever o monstro psicopata, sádico e desumano que o "filho da Alemanha" provou ser.

Entretanto, críticos da obra de Nostradamus se apressam em afirmar que "Hister", em vez de ser uma referência misteriosa a Hitler com apenas uma letra diferente, era o nome do baixo rio Danúbio na época de Nostradamus. Essa é uma das inúmeras quadras nas quais o debate sobre a "verdadeira interpretação" nunca vai chegar ao fim.

Quanto ao terceiro Anticristo, Nostradamus foi mais uma vez muito descritivo e sujeito a discussões exaustivas:

*Do país da Grande Arábia*[83]
*nascerá um forte mestre de Maomé...*
*Ele vai ingressar na Europa usando um turbante azul.*
*Ele será o terror da humanidade...*

*Do céu virá o grande Rei do Terror*
*para trazer de volta à vida o Rei dos Mongóis;*
*antes e depois de Marte para reinar por boa sorte.*

*O céu vai queimar em 45 graus.*
*O fogo se aproxima da grande cidade nova.*
*Pelo fogo ele vai destruir a cidade deles,*
*Um coração frio e cruel,*
*o sangue vai se derramar,*
*sem misericórdia com ninguém.*

---

83. Arábia Saudita. (*N. da T.*)

*Fim dos tempos*

Antes de 11 de setembro de 2001, acreditava-se que a "grande cidade nova" fosse Nova York e que as palavras "o céu vai queimar em 45 graus" se referissem à localização da cidade, de quase 45 graus de latitude. Após o atentado de 2001, a referência "óbvia" à profecia de Nostradamus era ao World Trade Center, o qual se consumiu em chamas tão altas no ar antes de as Torres Gêmeas desabarem que as labaredas se localizaram em um ângulo de 45 graus no horizonte.

Isso nos leva a um ponto importante sobre Nostradamus e virtualmente a todos os profetas da história: suas profecias precisam ser adequadas ao contexto da época em que foram proferidas ou escritas. Por exemplo, uma das quadras de Nostradamus mais citada nas discussões sobre o fim dos tempos diz o seguinte:

> *No ano de 1999 e sete meses*
> *a partir do céu virá o grande Rei do Terror.*
> *Ele vai ressuscitar Ghengis Khan*
> *antes e depois Marte remará feliz.*

Os estudiosos de Nostradamus estão "se esbaldando" interpretando quem ou o que era o "grande Rei do Terror", especialmente os que acreditam que essa era uma referência "óbvia" a um quarto Anticristo, ou a um precursor do Anticristo, como João Batista foi de Jesus. Aos céticos que dizem "E agora? Não aconteceu nada disso em 1999", os crentes respondem: "Como é que vocês sabem que ele apenas ainda não se revelou?"

Quanto ao "ano de 1999 e sete meses", muitos estudiosos de Nostradamus assinalam que essa data não deve ser interpretada ao pé da letra. Nostradamus viveu em uma era na qual as pessoas acreditavam firmemente em uma correlação entre fatos que alteravam o mundo e a virada do milênio. (Francamente, depois da histeria da transição para o ano 2000, nós mesmos não nos livramos dessa crença.) Portanto, é possível que Nostradamus tenha visto uma data imprecisa no futuro distante para essa

*Os profetas falam sobre o fim dos tempos*

determinada profecia e que, como a profecia tratava de um acontecimento de enorme importância mundial, ele tenha suposto que ocorreria bem próximo ao amanhecer de um novo milênio.

Existe uma quantidade de quadras que, julga-se, sejam profecias de Nostradamus sobre o fim dos tempos. Citamos apenas algumas:

*Depois de uma grande desgraça para a humanidade, uma ainda
  maior se aproxima,*
*quando o grande ciclo dos séculos se renova.*
*Vai chover sangue, leite, guerra e fome.*
*No céu será visto um fogo, arrastando uma cauda de faíscas.*

*O Sol em 20 graus em Touro*
*Haverá um grande terremoto; o grande teatro lotado será arrui-
  nado*
*Escuridão e problemas no ar, sobre o céu e a terra,*
*quando o infiel apela a Deus e aos santos.*

*Saturno uniu-se a Escorpião transitando em direção a Sagitário,*
*no seu maior ascendente*
*Peste, fome e morte por mãos militares*
*O século, bem como a Era, se aproxima de sua renovação.*

*Em uma latitude de 48 graus*
*No fim de Câncer [22 de julho] existe uma grande seca*
*Peixes no mar, rios e lagos fervendo em grande agitação*
*O sul da França em sofrimento por causa do fogo no céu.*

*No ano em que Saturno e Marte estão igualmente ardendo,*
*o ar está muito seco, um longo cometa.*
*A partir de incêndios ocultos, um grande lugar arde com o calor*
*Pouca chuva, vento quente, guerras e pilhagens.*

*Fim dos tempos*

*A grande montanha, com 1.274 metros de circunferência,*
*Depois de paz, guerra, fome e inundações*
*[O impacto] Se espalhará longe, inundando grandes países*
*Mesmo monumentos da Antiguidade e seus fortes alicerces.*
*Você vai ver, mais cedo e mais tarde, grandes mudanças feitas,*
*Extremos horrores e vinganças,*
*Porque a Lua é, assim, conduzida por seu anjo*
*Os céus se aproximam da prestação de contas.*

E, finalmente, a quadra que pode confortar quem estiver se indagando se deve começar a pôr seus negócios em ordem antes que chegue o fim do mundo:

*Vinte anos do reinado da Lua passarão.*
*Depois de sete mil anos outra monarquia similar se estabelecerá.*
*Quando o Sol retomar os dias que lhe restam,*
*então minha profecia chegará ao fim.*

Nostradamus calculou que a história humana tenha começado em 3203 a.C. Acrescente sete mil anos a essa data e chegará à conclusão de que Nostradamus previu que este planeta deixará de existir no ano 3797 d.C.

A última profecia de Nostradamus se encontra na seguinte quadra:

*Ao voltar de uma embaixada, com a dádiva do rei guardada em*
*lugar seguro*
*Depois disso, nada mais poderei fazer, pois terei ido ao encontro*
*de Deus*
*e de meus parentes próximos, de meus amigos e meus irmãos de*
*sangue*
*Serei encontrado morto, perto de minha cama e do banco.*

Na noite anterior à sua morte, Nostradamus, que acabara de voltar de uma viagem a uma embaixada, chamou um padre para lhe dar a extrema-

*Os profetas falam sobre o fim dos tempos*

-unção. O padre comentou que Nostradamus lhe pareceu perfeitamente saudável, mas assegurou: "O senhor não me verá vivo quando o sol nascer".

Na manhã seguinte, 2 de julho de 1566, a família de Nostradamus o encontrou morto, deitado entre a cama e o banco ao lado da cama.

## O enunciado dos profetas contemporâneos

Em 1970, o fundamentalista recém-convertido Hal Lindsey publicou um livro chamado *A agonia do grande planeta Terra*.[84] Entre as previsões desse livro (todas baseadas na interpretação que o autor fez da Bíblia, especialmente dos livros de Daniel e de Apocalipse) estavam as de que Cristo voltaria fisicamente à Terra até 1988; que os Estados Unidos já não seriam o poder geopolítico importante quando começassem as tribulações apocalípticas; que haveria um conglomerado de dez países chamado Estados Unidos da Europa, que se desenvolveria em um "Império Romano reavivado", governado pelo Anticristo.

O momento da publicação do livro sem dúvida contribuiu para seu sucesso imediato e impulsionou uma crença renovada no fim iminente dos dias. Ainda estava bem viva, em todo o mundo, a lembrança da Guerra dos Seis Dias, em 1967 — o conflito armado entre Israel e os estados árabes do Egito, da Jordânia e da Síria. Em seis dias, Israel conquistou a península do Sinai, a Faixa de Gaza, Jerusalém oriental, a Cisjordânia e as colinas de Golan, que se tornaram conhecidas como os territórios ocupados. Da mesma forma como as vendas da Bíblia subiram enormemente após o ataque terrorista ao World Trade Center, em 11 de setembro de 2001, a Guerra dos Seis Dias aumentou a urgência da busca pela verdade sobre o fim da história deste planeta. Mas *A agonia do grande planeta Terra* continua sendo reeditado, já vendeu mais de 35 milhões de exemplares e foi publicado em mais de 54 línguas, de modo que não se trata apenas de uma "onda" passageira.

---

84. Título original: *The Late Great Planet Earth*. (*N. da T.*)

*Fim dos tempos*

Evidentemente, a previsão sobre 1988 estava errada, mas Lindsey continua acreditando que o apóstolo João, a quem se atribui a autoria do Livro de Apocalipse, foi uma real "testemunha dos acontecimentos dos séculos XX e XXI". Em 1997, durante entrevista em um programa da Fox News, ele disse: "O profeta [João] que escreveu o Livro de Apocalipse afirmava: 'Eu olhei, vi e ouvi'. Um homem do século I foi impulsionado ao fim do século XX e realmente viu uma guerra de maravilhas tecnológicas... Um míssil balístico intercontinental reentrar na atmosfera terrestre; água envenenada, radioatividade, todas as cidades do mundo virtualmente destruídas".

Li o Livro de Apocalipse incontáveis vezes, mas voltei a consultá-lo quando soube dessa declaração. Tenho conhecimento de que se diz que o Apocalipse é uma série de "símbolos codificados", mas não consigo encontrar nenhum indício disso naquilo a que Hal Lindsey se referiu na TV. Para ser justa, devo admitir que a posição de Lindsey é a de que apenas um "cristão conduzido pelo Espírito de Deus" pode com exatidão interpretar os símbolos do Apocalipse, por isso aparentemente se supõe que todos nós que temos outra interpretação do Apocalipse estamos simplesmente enganados.

Há também os livros *Deixados para trás*,[85] escritos pelos pregadores batistas Tim LaHaye e Jerry Jenkins. Essa série sobre a Segunda Vinda de Cristo já vendeu mais de sessenta milhões de exemplares, e a mensagem essencial é a de que o retorno físico de Jesus está se aproximando rapidamente. A opinião dos dois autores é de que a terra também está chegando ao fim.

De acordo com LaHaye, "temos mais razões para acreditar que nossa geração possa ser a última do que qualquer outra geração desde que Jesus fundou a Sua Igreja há mais de dois mil anos".

A série *Deixados para trás* assume a seguinte posição: o que vai causar o fim da civilização será uma conspiração mundial de sociedades secretas e grupos liberais cujo objetivo é destruir "todos os vestígios do cristianismo".

---

85. Título original: *The Left Behind*. (*N. da T.*)

*Os profetas falam sobre o fim dos tempos*

Os conspiradores incluem a ACLU,[86] a NAACP,[87] a Planned Parenthood,[88] a NOW,[89] as grandes redes de televisão, revistas, jornais, o Departamento de Estado dos Estados Unidos, a Fundação Carnegie, a Fundação Rockefeller, a Fundação Ford, a ONU, as universidades de Harvard e Yale, duas mil outras faculdades e universidades e, por último mas não menos importante, a "ala esquerdista do Partido Democrata". Se essas organizações e sociedade unidas conseguirem o que querem, segundo LaHaye e Jenkins, "transformarão os Estados Unidos em um país amoral e humanista, pronto para se fundir em um Estado socialista mundial unificado".

Lamentavelmente, nada na série *Deixados para trás* indica haver qualquer razão em servir ao povo e ao meio ambiente de nosso planeta, aparentemente porque uma interpretação literal da Bíblia não propõe esse tipo de altruísmo à medida que se aproxima o fim dos tempos.

Será que só eu penso assim, ou isso é completamente contrário àquilo a que Jesus visava?

- Há também Arnold Murray, da Shepherd's Chapel,[90] em Arkansas, EUA, que prenunciou em meados da década de 1970 que o Anticristo apareceria antes de 1981 e que a guerra do Armagedom começaria em junho de 1985;
- Pat Robertson, que viu que o fim do mundo seria no outono de 1982;
- Moses David, de um grupo chamado Os Filhos de Deus,[91] com sua previsão de que a verdadeira batalha do Armagedom resultaria em uma derrota de Israel e dos Estados Unidos pela Rússia em 1986, após o que se estabeleceria como uma ditadura comunista global e Cristo retornaria à Terra em 1993;

---

86. American Civil Liberties Union, ou União Americana pelas Liberdades Civis. (*N. da T.*)
87. National Association for the Advancement of Colored People, ou Associação Nacional para o Progresso das Pessoas Racializadas. (*N. da T.*)
88. Clínica da família [em uma tradução literal, "paternidade planejada"]. (*N. da T.*)
89. National Organization for Women, ou Organização Nacional das Mulheres. (*N. da T.*)
90. O pastor da capela. (*N. da T.*)
91. Também conhecido como A Família do Amor, A Família, e, ultimamente, como A Família Internacional. (*N. da T.*)

*Fim dos tempos*

- Edgar C. Whisenant, que em 1988 publicou *88 Reasons Why the Rapture Could Be in 1988*, livro do qual falamos no capítulo 1;
- o ministro batista Peter Ruckman, cuja análise da Bíblia resultou em sua certeza de que o Arrebatamento aconteceria mais ou menos em 1990.

A lista é imensa, o que prova, no mínimo, que a empolgada busca pela "verdade" sobre o fim dos tempos deve continuar pelo menos até o próprio fim dos tempos.

CAPÍTULO 6

# Os cultos do dia do Juízo Final

Não canso de repetir neste livro: preparar-se para uma calamidade, inclusive para o eventual fim do mundo, não é problema. Provavelmente, é até inteligente. Agora, passar a vida se encolhendo de medo por causa disso e/ou perder tudo que sua alma sabe sobre Deus e Seu amor por você é trágico. É a diferença entre construir um abrigo contra bombas considerando a pior hipótese possível e depois dar seguimento à vida ou construir um abrigo contra bombas e se esconder nele o resto da vida. Isso não é vida, não é o que Deus pretende para nenhum de nós. Entretanto, de certa maneira, o isolamento e o medo sobre os quais vicejam os cultos ao fim dos dias não são diferentes de uma vida de medo em um refúgio contra bombas, na expectativa de um cataclismo que provavelmente ainda vai demorar um século. Digo com sinceridade que prefiro enfrentar um Armagedom em qualquer dia do que experimentar o pesadelo das histórias deste capítulo, cada uma das quais pode ser diretamente atribuída a um sociopata narcisista esperto que ataca, como uma ave de rapina, o medo inato que a sociedade tem do fim do mundo e conduz suas vítimas para um destino muitíssimo pior do que o dia do Juízo Final jamais será.

Uma das coisas mais perturbadoras sobre as populações dos cultos do fim do mundo reside no fato de elas pertencerem a todos os estilos de vida, a todos os níveis de inteligência e situação financeira, a todas as culturas, raças e crenças. O pior é que não podemos nos dar o luxo

169

*Fim dos tempos*

de afirmar: "Isso jamais aconteceria comigo nem com minha família e meus amigos, sadios mentalmente". A verdade é que poderia, sim, a não ser que nos informemos bem sobre esses cultos destrutivos, sobre quem os frequenta e sobre quem os cria. Conhecimento é realmente poder. E existe mais um aspecto dos cultos ao dia do Juízo Final que devemos ter sempre em mente: a compaixão manda que nunca rejeitemos as vítimas desses cultos classificando-as como simplesmente um grupo de "pirados" que merecia o que lhe aconteceu. Não existe vida sem importância, especialmente quando, na maioria dos casos, a única coisa que essas vítimas fizeram de errado foi se deparar com um sociopata carismático que dizia todas as coisas certas quando elas estavam vulneráveis ao máximo.

Vários livros sobre cultos já foram escritos, e há muitos especialistas desse assunto altamente competentes. Eu não reivindico ser um deles, mas estudo muito o tema, particularmente os cultos ao dia do Juízo Final, e tenho trabalhado com vítimas desses movimentos, bem como com suas famílias e amigos igualmente vitimados e arrasados por eles. Portanto, entre muita leitura e muitas experiências pessoais em meus 72 anos de vida, aprendi o suficiente para me capacitar a fazer algumas observações pertinentes.

Os membros dos cultos ao dia do Juízo Final são quase sempre crentes dedicados a Deus, a Jesus, à Bíblia e ao conceito do Armagedom precedido pela chegada de um messias semelhante a Cristo. Essas pessoas costumam ser sinceras e bem-intencionadas, o que lhes dificulta muito imaginar que o especialista da Bíblia carismático e igualmente dedicado que está tentando recrutá-las seja, na verdade, um sociopata enganador e manipulador que utiliza Deus, Jesus e as escrituras apenas como apoio e ferramenta de sedução. Os membros dos cultos procuram um lugar do qual sintam fazer parte; um lugar onde possam sentir-se parte ativa e importante de algo realmente significativo. Em alguns casos a vida dessas pessoas acaba de passar por uma grande turbulência — talvez a perda do emprego, o fracasso do casamento ou a morte de alguém querido. Em outros casos, a existência para elas se tornou frívola, inútil e, em sua opi-

*Os cultos do dia do Juízo Final*

nião, sem valor. Com igual importância, ensinaram muitos deles a obe-decerem cegamente à sua religião, mesmo que ela não faça sentido, en-quanto muitos desses membros, livres pensadores, encontraram algumas inconsistências e/ou falhas de lógica nas filosofias de sua Igreja. Apesar disso, de maneira quase unânime, eles se julgam pecadores, falhos demais para merecer redenção, especialmente quando vier o fim do mundo e apenas os que tiverem real mérito forem salvos.

E então, se essas pessoas realmente não tiverem sorte, conhecerão alguém cujo carisma, a aparente autoconfiança e a paixão convincente por Deus os atrairão como mariposas a uma chama. Esse homem não fala apenas da boca para fora: ele pratica o que prega e tem planos de criar uma sociedade separada do mundo cruel, egoísta, pecaminoso, negligen-te, supérfluo e ateu; uma sociedade em que Deus seja ativamente venera-do, por palavras e atos, todos os dias, não apenas aos domingos. Todos terão igual importância nessa nova sociedade (exceto, é claro, seu líder) e trabalharão duro para o bem comum, participando dela e absolvendo os pecados do passado por meio de sua nova devoção piedosa à vontade de Deus, traduzida por intermédio desse homem carismaticamente de-dicado que fez com que a crença dos membros os fizesse se sentirem re-vigorados. Sabe o profeta por quem estavam esperando? Ele é esse profe-ta e vai provar isso. Mas ele não é somente um profeta: é o messias que a religião dessas pessoas tem prometido, aquele a quem estavam atentas, cujo próprio aparecimento é um sinal de que o fim está próximo e cujo caminho é a única forma de salvação quando chegar o Armagedom. Duvidar dele ou lhe desobedecer é duvidar do próprio Deus ou Lhe de-sobedecer. Isso nunca é uma boa ideia, mas é especialmente negativa quando se está no limiar do julgamento final. Quanto às famílias e aos entes queridos que não são esclarecidos o suficiente para compreender ou acreditar, a única defesa contra seu ceticismo hipócrita é a separação completa. Afinal de contas, se esses hereges fossem tão comprometidos com a felicidade e o bem-estar dos seguidores desse homem, como afir-mam, por que a vida desse adepto era tão vazia, inútil e desprovida da verdadeira luz até então?

*Fim dos tempos*

Em uma vida que chegou a um ponto no qual nada a preenche e só há perguntas, nada é mais atraente do que uma voz forte e centralizada em Deus afirmando: "Eu tenho as respostas que vocês vêm procurando. Venham comigo".

E os líderes, como a maioria dos sociopatas, sabem exatamente como atrair os seguidores que querem cooptar: os que são crédulos, e não céticos; os que são generosos, não os egoístas; os que participam de grupos, não os solitários; os que trabalham duro e não são indolentes; e, certamente, os que estão ansiosos para acreditar em algo muito maior e mais sagrado do que si mesmos, em vez dos que estão satisfeitos com a vida que levam e com suas crenças.

Quando o aspirante a líder do culto capta a atenção dos membros potenciais, ele se enquadra em variações de um padrão de comportamento que seria quase risivelmente previsível, não fosse tão destrutivo:

- ele afirma que sua teologia pessoal é a única de posse da verdade, ao contrário das religiões tradicionais, cheias de contradições e hipocrisias;
- ele também faz afirmativas que não podem ser provadas ou desmentidas, como a de que ele rotineiramente recebe ordens e *insights* especiais de Deus, a de que é um messias ou profeta reencarnado, a de que Deus designou essa missão apenas a ele e, certamente, a de que só ele pode conduzir seus mais fiéis adeptos em segurança até os braços de Deus quando chegar o inevitável Apocalipse, enquanto na Terra perecerão os pecadores descrentes;
- como "prova de dedicação", ele insiste em receber o dízimo do grupo, ou a "doação" dos bens terrenos dos seguidores. (Existe alguma maneira mais eficiente de manter as pessoas em sutil cativeiro do que as privar de seus recursos?);
- ele está de posse de uma lista de objetivos irresistíveis para o grupo. Essa lista inclui tarefas humanitárias como alimentar os pobres, ser voluntário em missões religiosas e abrigos e coletar roupas para os necessitados, entre outras. (É provável que só depois o grupo se dê

*Os cultos do dia do Juízo Final*

conta de que todos os seus esforços são direcionados para dentro, não para a sociedade em geral);

- o mais rapidamente possível, o líder passa a manter as pessoas reunidas em um tipo qualquer de situação de vida em comum, separadas das famílias e dos entes queridos, explicando que só por meio do comprometimento de suas vidas com Deus (e com ele mesmo) 24 horas por dia, sete dias por semana, elas podem provar sua intenção de se purificarem dos pecados da sociedade e de abraçar o esclarecimento puro e divino que as acompanhará até o fim do mundo. (Existe maneira melhor de controlar a mente das pessoas do que isolá-las de qualquer criatura que lhes possa oferecer outros pontos de vista?);
- lenta, mas firmemente, ele impõe todos os detalhes da vida de seus adeptos, uma vez reunidos e sob seu olhar vigilante. Ele começa com uma agenda impressionante de "estudos da Bíblia", que na verdade são suas interpretações em causa própria de passagens cuidadosamente escolhidas, nenhuma das quais sujeita a perguntas ou discussões. (O controle vai gradativamente se estender e se ampliar, sob ameaça de desaprovação e/ou banimento de Deus/do líder, de modo que, com o tempo, o grupo fique intimidado até para tomar por si mesmo as decisões mais simples);
- uma mentalidade eficaz "nós contra eles" é reforçada com monótona regularidade, de maneira que qualquer interferência de "intrusos", como família, amigos, leis, a Receita Federal ou qualquer outro órgão governamental, seja considerada uma perseguição potencialmente fatal realizada pelos gentios hereges que estão tentando destruir o trabalho do messias na Terra. (Existe ameaça mais horrenda e aterradora do que a de desertar de "nós" para "eles" e arcar com a condenação eterna quando chegar o fim do mundo?).

A boa notícia é: há alguns sinais que "entregam" um perigoso líder de um culto do Juízo Final. Esses sinais são evidentes mesmo entre os mentiro-

*Fim dos tempos*

sos mais habilidosos e carismáticos. Basta escutar bem, prestar atenção e refletir a respeito:

- qualquer "profeta/messias" que afirme ter um relacionamento mais próximo com Deus do que você é um(a) mentiroso(a);
- qualquer "profeta/messias" que afirme que você precisa dele (ou dela) para se comunicar com Deus é um(a) mentiroso(a);
- qualquer "profeta/messias" que afirme que apenas ele (ou ela) conhece a verdade sobre o que Deus tem reservado para você, para seu futuro ou para a humanidade é um(a) mentiroso(a);
- qualquer "profeta/messias" que afirme ser vontade de Deus que você faça mal a si mesmo(a) ou a outro ser vivo é um(a) mentiroso(a);
- qualquer "profeta/messias" que afirme ser infalível é um(a) mentiroso(a);
- qualquer "profeta/messias" que afirme que todos os que o(a) criticam ou dele(a) discordam são maus e contra Deus é um(a) mentiroso(a);
- qualquer "profeta/messias" que exija seu isolamento de todos que sempre o(a) amaram, apoiaram e foram sinceros com você e que ponha em risco sua segurança financeira é um(a) mentiroso(a);
- qualquer "profeta/messias" que insista que ninguém se importa com você ou o(a) compreende tanto quanto ele(a) é um(a) mentiroso(a);
- qualquer "profeta/messias" que se julgue eximido(a) das leis de Deus e da sociedade e com direito à imunidade divina pelas consequências de seus atos é um(a) mentiroso(a);
- qualquer "profeta/messias" cujo poder se baseie em medo, abuso e ameaça é um(a) mentiroso(a);
- qualquer "profeta/messias" que afirme ser sua única fonte de salvação para a chegada do Apocalipse é um(a) mentiroso(a);

## Heaven's Gate[92]

Heaven's Gate foi uma seita suicida fundada por Marshall Applewhite e Bonnie Nettles, que adotaram uma variedade de apelidos com o passar dos anos, incluindo Os Dois, Bo, Do (rima com Bo), Peep e Ti. Marshall e Bonnie se declaravam extraterrestres que viajaram à Terra a partir do Reino dos Céus — uma história que eles obviamente preferiam ao fato documentado de que os dois se conheceram em um hospital psiquiátrico onde ele era paciente e ela, enfermeira.

A seita se originou de uma organização de 1975 chamada Human Individual Metamorphosis (HIM),[93] cujos membros abandonaram os entes queridos, carreiras e bens materiais para se reunirem em um deserto do Colorado, nos EUA, aguardando um disco voador que nunca chegou. O HIM mudou depois para Total Overcomers Anonymous,[94] formado por Do depois da morte de Bonnie por câncer, em 1985, com base na crença apocalíptica de Do de que a população mundial estava na iminência de ser "reciclada". Esse grupo se tornou a seita Heaven's Gate quando Do transferiu todos para San Diego, nos EUA, em meados da década de 1990.

Do ensinava a seus adeptos que as almas eram entidades superiores separadas que temporariamente ocupavam um corpo e que a separação de nossa alma do corpo consistia no ato final da metamorfose. A propósito, a alma dele já ocupara o corpo humano que conhecemos como Jesus Cristo, após ter viajado para cá em uma espaçonave há dois mil anos. Os seres extraterrestres que viajavam pelo universo nessas espaçonaves tinham a missão de elevar o nível de conhecimento da humanidade, razão pela qual Do afirmava que os extraterrestres possuíam um "nível acima da existência humana".

Os membros da Heaven's Gate acreditavam que eram superiores às forças do mal e, por esse motivo, o propósito de vida dessas pessoas era se preparar

---

92. Portão do céu. (*N. da T.*)
93. Metamorfose Humana Individual. (*N. da T.*)
94. Algo como Conquistadores Anônimos Totais. (*N. da T.*)

*Fim dos tempos*

para entrar no Reino dos Céus. Acreditavam que, quando estivessem totalmente preparados, seriam transportados ao Reino dos Céus se cometessem suicídio em massa, liberando suas almas dos corpos terrestres. Suas almas, após um breve período de descanso, acabariam sendo absorvidas por um "nível acima da existência humana" que esperava por elas a bordo de uma espaçonave que, de acordo com Do, estava escondida atrás do cometa Hale-Bopp, que passaria perto da Terra em 1997.

Do claramente advertiu todos os que não faziam parte da seita de que o fim da vida em nosso planeta era iminente, em uma mensagem gravada em vídeo na qual ele disse: "Vocês podem nos seguir, mas não podem ficar aqui e nos acompanhar. Vocês devem nos seguir rapidamente e cumprir o nosso objetivo de deixar este mundo antes da iminente reciclagem de vida na Terra".

Em 22 de março de 1997, poucos dias depois que o vídeo foi gravado, 39 membros da seita Heaven's Gate, inclusive Do, deitaram-se em colchões em sua mansão imaculada em San Diego e se mataram com uma combinação de fenobarbital e vodka. Os 18 homens e as 21 mulheres tinham idades que oscilavam entre 26 e 72 anos.[95] Estavam vestidos com camisas negras idênticas de gola alta, calças pretas e tênis Nike. Os suicídios aconteceram em três turnos no período de três dias: 15 no primeiro dia, 15 no segundo e 9 no terceiro, de modo que aqueles que ficassem para trás pudessem cobrir os corpos com mortalhas roxas com as palavras Heaven's Gate.

Todos os mortos foram encontrados com sua identidade no bolso, uma nota de US$ 5 e moedas totalizando 75 centavos. Um colunista sagaz do jornal *San Francisco Chronicle*, poucos dias depois, desenterrou uma citação de Mark Twain que parecia mais do que apenas uma infeliz coincidência: "O preço de uma passagem para ir para o céu na cauda de um cometa era de US$ 5.75".

Um bilhete suicida do grupo dizia: "Quando vocês lerem este bilhete, desconfiamos que os corpos humanos que estávamos usando já tenham

---

95. Applewhite estava com 65 anos. (*N. da T.*)

*Os cultos do dia do Juízo Final*

sido encontrados... Viemos do 'Nível acima do conhecimento humano' no espaço distante. Abandonamos agora os corpos que estávamos usando para nossa tarefa terrena, para retornar ao mundo de onde viemos. Missão cumprida".

"Missão cumprida" trágica e desnecessariamente para fugir da "iminente reciclagem da vida na Terra" que provou ser nada mais do que a retórica manipuladora de um homem que claramente abusava do poder que detinha.

## Jim Jones e o People's Temple[96]

Duas décadas antes da tragédia do Heaven's Gate, ocorreu o horror do People's Temple, um culto do dia do Juízo Final fundado por um cristão instruído que fizera parte do *mainstream,* chamado James Warren Jones.

Ordenado na Igreja dos Discípulos de Cristo, Jim Jones fundou o People's Temple em 1955 como uma missão religiosa em Indianápolis dedicada a ajudar os pobres e os que tinham enfermidades graves. Ele começou seu ministério pregando a Santa Bíblia, o amor e a igualdade em sua grande congregação inter-racial. Também começou a reivindicar o dom de curar o câncer e as doenças cardíacas, o que compreensivelmente provocou a primeira de muitas investigações governamentais não desejadas sobre Jim Jones, suas organizações e suas práticas.

Quanto mais poderoso Jim Jones se tornava aos olhos de seus seguidores, mais rejeitava a Bíblia, classificando-a como um amontoado de mentiras e ensinando que ele próprio era o messias, a Segunda Vinda de Cristo. Só ele, afirmava, ficava entre sua congregação e a destruição iminente do mundo em um holocausto nuclear. Jones e seus seguidores dedicados e multirraciais do People's Temple, estando do lado da integridade iluminada de uma sociedade que, a não ser por isso, era má, seriam os únicos sobreviventes desse extermínio nuclear, graças a um suicídio em

---

96. O templo do povo. (*N. da T.*)

*Fim dos tempos*

massa preventivo e à ressurreição simultânea. Então, criariam um novo Éden. Não deve ter sido por mera coincidência que em 1965, bem perto de quando o governo começou sua primeira investigação sobre Jim Jones, ele transferiu o People's Temple para o norte da Califórnia — mais especificamente, para Ukiah, que a revista *Esquire* listou como uma das 9 cidades dos Estados Unidos que poderiam sobreviver a um ataque nuclear.

Conforme o People's Temple se expandia para San Francisco e Los Angeles, "o evangelho segundo Jim Jones" se tornava cada vez mais comunista e anticristão, e seu comportamento perigosamente maníaco aumentava em proporção direta ao seu vício em remédios controlados, principalmente fenobarbital. Ao mesmo tempo, desertores da Igreja começaram a relatar ao governo e à mídia práticas contra os direitos humanos e abusos potenciais de imposto de renda cometidos por Jim Jones e pelo People's Temple. Em 1977, a pressão de investigações muito detalhadas inspirou Jim Jones a convencer cerca de mil dos membros mais dedicados do People's Temple a se mudarem para um projeto agrícola de mais de 16 mil m² de área que eles arrendaram do governo da Guiana, em 1974.

Jonestown, como o projeto veio a ser chamado, foi designado para ser uma "Terra prometida" pública. Em vez disso, envolvia trabalho brutalmente difícil e uma existência sacrificada e dominada em meio à selva extremamente quente da América do Sul, a milhares de quilômetros de tudo. A saúde e a sanidade de Jim Jones sofreram muito com a mudança, de modo que ataques súbitos de ira e horas de frases descontroladas e sem nexo pelos alto-falantes de Jonestown eram ouvidos noite adentro com frequência.

Finalmente, um homem chamado Tim Stoen, membro do escalão superior da organização do People's Temple e o assessor mais próximo de Jim Jones, desertou do grupo, voltou para os Estados Unidos e formou seu próprio grupo, denominado Concerned Relatives,[97] cujo objetivo era libertar entes queridos do "campo de concentração" de Jonestown e das garras de Jim Jones e do People's Temple. Os esforços do Concerned Re-

---

97. Parentes preocupados. (*N. da T.*)

*Os cultos do dia do Juízo Final*

latives foram tão eficazes que, em novembro de 1978, membros da mídia viajaram à Guiana com o deputado Leo Ryan, da Califórnia, para investigar a seita.

Os moradores de Jonestown deram uma exibição falsa de uma comunidade harmoniosa para impressionar o deputado Ryan e seus companheiros, e Jim Jones assegurou aos visitantes que, ao contrário do que diziam relatórios do Concerned Relatives, todos os membros do People's Temple eram livres para deixar a organização e a Guiana na hora em que bem quisessem. Essa afirmativa perdeu toda a credibilidade no dia seguinte, quando um dos repórteres recebeu um bilhete de um morador de Jonestown pedindo ajuda para sair dali. Naquela manhã, um total de 16 fugitivos foi para a pista de decolagem com o grupo de Ryan. Quando saíram do caminhão para embarcar nos dois aviões que os esperavam, foram atacados de emboscada por um punhado de capangas de Jim Jones. O deputado Ryan, um morador fugitivo de Jonestown e três membros da mídia foram assassinados. O restante do grupo sofreu diversos ferimentos graves.

Esse horror foi apenas o começo da tragédia inexprimível de Jonestown que aconteceu em 18 de novembro de 1978. Jim Jones sabia perfeitamente que a aplicação das leis internacionais exigiria justiça pelos assassinatos e tentativas de assassinatos ordenados por ele na pista de decolagem. Ele também sabia que o People's Temple jamais sobreviveria à inevitável e iminente investigação pela mídia. Assim, reuniu os moradores de Jonestown no centro comunitário e anunciou que chegara a hora do êxodo em massa deste mundo cruel para o qual eles se haviam preparado como parte de seu comprometimento com ele, seu messias, sua Segunda Vinda de Cristo. Em outras palavras, Jones ordenou o "suicídio revolucionário" de todos os membros do People's Temple, incluindo idosos e crianças. A maioria bebeu Kool-Aid[98] reforçado com cianeto e diferentes tranquilizantes. Jim Jones escolheu um caminho bem mais rápido: deu um tiro na cabeça. No final, somente por obedecer às ordens dele, mais de novecen-

---

98. Refresco em pó. (*N. da T.*)

*Fim dos tempos*

tos residentes de Jonestown e cinco pessoas da pista de decolagem da Guiana, localizada perto, perderam a vida. É difícil imaginar que o holocausto nuclear contra o qual ele advertira as pessoas com tamanho fervor tivesse sido pior do que as mortes cruéis que os membros da People's Temple sofreram nas mãos do homem a quem literalmente entregaram suas vidas.

## O Ramo dos Davidianos[99]

No início do século XIX, um homem chamado William Miller fundou um grupo chamado Os Milleritas. Entre outras coisas, os milleritas previram que o fim do mundo, proclamado pela Segunda Vinda de Jesus Cristo, ocorreria em 22 de outubro de 1844.

Quando aquele dia veio e se foi sem qualquer fato extraordinário, a data de 22 de outubro de 1844 veio a ser chamada pelos milleritas, compreensivelmente, de a "Grande Decepção".

Os milleritas escolheram várias outras datas para o fim do mundo, todas baseadas em sua interpretação de certas passagens bíblicas. Quando se comprovou que essas datas passaram tão em branco como a de 22 de outubro de 1844, o número de milleritas declinou muito. Vários membros, contudo, persistiram em sua crença básica de uma batalha iminente e definitiva entre o bem e o mal e de uma Segunda Vinda de Cristo. Em 1863, eles formaram os Adventistas do Sétimo Dia, sem dúvida uma Igreja, e não um culto; essa doutrina continua vicejando e atualmente conta com mais de 12 milhões de seguidores no mundo inteiro.

Em 1919, um homem chamado Victor Houteff ingressou na Igreja Adventista do Sétimo Dia. Mas, dez anos depois, após descobrir, segundo ele, várias falhas na Igreja e em suas doutrinas, ele a abandonou e formou a própria seita, os Adventistas Davidianos do Sétimo Dia, que acabou se transformando em Ramo Davidiano. Foi em 1935 que Houteff comprou

---

99. Ou Os Alunos dos Sete Selos. (*N. da T.*)

*Os cultos do dia do Juízo Final*

terras para seus adventistas davidianos nos arredores de Waco, Texas, EUA, e denominou o assentamento Centro Monte Carmelo.

Em 1981, um rapaz chamado Vernon Howell, disléxico de 22 anos que abandonara os estudos no Ensino Médio e era um astro do rock fracassado, ingressou no Ramo Davidiano em Waco. Em 1990, ele encenou uma tomada de poder fortemente armada do Centro Monte Carmelo, tornou-se líder do Ramo Davidiano e mudou seu próprio nome para David Koresh. Conforme explicou a seus congregados, "David" se devia ao fato de ele ser o chefe reinante da bíblica Casa de David, e "Koresh" era uma transliteração do nome hebraico Ciro, o rei da Pérsia que libertou os prisioneiros judeus na Babilônia para que eles pudessem voltar a Israel.

David Koresh pregava que ele era o messias, a Segunda Vinda que o Ramo Davidiano vinha prevendo desde sua fundação, o mensageiro de Deus que pessoalmente desencadearia o Apocalipse e depois conduziria seus seguidores em segurança até a salvação. Na maratona de seus estudos da Bíblia monotonamente repetitivos, ele infundia a crença de que estaria conduzindo seu rebanho a uma batalha violenta com o governo dos Estados Unidos, e isso marcaria o fim do mundo e a passagem de seus adeptos para a vida eterna. Não era permitido a ninguém do Ramo Davidiano manter contato com alguém "de fora", pois esses "intrusos" eram maus e certamente os membros da seita seriam desviados dos caminhos corretos personificados apenas por David Koresh.

Ele tinha 20 "esposas" dentro do culto, a quem prometia que teriam a honra de carregar no ventre os "soldados" dele. Convenientemente, ordenou que todos os homens do Ramo dos Davidianos fizessem voto de celibato. Sua "esposa" mais nova era a filha de 10 anos de um devotado adepto de Koresh. E, caso uma das jovens esposas de Koresh ou outras crianças do Centro Monte Carmelo resolvessem lhe desobedecer ou se comportar mal, uma raquete de madeira estava sempre à mão para bater-lhes tão severamente quanto mandasse "o messias". David Koresh não aceitava nada menos do que dedicação total e obediência absoluta e incontestável de seu rebanho.

181

*Fim dos tempos*

Esse fato evidenciou-se tragicamente durante um cerco de 51 dias, que se tornou a concretização da pavorosa visão de David Koresh: uma violenta batalha com o governo dos Estados Unidos que marcaria o fim do mundo de seus seguidores. O governo estava vigiando Koresh, o Ramo dos Davidianos e as atividades suspeitas no Centro Monte Carmelo. Em 28 de fevereiro de 1993, literalmente dúzias de agentes da agência governamental de Álcool, Tabaco e Armas de Fogo chegaram com um mandado para procurar armas ilegais nas instalações. Após uma luta inicial armada, na qual morreram quatro agentes e seis davidianos, David Koresh permitiu que alguns poucos agentes entrassem no local apenas o tempo suficiente para retirar os mortos.

E, então, começou o confronto. A artilharia pesada do pessoal da agência do governo mirou o prédio, e provavelmente a mesma quantidade de armas pesadas mirou de volta os agentes. Os melhores e os mais bem treinados negociadores do FBI foram acionados para manter o diálogo com David Koresh pela linha telefônica direta fornecida pela agência. A prioridade dos negociadores era assegurar a liberdade das 46 crianças que viviam como reféns por trás dos distantes muros do centro. Finalmente acordou-se que David Koresh transmitiria pelo rádio uma série de sermões de 2 minutos e que ele liberaria 2 crianças por sermão. Esse acordo levou à liberação de 21 crianças nos primeiros cinco dias.

Depois de um cerco que durou um total de 51 dias, os órgãos governamentais que se haviam reunido perto de Waco, nas instalações do movimento do Ramo Davidiano, chegaram à conclusão terrivelmente falha de que, se eles atacassem com grande rigor, a maioria dos adultos escondidos no centro acabaria fugindo para salvar as crianças que permaneciam lá dentro. Totalmente equivocados quanto ao controle que David Koresh tinha sobre seus seguidores e sobre a crença de que a morte os conduziria e a seus filhos à glória eterna que seu messias lhes prometera, os agentes avançaram contra a construção com um grande batalhão de tanques e gás lacrimogêneo.

Em minutos, o Centro Monte Carmelo estava tomado pelas chamas. Aproximadamente 50 adultos e 25 crianças morreram no incêndio.

Entre os mortos estava David Koresh.

E, talvez como testemunho da insistência final e maníaca de David Koresh sobre seu destino e o de seus seguidores, o incêndio catastrófico que consumiu as instalações, de acordo com os telefonemas grampeados pelo FBI, parecia ter sido armado. Assim, de certa forma, ele foi absolutamente profético: previu o fim do mundo e, então, desempenhou seu papel no sentido de que isso fosse realmente verdade para todas as pessoas que confiaram nele e todas as crianças inocentes que não tiveram escolha sobre o que aconteceu. De algum modo, acho que o Ramo dos Davidianos esperava mais e melhores coisas de seu messias tão aguardado.

## A Igreja da Unificação: Sun Myung Moon

Reza a lenda que, em certo dia de 1936, ao lado de uma montanha na Coréia, Jesus Cristo apareceu para um adolescente de 16 anos e lhe deu a notícia de que ele havia sido escolhido por Deus para fundar o Reino dos Céus na Terra. Esse rapaz, Sun Myung Moon, proclamou-se o messias, a Segunda Vinda e/ou o Senhor do Segundo Advento e, em 1954, fundou o que foi oficialmente denominado Associação do Espírito Santo para a Unificação do Cristianismo Mundial,[100] comumente conhecido como Igreja da Unificação. Meio século depois, o número de adeptos dessa fé aparentemente chega a cem países do mundo.

Em 1957, o reverendo Moon (título que ele mesmo se concedeu) divulgou um manifesto de 536 páginas de sua autoria chamado *O Princípio Divino*, o qual afirmou lhe ter sido transmitido diretamente por Jesus Cristo. Os moonies, como seus adeptos são chamados, acreditam que *O Princípio Divino* seja o terceiro testamento da Bíblia e seguem sua autoridade com inquebrantável lealdade. Previsivelmente, quem questiona o status de Moon como o messias ou duvida da credibilidade d'*O Princípio Divino* está unido ao Demônio, e faz o trabalho de Satanás.

---

100. Em 1994, Moon mudou o nome da igreja para Federação da Família para a Unificação e a Paz Mundial. (*N. da T.*)

*Fim dos tempos*

Entre os ensinamentos básicos de Moon figuram os listados a seguir:

- Adão e Eva foram originalmente criados para manterem um relacionamento platônico, até atingirem a perfeição. Só então poderiam ser dignos de se casarem e procriar, com o objetivo de estabelecer o Reino de Deus na Terra;
- no entanto, em razão do pecado sexual de Eva — sexo com o demônio, isto é, a degradação espiritual da graça divina — seguido por relação sexual com Adão, isto é, a degradação espiritual da graça divina, o objetivo de Deus de que eles fossem os "verdadeiros pais" da humanidade nunca se materializou;
- devido ao relacionamento sexual de Eva com Satanás, todos os pecados cometidos por humanos não redimidos não são uma escolha moral, mas o resultado da genética: todos somos pecadores como descendentes de Eva e Satanás, em outras palavras, até que (e a não ser que) obtenhamos a salvação. E — surpresa! — Sun Myung Moon é a única fonte possível de salvação. A salvação por meio de Moon poderia acontecer com as mulheres se fossem "purificadas" por ele, o que significava manter relações sexuais com Moon. Quanto aos homens, a solução poderia ocorrer por meio da "purificação do sangue", mantendo relações sexuais com uma mulher que tivesse sido "purificada" por Moon. A salvação se daria também por meio de um casamento pessoalmente determinado e abençoado por Moon. E/ou poderia acontecer por meio de uma submissão absoluta à onipotência de Sun Myung Moon — a disposição de permitir a Moon selecionar um parceiro para doar todos os bens materiais à Igreja, incentivar os filhos a pensar em Moon e sua mulher como seus "verdadeiros pais" etc.;
- Jesus Cristo, de acordo com o Princípio Divino/Sun Myung Moon, não foi o filho de Deus nem o resultado de um nascimento virgem. O objetivo de Jesus era servir de pai para crianças perfeitas por meio de um casamento aprovado, mas Ele foi crucificado antes de poder realizar esse objetivo. Em vez de simbolizar a redenção dos cristãos,

*Os cultos do dia do Juízo Final*

a cruz é, na verdade, um símbolo de fracasso, e Jesus jamais ressuscitou fisicamente. A Segunda Vinda que Deus prometeu não é absolutamente uma referência a Jesus; é uma referência a um "terceiro Adão" que satisfará o plano há muito acalentado por Deus de oferecer a salvação física por meio do casamento, o que geraria geneticamente crianças sem pecado. O Princípio Divino de Moon inequivocamente sugere que o próprio Moon seja o "terceiro Adão";

- a verdadeira Trindade é composta de Deus, do "terceiro Adão" e de sua noiva, e o Reino de Deus na Terra só se pode concretizar por meio dos casamentos que Moon e sua esposa escolham ou aprovem pessoalmente. Os membros da Igreja da Unificação representam a única "verdadeira família" com o título glorificado de "verdadeiros pais" sendo reservado apenas a Moon, também conhecido como o "terceiro Adão" e a sua louvada esposa. (O fato de que Moon se divorciou das primeiras três esposas não diminui o entusiasmo dos moonies pelo conceito de "verdadeiros pais" o que sugere que um terço da Trindade da Igreja é passível de ser trocado);

- a salvação só é completa quando ocorrem a redenção física e a espiritual. A redenção física exige total obediência a Sun Myung Moon, o "terceiro Adão", e a redenção espiritual requer captação de recursos, arregimentação de novos membros para a Igreja e outras maneiras de ampliar o poder de Moon. Mas Deus só perdoará se houver um pagamento pelos pecados cometidos por nós, seres humanos falhos. (Moon tem 12 filhos; como o "terceiro Adão" admitiu ser o pai de cada um deles, eles foram, portanto, geneticamente purificados: são considerados sem pecado pelos moonies);

- o fim do mundo habitualmente profetizado na verdade se refere ao fim do mal na Terra, o que coincidentemente só pode ser alcançado por meio dos auspícios de Sun Myung Moon.

Moon resumiu suas crenças sobre si mesmo e exige que elas sejam seguidas pelos moonies de modo inequívoco, da seguinte maneira:

*Fim dos tempos*

*Tem havido santos, profetas, muitos líderes religiosos na história da humanidade. Este Mestre [referindo-se a si próprio] é mais do que qualquer uma dessas pessoas e maior do que o próprio Jesus... Sou Alfa e Ômega, o princípio e o fim.*

Isso faz com que seus constantes problemas legais sejam muito irônicos. Ele foi condenado e já cumpriu pena durante alguns anos por crimes tão diversos quanto perjúrio, fraude, intolerância e sonegação fiscal. Mesmo assim, suas posses materiais incluem grande número de ações em cerca de trezentas empresas e fundações dos Estados Unidos que compreendem editoras, jornais, fábricas de brinquedos, companhias de roupas e joalherias.

O "reverendo" Sun Myung Moon prometeu que o messias seria revelado não nas nuvens, como prediz a Bíblia, mas bem aqui, na Terra, por volta do ano 2000. Esse messias não seria Jesus Cristo, que falhou em Sua missão há mais de dois mil anos. No lugar dele, deveria ser um homem nascido na Coréia em 1920 — como é o caso de Moon —, e Deus puniria todos os que não reconhecessem esse messias ou nele acreditassem.

Muitos anos depois, a validade de Sun Myung Moon como salvador do mundo ainda me escapa e também a muitos de vocês, tenho certeza. E, até aqui, Deus não se importou. Vocês repararam nisso?

**Jeffrey Lundgren**

Muito me desagrada dar a esse homem a dignidade de ter seu nome mencionado por escrito, mas, como ele foi morto e já não está por aqui para regozijar-se com um pouco mais de publicidade, acredito que ele seja útil como um exemplo relativamente minúsculo de como um "profeta do Juízo Final" pode destruir as vidas de pessoas perfeitamente inteligentes e bem-intencionadas.

Jeffrey Lundgren nasceu em Independence, Missouri, EUA, em 1950. Seus pais eram participantes ativos de uma ramificação mórmon do gru-

*Os cultos do dia do Juízo Final*

po chamado de Igreja Reorganizada dos Santos dos Últimos Dias.[101] Seu pai era um severo disciplinador e tinha paixão por armas de fogo, paixão essa que partilhava avidamente com o filho. A mãe, segundo dizem, era uma mulher rígida e fria.

Jeffrey foi um menino rechonchudo, sem atrativos, sem o menor talento para esportes ou para outras atividades que tradicionalmente inspiram a admiração dos colegas de colégio. Era, porém, inexplicavelmente arrogante. Tinha uma capacidade incomum para memorizar e recitar infinitas passagens bíblicas e aprendeu muito cedo na vida que a aparência de uma rara proximidade com Deus — mesmo se fosse completamente falsa e adquirida apenas por costume — constituía uma forma fácil de estabelecer sua popularidade e a autoproclamada superioridade.

Ele estudava na Universidade Central do Estado de Missouri quando conheceu e começou a namorar uma colega estudante e também frequentadora da IRSUD chamada Alice Keeler. Alice era tímida e solitária; crescera com um pai deprimido e violento com a família por conta da grande quantidade de remédios que tomava contra a esclerose múltipla; a mãe trabalhava muito para sustentar a família. Um líder da IRSUD certa vez lhe disse que ela casaria com um profeta de grande e verdadeiro poder, de modo que, quando começou a namorar Jeffrey Lundgren e engravidou, supôs que ele devia ser o profeta de verdadeira grandeza e tornou-se uma esposa servil e obediente.

Depois de quatro anos na Marinha, Lundgren fracassou em vários empregos em consequência de sua arrogância e irresponsabilidade. Era também um marido violento e um mulherengo incorrigível, e mesmo assim Alice o apoiava. Deu-lhe quatro filhos e continuava agarrada ao casamento, presumindo que, se abandonasse um profeta da IRSUD de verdadeira grandeza, o inferno a esperaria.

Nesse meio tempo, Jeffrey se desencantou com a IRSUD e resolveu formar a própria seita, essencialmente uma ramificação de sua antiga

---

101. Em inglês, Reorganized Church of Latter-day Saints (RCLDS), atualmente chamada Comunidade de Cristo. (*N. da T.*)

*Fim dos tempos*

Igreja. Ele se autoproclamou aquele cuja missão divina era revelar a verdade da Santa Bíblia, e seu talento de infância para declamar incessantes passagens bíblicas funcionou muito bem para atrair seguidores, mesmo sendo arrogante, grosseiro, mulherengo e um pai de quatro filhos que não tinha onde cair morto. Seus adeptos eram exemplos clássicos de pessoas perfeitamente decentes, honestas e dedicadas que simplesmente foram atraídas pelo teatro de uma fraude muito bem fundamentada. Um desses seguidores disse anos depois que, quando Jeffrey Lundgren chegou, ele sentiu pela primeira vez que tinha encontrado uma família da qual fazia parte e na qual era querido. Outro membro da seita fez esta declaração simples e trágica: "Eu achava que sempre tinha fracassado em tudo que já tinha feito. Jeffrey me fez sentir que eu finalmente podia fazer alguma coisa direito, alguma coisa importante, se eu o seguisse e agisse segundo a vontade de Deus".

Seu rebanho de crentes crescia cada vez mais e começou a doar dinheiro para sustentar Jeffrey e sua família. Ele, porém, rapidamente ficou insatisfeito com as modestas doações e anunciou que, de acordo com instruções da própria Bíblia, chegara a hora de ele e sua família se mudarem para Kirtland, Ohio, onde Deus o favoreceria com seu verdadeiro poder messiânico.

Kirtland, Ohio, não era um destino aleatório para Jeffrey Lundgren. Baseado em uma "revelação de Deus", Joseph Smith, fundador da Igreja Mórmon, mandou construir naquela cidade, em 1836, um templo enorme e grandioso, onde Jeffrey e Alice Lundgren logo conseguiram emprego como guias turísticos quando se mudaram para Kirtland, em 1984. Não demorou para Jeffrey ficar insatisfeito com seu parco salário de guia turístico. Começou a surrupiar doações e lucros do templo, em um total que, segundo as estimativas, oscilou entre US$ 25 mil e US$ 30 mil.

O emprego de Jeffrey como guia da IRSUD lhe proporcionava acesso a visitantes de todo o país e, durante os passeios, ele ensinava e pregava sua própria versão não ortodoxa, messiânica e autocentrada das escrituras. Sua autoproclamação como profeta e Cristo reencarnado, junto com uma arrogância que as pessoas vulneráveis e ingênuas traduziam como

## Os cultos do dia do Juízo Final

superioridade espiritual, começou a inspirar os seguidores a se mudarem para Kirtland, a fim de aprender com esse homem carismático que lhes prometia salvação do Armagedom iminente.

Não demorou para que as autoridades da IRSUD tomassem conhecimento das chocantes versões de Jeffrey sobre os ensinamentos da Igreja e o confrontassem. Como resposta, Jeffrey desligou-se da Igreja e do emprego. Certamente com a ajuda dos recursos roubados do templo, para não citar o número crescente de adeptos que começaram a entregar seus salários e outros bens materiais ao seu novo grande profeta e messias, Jeffrey mudou-se com a família e seu fiel rebanho para uma fazenda alugada no interior, perto de Kirtland.

Foi nessa fazenda que Jeffrey passou a usar uniformes militares regularmente, inclusive durante estudos intermináveis da Bíblia. Ele acumulou um grande arsenal, levava sempre consigo uma arma carregada e intercalava sessões de orações com exercícios de tiro ao alvo e treinamento de combate. Jeffrey se tornou o único árbitro do que configurava um pecado, o que incluía qualquer coisa entre não lhe entregar um salário e sentar-se na cadeira errada nos jantares em conjunto. Ele se tornou o único receptor das ordens de Deus e a única salvação da iminente guerra do Armagedom. Ele advertia sem cessar que os últimos dias deste planeta estavam iminentes. Sem ele não havia esperança de encontrar Deus e ser aquinhoado com a vida eterna.

Entre os planos de Jeffrey para seu grupo espiritual e temente a Deus figurava apropriar-se do templo da IRSUD que o havia banido. Para que merecessem o lugar na jornada prometida por ele rumo ao próprio Deus, Jeffrey exigiu de seus seguidores não somente atacarem repentinamente o templo como também ameaçaram de morte qualquer pessoa que lhes atrapalhasse o caminho. O arsenal aumentou, o treinamento de combate foi intensificado, e as incessantes e monótonas declamações da Bíblia prosseguiram.

Foi em fevereiro de 1988 que um de seus fiéis, Kevin Currie, finalmente se deu ccnta de que Jeffrey Lundgren não era messias nem profeta, mas simplesmente um marginal perigoso, cruel, sociopata e megaloma-

*Fim dos tempos*

níaco que usava seu conhecimento da Bíblia e o terror que seus seguidores tinham do Juízo Final e dele para dominá-los completamente. Currie escapou da fazenda e fugiu para Buffalo, Nova York, temendo a retaliação de Jeffrey em todas as etapas do caminho. Ele contatou o FBI e contou-lhes de Jeffrey, do arsenal, do incessante treinamento de combate entre seus seguidores cegamente obedientes e de seu plano para tomar posse do templo da IRSUD. Sem estar plenamente convencido de que a narrativa não passava de um trote, o FBI mandou por fax as informações para o chefe de Polícia de Kirtland, Dennis Yarborough, que levou o relatório a sério e iniciou uma investigação de Jeffrey Lundgren, de sua família e de adeptos.

Sem o conhecimento de Kevin Currie, do FBI ou da polícia de Kirtland, Jeffrey, graças a mais uma visão, havia em grande parte reconsiderado a maneira pela qual seu rebanho poderia merecer um lugar na jornada para ver Deus e provar sua dedicação e sua obediência total a seu messias, Jeffrey Lundgren. Em vez de se apossarem do templo da IRSUD, eles deveriam se concentrar em um objetivo muito mais próximo de casa: deveriam sacrificar (leia-se "executar") uma família que irritava Jeffrey desde que chegara à fazenda. Dennis Avery não estava fazendo jus à ideia de Jeffrey de um verdadeiro homem e chefe da casa e costumava ceder à sua mulher e deixar que ela tomasse algumas das decisões que Jeffrey lhe atribuíra. Dennis também questionava Jeffrey ocasionalmente durante as aulas sobre a Bíblia, o que era um ato de heresia. Chery Avery, esposa de Dennis, era teimosa e não compreendia nem respeitava o papel adequadamente subserviente e submisso de uma mulher no lar e no grupo em geral. E as três filhas dos Avery, com 15, 13 e 6 anos, eram simplesmente incontroláveis e desobedientes. Somando isso tudo, tornava-se óbvio que Deus jamais concederia perdão ao grupo, porque eles tinham pleno conhecimento de que permitiam que existisse pecado entre eles, e, sem o perdão de Deus, não haveria eternidade para eles. Mas, se o grupo mandasse os pecadores mais rematados da seita — os Avery — ao "tribunal do julgamento" antes que o resto dos devotos chegasse, Deus expressaria Sua ira na família Avery e pouparia os demais adeptos de Seu grande profeta e messias, Jeffrey Lundgren.

*Os cultos do dia do Juízo Final*

E então, em 17 de abril de 1989, enquanto Alice Lundgren desapareceu por algumas horas com o filho menor, os membros da família Avery foram levados, um a um, para o celeiro perto da casa principal, sob vários pretextos, e executados pelos homens e mulheres desse grupo de devotos e de seu divino salvador, Jeffrey Lundgren. Dennis Avery foi o primeiro a ser morto. Karen, de 6 anos, foi a última vítima. Seus corpos foram colocados em um fosso pré-cavado e cobertos com cal e terra, com apenas uns sacos de lixo para marcar sua sepultura em conjunto.

— Isso precisava ser feito — comentou Jeffrey depois. — Foi ordenado por Deus.

Só pode ser descrito como trágica ironia o fato de que, na manhã seguinte aos assassinatos, a polícia de Kirtland e o FBI chegaram à fazenda. Como nada sabiam sobre a execução da família Avery na noite anterior, não tinham razão para perguntar sobre ela. Em vez disso, estavam lá para investigar os boatos de que armas de fogo vinham sendo reunidas e de que se tramava a tomada de controle do templo mórmon. Nada encontraram de relevância específica quanto aos boatos — só puderam olhar rapidamente a fazenda, pois não havia causa justificável para um mandado de busca —, e nenhum dos seguidores de Lundgren forneceu qualquer informação que pudesse ter levado à aplicação da lei quanto aos cinco cadáveres que haviam sido enterrados no celeiro na noite da véspera. Muito tempo depois, Alice Lundgren usou a desculpa de que "eles [os agentes da lei] não fizeram as perguntas certas". Mas nem ela nem qualquer outra pessoa do grupo ajudou a orientar a polícia e o FBI sobre quais seriam essas "perguntas certas". Outra adepta de Lundgren, uma mulher de aparência submissa, explicou seu silêncio e sua participação nos assassinatos dos Avery com esta declaração friamente simples: "Eu era uma pecadora e sabia que poderia ser a próxima a morrer".

Naquela mesma data — um dia após a matança e no dia em que agentes apareceram inesperadamente na fazenda —, Jeffrey Lundgren dividiu seus seguidores em pequenos grupos e lhes ordenou que saíssem da propriedade em intervalos, durante a noite. Deveriam viajar para um local específico na Pensilvânia, onde ele e sua família os encontrariam e

*Fim dos tempos*

lhes dariam mais instruções. Um policial de Kirtland passou de carro pela fazenda alguns dias depois e achou estranho que o pessoal de Lundgren tivesse abandonado o local tão de repente.

O grupo de Lundgren se estabeleceu de forma temporária em Tucker County, na Virgínia Ocidental, onde Jeffrey afirmou que Deus o conduziria à Espada de Laban, citada no Livro de Mórmon como símbolo divino de autoridade e realeza. De lá foram para um celeiro perto de Chilhowee, Missouri (sem a Espada de Laban, que de alguma maneira escapou de ser roubada por Jeffrey), onde depois de uma semana fria de inverno Jeffrey dispersou o grupo, ordenando que os homens conseguissem emprego para ganhar dinheiro, o qual dariam a Jeffrey quando se reencontrassem, na primavera.

Durante todo o período que passou na Virgínia Ocidental e na mudança de volta a Missouri, Jeffrey ficara ainda mais violento, paranoico e megalomaníaco. Fossos, guardas 24 horas por dia e até uma metralhadora antiaérea para derrubar helicópteros da polícia passaram a fazer parte das necessidades básicas do grupo. Os homens casados receberam ordens de oferecer de bom grado suas mulheres a Jeffrey segundo o capricho dele, para que elas pudessem "ser purificadas com as suas sementes". Jeffrey sabia e se aproveitava do fato de que seus seguidores estavam agora com muito medo dele para ousar desobedecer-lhe e lembrava-lhes periodicamente que, se ele quisesse, a mesma coisa que acontecera aos Avery poderia acontecer com qualquer um deles. E, se o medo constante de sua ira não fosse assustador o bastante, ele também lembrava repetidas vezes que o fim do planeta Terra estava muito próximo e que somente ele tinha a chave da salvação deles e da boa vontade de Deus de recebê-los em Seu reino.

Havia ainda outro medo que mantinha a dedicação dos seguidores a Jeffrey Lundgren: um ângulo psicológico bastante comum entre os membros dos cultos. Os que estavam começando a ter dúvidas sobre a santidade do seu messias como profeta e filho de Deus tinham de enfrentar o fato de que, se Jeffrey Lundgren fosse um farsante e um mentiroso, então eles haviam participado no assassinato de cinco pessoas inocentes, três

*Os cultos do dia do Juízo Final*

das quais eram crianças, por razões que nada tinham a ver com Deus ou Sua vontade. A capacidade básica de viverem com si mesmos e com o que haviam feito dependia de acreditarem na autenticidade de Lundgren.

Quando o grupo se dispersou temporariamente, Jeffrey levou Alice, o filho Damon, os filhos mais novos e o devoto leal Danny Kraft para o calor de San Diego, Califórnia, onde ele e Alice haviam vivido algum tempo depois que Jeffrey prestara o serviço militar na Marinha.

No meio tempo, alguns membros do grupo aproveitaram a oportunidade de escapar de Jeffrey Lundgren de uma vez por todas e finalmente abandonaram a esperança de que ele não fosse simplesmente um louco cruel e assassino. Entre eles estava um homem chamado Keith Johnson, que vinha se consumindo de remorso pelo assassinato da família Avery. Por isso, em 31 de dezembro de 1989, Keith abriu o coração e contou à polícia de Kansas City sobre as mortes e tudo o mais que sabia de Jeffrey Lundgren. Ele chegou até a desenhar um mapa do local exato da sepultura da família Avery. Esse mapa e um relatório escrito da história de Keith desencadearam uma série de acontecimentos que fizeram com que o chefe de Polícia Yarborough e vários de seus auxiliares chegassem em 3 de janeiro de 1990 à fazenda ainda abandonada e a vasculhassem. Seguindo o mapa de Keith Johnson, eles rapidamente encontraram a sepultura da família Avery, e a notícia trágica da família assassinada enterrada em um celeiro logo atraiu a atenção das mídias local e nacional. Foram emitidos mandados de busca para Jeffrey e Alice Lundgren, seu filho Damon, de 19 anos, e 10 dos seguidores de Jeffrey, alguns dos quais se entregaram no momento em que viram pela televisão que os corpos dos Avery haviam sido encontrados.

Em 7 de janeiro de 1990, Jeffrey Lundgren, a mulher Alice e o filho Damon foram presos no quarto de um hotel na Califórnia. Os agentes da lei também resgataram o arsenal de armas e munições que o "messias e grande profeta" acumulara. A família Lundgren, depois de previsíveis batalhas legais, foi levada de volta para o Missouri, onde se juntou a seus antigos fiéis na cadeia, para aguardar uma série de julgamentos.

193

*Fim dos tempos*

Alice e Damon Lundgren foram condenados, cada um, à pena de cinco prisões perpétuas.

Nove dos seguidores de Jeffrey receberam uma variedade inferior de sentenças. Johnson, o informante/herói que corajosamente se apresentou à polícia, recebeu imunidade por seu testemunho.

Apesar de um apelo chocante de quatro horas pedindo a misericórdia do júri que incluiu a afirmativa de que "não é uma invenção da minha mente de que posso realmente falar com Deus, que consigo ouvir Sua voz. Sou um profeta de Deus. Sou até mais do que um profeta", Jeffrey Lundgren foi condenado à morte. À medida que se aproximava a data de sua execução, ele tentou convencer o tribunal de que era obeso mórbido e diabético e que, por isso, não poderia ser executado sem sentir uma dor "cruel e anormal". O tribunal não concordou, e na terça-feira de 24 de outubro de 2006, Jeffrey Lundgren, messias e grande profeta ou assassino/mentiroso/mulherengo/ladrão/tarado/narcisista, sociopata — dependendo da opinião da pessoa com quem se fale —, foi executado. Acho que esse foi seu dia pessoal do Juízo Final, mas sem qualquer dúvida não foi o que seus devotados adeptos tinham em mente quando ele lhes assegurava que o fim do mundo estava muito próximo.

## A Família Manson

É de conhecimento geral que Charles Manson e sua "família" de dedicados seguidores cometeram um dos assassinatos mais abomináveis da história dos crimes norte-americanos. Em 1969, seguindo ordens de Manson e sob seu controle absoluto, cinco jovens perversamente trucidaram sete desconhecidos em dois bairros de classe alta, na área de Los Angeles. A exaustiva publicidade da Família Manson, sua brutalidade, sua jornada pelo sistema judicial e, acima de tudo, seu chefe diminuto de olhos arregalados, Charles Manson, deixaram uma lembrança indelével nas mentes da maioria das pessoas sobre a insanidade de um grupo de "hippies ensandecidos pelas drogas". E não há dúvida: esses assassinos confessaram

*Os cultos do dia do Juízo Final*

ser dementes por causa da quantidade de drogas, tinham aparência de hippies e viviam como muitos deles no final de década de 1960, em um ambiente comunitário e desestruturado.

O que costuma ser esquecido na infame Família Manson é o fato de que, na essência, era um culto ao Juízo Final, com Charles Manson como seu messias. E é o exemplo mais veemente de que a Bíblia pode ser distorcida, revirada e se manter firme, dependendo da cabeça e das motivações de quem a estiver lendo.

Em outras palavras: na verdade, não temos o luxo de acreditar que, se não somos hippies drogados de miolo mole, estamos imunes a "salvadores" persuasivos do dia do Juízo Final, com interpretações excêntricas e em causa própria do livro do Apocalipse. Não dá para saber com certeza se Charles Manson realmente acreditava em sua visão complicada do Apocalipse ou se ele apenas a usava quando descobriu que era um dispositivo de manipulação eficaz. Aliás, para falar a verdade, a mesma dúvida poderia facilmente ser levantada sobre Marshall Applewhite, Jim Jones, David Koresh, Sun Myung Moon, Jeffrey Lundgren e todos os demais líderes de cultos do Juízo Final que sistematicamente destruíram a vida de muitas pessoas crédulas, vulneráveis, frustradas e tementes a Deus.

Charles Manson nasceu em Cincinnati, Ohio, em 12 de novembro de 1934. Sua mãe tinha 16 anos. A identidade do pai nunca foi esclarecida, e, fosse ele quem fosse, Manson afirma não o ter conhecido. O sobrenome Manson se originou do breve casamento de sua mãe com um homem mais velho chamado William Manson.

Manson teve uma infância que pode no mínimo ser descrita como instável. Durante a maior parte, ele foi criado pela avó e/ou sua tia, enquanto a mãe cumpria pena por roubo a mão armada ou simplesmente desaparecia por dias e até semanas. Ele tinha 12 anos quando começou a ser jogado para lá e para cá em institutos de delinquência juvenil: cometeu o primeiro roubo a mão armada aos 13 anos e entrou e saiu de reformatórios até os 19. Foi avaliado por diversos conselheiros de prisões e poucos psiquiatras, e todos o julgaram perturbado e perturbador. Ao mesmo tempo, um deles comentou que Manson possuía "certas técnicas

*Fim dos tempos*

agradáveis para lidar com as pessoas, técnicas essas que consistiam em um bom senso de humor e uma habilidade de captar boas graças". Na verdade, ele entusiasticamente fez um curso de Dale Carnegie sobre "como fazer amigos e influenciar pessoas"[102] durante a adolescência e, embora não o tenha terminado, aparentemente aprendeu algumas dicas eficazes.

Ele também aprendeu outras dicas eficientes sobre como atrair "a Família" quando começou sua primeira carreira de verdade em Los Angeles, a de cafetão. (Ele viajou para Los Angeles em 1955, em um carro que roubou em Ohio.) Depois, cumpriu mais pena na cadeia, por diversos delitos. Durante essas estadas, ele se interessou por cientologia, pela Bíblia e por budismo tempo suficiente para aprender certos termos referentes aos três temas. Também ficou obcecado por compor canções populares, tocar violão e, significativamente, pelos Beatles.

Foi durante os períodos na prisão que Charles Manson começou a acumular seguidores; a maioria era de adolescentes quase adultos e de jovens na faixa dos 20 anos que, por diversas razões, procuravam sentir-se participantes de alguma coisa importante. Ou, segundo as palavras de um dos membros da Família, queriam "viajar pelo país em busca de Deus". Manson começou no bairro de Haight-Ashbury, em San Francisco, um dos locais mais famosos de reunião do movimento hippie do final da década de 1960, e voltou a Los Angeles com os primeiros membros femininos da Família.

Entre tocar violão, compor canções, lidar com seu séquito de mulheres e criar uma filosofia sobre o iminente Armagedom, Manson atraiu temporariamente a curiosidade do baterista Dennis Wilson, da banda Beach Boys,[103] e do produtor de disco Terry Melcher, filho da atriz Doris Day, que morava com a atriz Candice Bergen em Cielo Drive 10.050, uma rua pequena perto de Benedict Canyon e que atravessa o bairro de Hollywood Hills. Certa noite, Charles Manson pegou uma carona quando Dennis Wilson levou Terry Melcher de carro até sua casa em Cielo

---

102. Transformado em livro, é uma das obras de Dale Carnegie mais vendidas no mundo. (*N. da T.*)

103. De *surf rock*. (*N. da T.*)

*Os cultos do dia do Juízo Final*

Drive, deixando-o no portão. A casa de Cielo Drive foi depois alugada para o diretor Roman Polanski e sua esposa, a atriz Sharon Tate.

Há sólidas teorias de que foi a rejeição básica de Terry Melcher em relação a Charles Manson e sua música que inspirou Manson a escolher a casa 10.050 de Cielo Drive como alvo dos 6 assassinatos brutais cometidos sob suas ordens em 9 de agosto de 1969: os de Steven Parent, 18 anos; Sharon Tate, 26; o bebê ainda na barriga de Sharon; Abigail Folger, 25, herdeira do Folgers Coffee; Voytek Frykowski, 32, namorado de Abigail; e Jay Sebring, 35, famoso cabeleireiro. Menos de 24 horas depois, a vários quilômetros de distância, na área de Los Feliz, em Los Angeles, houve mais dois assassinatos sob o comando de Manson: os de Leno LaBianca, 44 anos, proprietário de uma bem-sucedida rede de supermercados, e sua esposa Rosemary, de 38 anos, dona de uma loja de roupas, ambos cruelmente mortos em casa. Todas as vítimas eram brancas.

A palavra *pig*[104] havia sido escrita com sangue nos dois locais dos crimes, e na casa dos LaBianca a expressão *helter skelter*[105] [sic] estava rabiscada com sangue na porta da geladeira. Ao contrário das impressões iniciais da Polícia de Los Angeles, os assassinatos tinham motivação, e os termos "porcos" e *helter skelter* [sic] foram pistas parciais para a descoberta do mistério trágico de mais um culto do Juízo Final.

Considerados da maneira mais simplista, a profecia e o papel de Manson no Apocalipse consistiram no descrito a seguir (e foram sem dúvida ainda mais convincentes quando relatados com repetição monótona a um bando de jovens desorientados e vulneráveis, com um suprimento infindável de drogas em seus organismos):

- embora Charles Manson, aparentemente, nunca tenha afirmado de forma explícita ser o Cristo reencarnado, falava muito de ter vivido há mais de dois mil anos, uma vida que terminou com sua morte na cruz. Ele também entretinha a Família em muitas ocasiões com

---

104. Porcos. (*N. da T.*)
105. Referência a "Helter Skelter", canção dos Beatles. (*N. da T.*)

*Fim dos tempos*

sua "visão" durante uma "viagem" com cogumelos "mágicos": a cama na qual estava deitado se transformava em uma cruz; ele conseguia sentir os pregos cravados em seus pés e ver Maria Madalena chorando acima dele; e, quando ele se entregou à morte, conseguia ver pelos olhos de toda a humanidade ao mesmo tempo. Muitos membros da Família reconheceram depois que acreditavam piamente que Charles Manson fosse Jesus que voltara à Terra como um sinal prometido na Bíblia de que o fim do mundo estava chegando;

- o Livro de Apocalipse, 9:15, declara: "Então, os quatro anjos que estavam preparados para a hora, o dia, o mês e o ano foram soltos para matar a terça parte dos homens". Manson estava certo de que os quatro anjos eram os Beatles. Essa crença foi fortalecida por uma referência anterior (Apocalipse 9:3) a "gafanhotos", obviamente sinônimos de "Beatles"[106] na interpretação de Manson, especialmente da forma como são descritos nos versículos 7 e 8: "(...) suas faces eram como faces humanas. Seus cabelos eram como os de uma mulher. Tinham couraças como couraças de ferro [as guitarras dos Beatles]. Tinham ainda caudas e ferrões como escorpiões [as cordas das guitarras elétricas]". O primeiro verso de Apocalipse 9 se refere a um "quinto anjo... e a chave do poço sem fundo foi dada a ele", a que em seguida, no versículo 11, faz-se referência: "Eles [os gafanhotos] tinham como seu rei o anjo do abismo". É desnecessário dizer que o quinto anjo do poço sem fundo, o "quinto Beatle", era Charles Manson;

- como resultado, Manson convenceu a si mesmo e à Família de que os Beatles lhe estavam mandando mensagens por meio de suas canções. Para citar apenas algumas: a canção de George Harrison "Piggies", gravada no *White Album* dos Beatles, era um comentário sobre materialismo, a camada mais rica da sociedade, a ganância. Obviamente, na visão de Manson, constituía uma ordem para selecionar vítimas materialistas e das classes privilegiadas e para deixar

---

106. Em inglês, *beetle* significa "escaravelho", "besouro", e a pronúncia é a mesma. (*N. da T.*)

Os cultos do dia do Juízo Final

a palavra *pig* escrita com o sangue dos mortos, como uma espécie de suvenir ou explicação. E, depois, houve a canção "Helter Skelter", também parte do *White Album,* que contém esta letra: "Quando eu chego ao fundo, volto para o topo do tobogã/ Onde paro e me viro e vou dar uma volta/ Até eu chegar lá embaixo e voltar para te ver". Para os Beatles, essa era sem dúvida uma referência inocente a um tobogã de parque de diversões, que na Inglaterra é chamado de "helter kelter", mas para Manson se constituía em uma descrição da Família surgindo do fundo do poço para regenerar o mundo depois da grande guerra do Armagedom;

- outra canção dos Beatles incluída no *White Album* começa: "Ó melro cantando na calada da noite/ Tome estas asas quebradas e aprenda a voar/ Toda a sua vida você esteve apenas esperando este momento para surgir". Interpretação de Manson: na guerra do Armagedom, os negros se revoltariam contra os brancos e os destruiriam. (Veja a referência anterior, em Apocalipse 9:15, sobre matar um terço dos homens. Um terço da humanidade, de acordo com Manson, era a raça caucasiana.) Os Beatles estavam dizendo aos negros que chegara a hora de começar a guerra. Infelizmente, os negros não vinham agindo tão depressa quanto Manson queria. Por isso, ele ordenou à Família que desse início à carnificina de caucasianos e "porcos", o mais brutal e violentamente possível. Os negros seriam obviamente julgados culpados, os brancos ultrajados se rebelariam e o Armagedom — a guerra entre os negros e os brancos — começaria. Amedrontados e insultados, os brancos se dirigiriam aos guetos para se vingar, mas os negros acabariam triunfando. Eles começariam a reconstruir o que a vasta destruição dessa guerra das guerras causara, mas se veriam despreparados para governar esse novo planeta onde não haveria brancos. Por isso, naturalmente, eles recorreriam a Manson e a sua Família, que estariam vivendo no "buraco sem fundo" (localizado no deserto da Califórnia, segundo Manson). Nessa época, a Família teria 144 mil seguidores (citados em Apocalipse 7) e se apossaria de um mundo agora livre dos

*Fim dos tempos*

não esclarecidos, isto é, aqueles que não deram ouvidos às advertências nem aos ensinamentos do anjo do buraco sem fundo, o Cristo reencarnado, Charles Manson.

Charles Manson e os membros de sua Família que tiveram o infortúnio de seguir suas ordens em busca da própria salvação — Susan Atkins, Charles "Tex" Watson, Leslie van Houten e Patricia Krenwinkel — estão cumprindo penas de prisão perpétua pelos assassinatos, que ficaram conhecidos como "caso Tate/LaBianca".

Se vocês leram as narrativas deste capítulo como apenas histórias de advertência, elas terão cumprido seu papel. Mas espero que, além disso, elas demonstrem o trágico perigo de permitir que o medo e uma voz carismática, manipuladora, com sede de poder, transforme o Juízo Final de uma possibilidade eventual a uma profecia autocumprida. Repetindo: sempre que alguém lhes disser que recebeu uma mensagem que insinue fazer o mal a um ser vivo, incluindo vocês mesmos, podem estar certos, sem a menor dúvida, de que a mensagem, se realmente existiu, *não* veio de Deus. E, se a pessoa afirmar que tem a chave da única verdadeira interpretação da Bíblia, peçam-lhe de cara que esclareça o que ela pensa do quinto mandamento, que determina muito claramente: "Não matarás".

CAPÍTULO 7

# Meu conceito sobre o fim dos tempos

*Como foi nos dias de Noé, assim será também a vinda do Filho do Homem. Pois assim como nos dias anteriores ao dilúvio comiam, bebiam, casavam e davam-se em casamento, até o dia em que Noé entrou na arca e não o perceberam, senão quando veio o dilúvio e os levou a todos, assim será também a vinda do Filho do Homem.*

MATEUS 24:37-39

Centenas — talvez milhares — de vezes já me perguntaram quando, em minha opinião, este mundo chegará ao fim. É interessante que raramente alguém me pergunta como eu acho que isso acontecerá. A pergunta é simplesmente quando, como se o único problema real fosse saber se já é hora de começar a fazer as malas, ou de deixar de pagar as contas, ou de cancelar as assinaturas de revistas. E é por isso que eu, embora considere o fim dos tempos um tema sempre intrigante, evito discuti-lo por muito tempo durante minhas participações em programas de TV ou palestras: recuso-me a satisfazer à ideia de que o fim do mundo seja uma coisa em relação à qual devamos ficar obcecados ou apavorados, e puxar os cabelos. Não acredito ser possível viver a vida que viemos aqui para viver enquanto ficarmos perpetuamente presos à ideia da morte.

201

*Fim dos tempos*

Já abordamos em outros capítulos os muitos anos nos quais o mundo "indubitavelmente" chegará ao fim, desde o século I depois da crucificação de Cristo até as muitas previsões dos milleritas, a projeção de 2012 do calendário maia, o ano de 2060 precisamente calculado por Sir Isaac Newton, a profecia de Nostradamus que indicou o ano de 3797 d.C. etc. Já falamos sobre as consequências desastrosas de deixar que o medo do fim dos dias conduza ao pânico homicida e suicida orquestrado por sociopatas farsantes. Espero que, pelo menos, tenha transmitido em alto e bom som a mensagem de que já houve um excesso de vidas desperdiçadas, um exagero de ansiedade em relação a um fato que, acredito, nós mesmos estejamos criando.

**Um panorama geral do fim dos tempos**

Como médium, posso ver claramente até o final deste século. Além dessa data, não me aparece nada. É como se em alguma hora durante o ano 2100 as luzes se apagassem — não para o planeta, mas para nós, humanos, que teremos conseguido tornar a Terra inabitável nos próximos 91 anos aproximadamente.

E é verdade: a própria Terra não será destruída no fim dos tempos. Não existe uma chuva de meteoros no universo com nosso nome nela, a Terra não vai explodir por causa do centro catastroficamente superaquecido nem se afastar do Sol de modo a tornar a vida insustentável. Desde as antigas civilizações até os especialistas de hoje, já fomos advertidos um sem-número de vezes: se não cuidarmos bem deste lar sagrado que nos foi dado, ele não mais será capaz de nos proporcionar abrigo, alimentação e conforto, da mesma forma como uma casa que negligenciamos será condenada como inadequada para que nós a habitemos.

*Meu conceito sobre o fim dos tempos*

## Os próximos 91 anos

Sem dúvida, este será um século interessante, repleto de elevados altos e esmagadores baixos, avanços brilhantes e inevitáveis passos para trás, caos turbulento e uma paz quase inédita à medida que progredir a contagem para o final dos dias.

Antes que eu comece a desmembrar o que temos adiante, nos primeiros 41 anos e nos últimos cinquenta anos deste século, faço questão de apresentar uma advertência de cautela aos atuais e futuros candidatos à presidência dos Estados Unidos. Entre 2008 e 2020, vejo um presidente em pleno exercício do mandato morrer do coração em sua sala na Casa Branca. O vice-presidente que assumir a presidência assombrará o mundo ao anunciar a intenção de declarar guerra à Coréia do Norte, em razão de acreditar firmemente que esse país possui armas de destruição em massa. Seus esforços para obter apoio do Congresso e do mundo à sua declaração de guerra fracassarão redondamente e serão fonte de enorme alarme, e ele será assassinado antes que termine sua gestão.

Do lado positivo, antes do fim de 2010,[107] para desgosto de inúmeros laboratórios farmacêuticos, o resfriado comum será coisa do passado. Não sei as minúcias, mas a cura estará relacionada ao calor (sem brincadeira!). Existe um pequeno cubículo autocontrolado que será um equipamento comum na maioria das clínicas e dos consultórios médicos. Ao primeiro sinal de resfriado, os pacientes poderão entrar nesse cubículo durante cinco ou seis minutos, onde uma combinação de temperatura precisamente elevada, vapor antibiótico e o próprio calor corporal das pessoas destruirão o germe da rinite que provoca a maioria dos resfriados, muitas alergias e diversas doenças relacionadas à asma. Falando não apenas como vidente mas também como vítima de minha cota de resfriados anuais, quero assegurar aos pesquisadores médicos e científicos e às companhias farmacêuticas em todo o mundo que há uma

---

107. Este livro foi originalmente publicado em 2008, logo, algumas previsões da autora podem não ter se concretizado. (*N. da E.*)

*Fim dos tempos*

enorme fortuna a ser obtida por quem inventar, aperfeiçoar e garantir a patente desse cubículo.

Feitos esses dois alertas especiais, eis, em grandes pinceladas, o panorama dos próximos 91 anos, como eu os concebo agora. Entretanto, não se deve subestimar nosso poder de influenciar o futuro, para melhor ou pior, de modo que nem pense em aceitar essas previsões como uma desculpa para se refestelar na poltrona, pôr os pés para cima e deixar de se esforçar. Para a maioria de nós, esta é nossa última visita à Terra. Não nos permitamos passar uma eternidade desejando ter tido maior impacto no mundo enquanto estávamos por aqui.

## 2010-2050

O século XXI vai conduzir à chegada de um fluxo extraordinário de espíritos altamente avançados do Além. No próximo capítulo discutiremos por que isso é verdade. Por enquanto, vale a pena mencionar em razão dos largos passos que devemos aguardar nas áreas de nascimento e de cuidados com os bebês. O timing não é uma coincidência. Estamos nos preparando para esses espíritos altamente evoluídos ao tomar as providências para que eles tenham o melhor começo na Terra que lhes possamos oferecer.

Em 2010, acontecerão alguns progressos brilhantes no campo do diagnóstico de deficiências e enfermidades dos fetos, graças a enormes avanços na ultrassonografia e na amniocentese.[108] As cirurgias fetais serão tão precisas que corrigirão aquelas deficiências e doenças, assim como defeitos de nascença e desafios genéticos. Haverá também injeções fetais para assegurar o equilíbrio nutricional e sistemas imunológicos saudáveis até mesmo antes que nasçam as futuras crianças.

Inspirado pelas práticas rotineiras de nossos antepassados de aceitar a ajuda da gravidade durante o nascimento, em 2010 acontecerá

---

108. Exame do líquido amniótico. (*N. da T.*)

*Meu conceito sobre o fim dos tempos*

também o ressurgimento das câmaras de parto, para benefício das mães e dos recém-nascidos. Essas câmaras de parto compreenderão um sistema de polia que permitirá à mãe dar à luz enquanto estiver suspensa por faixas firmemente acolchoadas. O bebê cairá, como a gravidade sempre propôs, em travesseiros macios esterilizados esperando nas mãos dos médicos, enfermeiras e/ou parteiras presentes. As paredes das pequenas câmaras de parto circulares servirão de telas nas quais se projetarão imagens tranquilizadoras, escolhidas pela mãe. Música suave e o som de pequenas ondas acompanharão as imagens. As luzes serão diminuídas, e se fará uso sutil da aromaterapia. A experiência será mais de respeito do que clínica, uma transição muito menos estridente para o bebê do Outro Lado da Terra, e um fato muito mais harmonioso para a mãe.

Imediatamente depois que nascer a criança, exames rotineiros de sangue revelarão qualquer desequilíbrio proteico e químico que nessa época já se saberá causar toda uma série de distúrbios psicológicos, de modo que qualquer problema, desde a depressão até uma potencial esquizofrenia, será tratado desde o nascimento. As células serão também colhidas do rosto do bebê, sem qualquer dor, visando a dois objetivos.

O primeiro, superando as objeções da ACLU,[109] será registrar o DNA da criança no que acabará sendo um banco internacional de dados de todos os habitantes da Terra. Os benefícios de se localizarem imediatamente crianças perdidas, desaparecidas, abandonadas e exploradas, bem como de se resolverem de forma igualmente rápida problemas de paternidade e criminais, superarão muito quaisquer preocupações de privacidade. As "impressões digitais" do DNA serão discretamente estampadas em documentos de identidade, históricos escolares e hospitalares, cartões de Previdência Social, carteiras de motorista, cartões de crédito etc., que poderão ser escaneados para comprovar sua autenticidade de maneira tão fácil quanto acontece atualmente com os códigos de barras. Com o

---

109. American Civil Liberties Union, entidade norte-americana que defende os direitos humanos. (*N. da T.*)

*Fim dos tempos*

passar do tempo, o roubo de documentos de identidade será um delito arcaico.

O segundo objetivo de coletar e guardar as células dos recém-nascidos tem relação com os brilhantes avanços de clonagem que, aguardamos ansiosos, deverão ocorrer por volta do ano 2025. Ter algumas células à disposição possibilitará clonar um novo órgão para substituir um defeituoso, de forma que a espera angustiante por doadores de órgãos e a prática obscena de venda de órgãos no mercado negro serão lembranças distantes.

Por último, mas não menos importante quanto à questão dos recém-nascidos, mais ou menos em 2010 os hospitais começarão a guardar e a cuidadosamente preservar placentas, visando a uma causa nobre: nos próximos anos cientistas descobrirão que um complexo proteico ou um nutriente de certo tipo na placenta pode retardar o avanço do mal de Alzheimer.

A propósito, caso ainda não tenha ficado evidente, o último avanço científico de 2007, pelo qual as células da pele estão sendo programadas para atuarem como células-tronco embrionárias, é tão miraculoso quanto parece. Não apenas levará a uma explosão emocionante de curas de enfermidades previamente incuráveis, enfartes e paralisias como também, até 2012, resultará na capacidade de substituir antigos órgãos corporais por órgãos novos compatíveis, o que inclui a coluna vertebral, membros e pele queimada ou cancerosa.

Não há como especificar o ano em que isso ocorrerá, mas, por favor, não se esqueça de que, à medida que o século avançar, haverá um número crescente de mulheres e homens estéreis, cujas contagens de esperma serão baixas demais para produzir crianças. Inúmeras teorias biológicas serão analisadas, mas nenhuma delas solucionará o mistério. Em vez disso, a explicação muito simples pode ser encontrada do Outro Lado: à medida que o fim do mundo se aproximar, cada vez menos espíritos vão querer reencarnar e ficar por aqui quando a vida na Terra deixar de existir. Quanto menos espíritos quiserem estar aqui, menos fetos eles precisarão ocupar. E, quanto menor o número de fetos neces-

*Meu conceito sobre o fim dos tempos*

sários, menor o número de gestações. O interessante e confortador é que, juntamente com o número menor de mulheres grávidas, os casais aos poucos perderão o interesse por ter filhos. Conscientemente, pode ser que eles não compreendam por quê, mas suas mentes espirituais estarão bem a par de que elas se programaram para estar aqui nessa época extraordinária, quando os espíritos que escolherem nascer na Terra serão poucos e a quantidade de habitantes no fim dos tempos será bem menor.

Eis a boa notícia: durante os primeiros cinquenta anos do século XXI, vamos constatar o desaparecimento de algumas das doenças e desgraças mais insidiosas de nossa época.

O câncer será destruído por meio da injeção de drogas altamente viciadoras especificamente no núcleo das células cancerosas, o que acabará fazendo com que as células cancerosas se consumam e se erradiquem para satisfazer seu vício. Cheguei a pensar que essa forma de tratamento seria usada por pelo menos um punhado de oncologistas excepcionais, nem que fosse em base experimental, no máximo em 2006. Hoje em dia, acho que isso não vai acontecer antes de 2010.

Também em 2010, a incidência da diabete será muitíssimo reduzida e, finalmente, curada por meio de brilhantes avanços no uso de proteínas.

Microchips implantados na base do cérebro restaurarão os sinais saudáveis entre o cérebro, o sistema muscular e o sistema neurológico, determinando o fim da paralisia e do mal de Parkinson no máximo até 2012.

Em 2013 ou 2014, a distrofia muscular, a esclerose múltipla e a ELA[110] serão derrotadas por meio da utilização especializada do hormônio do crescimento humano.

O ano de 2014 constatará a introdução de uma pílula ou cápsula segura e saudável que substituirá as cirurgias de redução de estômago, e anorexia e a bulimia serão eliminadas por um remédio recém-descoberto direcionado à glândula pituitária.

---

110. Esclerose lateral amiotrófica ou doença de Lou Gehrig. (*N. da T.*)

*Fim dos tempos*

Em 2015, as cirurgias invasivas praticamente desaparecerão. Em seu lugar, as cirurgias a laser, que obviamente já estão sendo realizadas com grande sucesso, serão brilhantemente ressaltadas por um sensor computadorizado capaz de indicar, analisar e tomar as providências médicas adequadas na área em questão.

A cegueira será coisa do passado no máximo até o ano 2020, sem depender de transplantes de órgão, ao ser criado um minúsculo dispositivo digital que, quando implantado nos lóbulos frontais do cérebro, criará ou reativará a comunicação saudável entre o cérebro e os olhos.

Até 2020, graças à criação de um material sintético que copia perfeitamente o tímpano humano, a surdez também será praticamente eliminada.

Um dos mais importantes avanços médicos do século XXI será o aperfeiçoamento do sangue sintético, por volta do ano 2025. Seu tipo será universal, acentuado por suplementos nutritivos e do sistema imunológico e facilmente fabricado, de modo que sempre haverá um estoque seguro, saudável e abundante de sangue a ser usado em transfusões.

A notícia realmente terrível na área da saúde só surgirá na segunda metade do século; nós a discutiremos mais adiante, neste livro. Os únicos acontecimentos de fato alarmantes na primeira metade serão em muito superados pelos avanços que acabei de descrever, mas vale a pena citá-los:

- uma infecção bacteriana chegará em 2010, transmitida aos humanos por ácaros quase microscópicos não detectáveis, importados por pássaros exóticos. Remédios e antibióticos conhecidos serão totalmente ineficazes contra essa doença semelhante a fungos e extremamente contagiosa. As vítimas terão de ficar em quarentena até se descobrir que as bactérias podem ser destruídas por uma combinação de correntes elétricas e calor extremo;
- mais ou menos em 2020 uma enfermidade similar a uma pneumonia grave se disseminará no planeta, atacando os pulmões e as vias respiratórias. Será resistente a todos os tratamentos conhe-

*Meu conceito sobre o fim dos tempos*

cidos. Quase tão desconcertante quanto a própria doença será o fato de que ela desaparecerá de súbito, da mesma forma como chegou, e atacará novamente dali a dez anos. Depois, sumirá completamente.

Na primeira metade do século, haverá progressos extraordinários no que se refere à saúde mental. Praticamente a maioria dos distúrbios que atormentam a sociedade hoje em dia será eliminada. E, se quisermos criar um mundo mais produtivo, mais bem-sucedido, mais harmonioso e mais instruído, no qual o crime seja uma anomalia, e não uma norma, deveremos resolver os mistérios do TDAH,[111] do TOC,[112] da depressão, da bipolaridade e da esquizofrenia. Aí, teremos avançado muito.

Já abordamos o fato de que os recém-nascidos serão testados e tratados por desequilíbrios químicos que podem levar a futuros problemas psicológicos. O mesmo se aplicará a crianças, adolescentes e adultos. No máximo até o final de 2009, haverá fórmulas muito precisas descrevendo os desequilíbrios que causarão problemas, bem como os tratamentos mais eficazes para resolvê-los. Verificaremos que não haverá mais a prescrição liberal e, muitas vezes, negligente de Ritalina e antidepressivos sem a realização de exames de sangue que indiquem se esses medicamentos são realmente apropriados. Em vez disso, serão descobertas ligações entre transtornos psicológicos específicos e deficiências de proteínas específicas, de modo que, quando essas deficiências forem detectadas e tratadas com precisão, os distúrbios desaparecerão para sempre.

Em 2013, comprovaremos o desenvolvimento surpreendente do tratamento das doenças mentais. Haverá um dispositivo, usado exclusivamente por psiquiatras e neurologistas altamente treinados, que empregará impulsos eletromagnéticos para tratar e, quase sempre, curar essas disfunções cerebrais. Esse dispositivo deslizará lenta e harmoniosamente na superfície do crânio, como uma espécie de res-

---

111. Transtorno do déficit de atenção com hiperatividade. (*N. da T.*)
112. Transtorno obsessivo-compulsivo. (*N. da T.*)

*Fim dos tempos*

sonância magnética, horizontal e verticalmente. A medida que se movimentar, detectará quaisquer anormalidades no cérebro, no fluido cefalorraquidiano que cerca o cérebro, na circulação sanguínea dentro e fora do cérebro e na atividade neurológica e química dentro de cada hemisfério do cérebro e entre os dois hemisférios, os lóbulos individuais etc.

Os detalhes do escaneamento, com leituras dos diagnósticos, serão monitorados por um administrador psiquiátrico ou neurológico. Quando o dispositivo perceber um distúrbio — circulação lenta ou bloqueada, por exemplo, ou neurotransmissores funcionando mal ou dormentes —, emitirá uma série de impulsos eletromagnéticos de intensidade variável com precisão infalível para estimular a área do problema, mesmo que seja microscópica ou não possa ser detectada de outra forma. Esses tratamentos mensais, combinados com os remédios apropriados, contribuirão tão expressivamente para o mundo da saúde mental quanto o DNA contribuiu para o mundo da aplicação da lei, essencialmente "curando" desde o transtorno bipolar e a depressão até o TDAH, o TOC, a síndrome do estresse pós-traumático e a ansiedade crônica.

A esquizofrenia e os casos graves de epilepsia serão tratados com êxito em 2014, por meio de um microchip implantado no cérebro que vai basicamente "cancelar" o sistema quando detectar que qualquer tipo de disfunção está para acontecer. Esse minúsculo microchip executará a mesma função para o cérebro que o marca-passo executa para o coração, e com igual e brilhante sucesso.

Podemos esperar uma redução substancial da incidência de crimes nos próximos cinquenta anos. Uma razão para isso consiste no influxo de espíritos avançados que chegarão do céu à medida que o século avançar, como explicaremos minuciosamente no próximo capítulo. A outra justificativa são os avanços da aplicação da lei e da medicina legal que empolgarão os admiradores fiéis da série de TV *CSI*.

Provavelmente a manchete mais emocionante seja o fato de que em 2025, no máximo, a aplicação da lei terá novos e ampliados bancos de

*Meu conceito sobre o fim dos tempos*

dados à sua disposição, o que praticamente invalidará a prática de crimes.

SCAN[113] (não tenho a menor ideia do que significam as letras desse acrônimo) será um sólido banco de dados internacionais de DNA coletados de recém-nascidos e de voluntários da população em geral. Esse banco de dados estará incessantemente interagindo com o já existente CODIS (o *Combined DNA Index System*),[114] que se concentra no DNA coletado de criminosos e nas cenas dos crimes. O banco de dados SCAN ligará o DNA de cada pessoa a informações pessoais muito importantes, como seu histórico médico e seus contatos de emergência. Mesmo que o SCAN não fizesse nada mais do que eliminar a tragédia corriqueira de assassinatos não identificáveis e outras vítimas de fatalidades, ele sem dúvida justificaria o fato de ser preciso abrir mão da privacidade dos cidadãos. A capacidade desse recurso de instantaneamente identificar crianças perdidas, desaparecidas, abandonadas e roubadas fará dele uma dádiva dos céus.

O banco de dados de DNA SCAN na verdade estará funcionando plenamente em 2015, assim como será maior a capacidade do atual *Automated Fingerprint Identification System* (AFIS).[115] Além das milhões de impressões digitais atualmente armazenadas e acessíveis à aplicação da lei, haverá impressões digitais das mãos e das palmas, impressões dos pés (descobriu-se que são tão exclusivas quanto as dos dedos) e impressões dos lados das mãos, que são deixadas para trás quando escrevemos. A impressão do lado das mãos é única e será reconhecida como valiosa ferramenta da ciência forense; sua inclusão no banco de dados AFIS solucionará, até o fim de 2009, um sequestro internacionalmente famoso.

Até 2014, haverá um banco de dados das "impressões digitais" totalmente únicas que estão de alguma forma embutidas na íris do olho

---

113. Tampouco foi possível descobrir. (*N. da T.*)
114. Sistema combinado de códigos de DNA. (*N. da T.*)
115. Sistema automático de identificação de impressões digitais. (*N. da T.*)

*Fim dos tempos*

humano, disponível para autoridades policiais mundiais. Chegará o dia em que minúsculos dispositivos de escaneamento da íris serão instalados em todos os caixas eletrônicos, caixas registradoras, prédios públicos e aeroportos como uma providência-padrão e duplamente eficaz de segurança. Digamos, por exemplo, que alguém consiga roubar seu cartão de banco e sua senha do caixa eletrônico. O caixa eletrônico se recusará a liberar o dinheiro porque o escaneador de íris será capaz de perceber, em menos de um segundo, que se trata de um impostor. Quase tão eficaz quanto isso, nesse instante um alarme silencioso e o banco de dados serão alertados, e a polícia saberá a identidade do ladrão momentos após a tentativa de roubo.

O mais complexo e revolucionário banco de dados do nosso futuro, porém, consistirá no banco de dados vocal, a ser aperfeiçoado e plenamente utilizado em todo o mundo até 2025. Terá sensibilidade tão aguçada que será capaz de detectar todos os minúsculos detalhes de volume, tom, ritmo da voz, idioma sendo falado e outras inúmeras variáveis que algum dia tornarão todas as vozes da Terra tão diferentes quanto uma impressão digital, independentemente de quantos filtros, sintetizadores e outros dispositivos de alteração de voz sejam empregados.

Imagine só as forças combinadas de todos esses bancos de dados quando todas as informações forem imediatamente transmitidas para aeroportos, estações de trem, terminais de ônibus, empresas de aluguel de carro, hotéis e motéis, bancos e caixas eletrônicos, restaurantes, lanchonetes e lojas de conveniência do mundo inteiro quando um criminoso estiver fugindo, uma criança for sequestrada ou for registrado um caso de pessoa desaparecida. Receptores de bancos de dados serão tão comuns nos prédios públicos e nas empresas quanto são hoje as câmeras de vigilância, e a polícia será instantaneamente alertada quando uma impressão digital, uma palma digital, uma impressão da mão/do lado da mão, uma "impressão" da íris ou da voz for reconhecida pelo receptor.

Somada a essa série de esforços globais coordenados, haverá uma versão internacional de *Os mais procurados da América*, programa de

*Meu conceito sobre o fim dos tempos*

TV estadunidense apresentado por John Walsh, que será transmitida sete dias por semana, 24 horas por dia em seu próprio canal por satélite que não visa lucro, transmitindo informações sobre todos os fugitivos e todas as pessoas e crianças desaparecidas para uma plateia de incontáveis milhões em todos os recantos do mundo, com linhas telefônicas tipo "disque denúncia" e sites na internet. Embora toda a comunidade global responsável pela aplicação da lei seja essencial para iniciar esse brilhante esforço e a ele dar seguimento, suas verdadeiras raízes estarão na Scotland Yard.

Até 2014, os satélites serão capazes de detectar crimes e enviar avisos de alerta para a polícia local. E, caso não haja uma testemunha ocular na cena do crime, ou o relato dessa testemunha seja inconsistente, como costuma acontecer, satélites em órbita com esse objetivo específico poderão instantaneamente transmitir minuciosas cenas digitais filmadas da cena de um crime — e serão as câmeras de vigilância fundamentalmente mais eficazes e discretas.

No capítulo seguinte, debateremos a extraordinária unidade espiritual pela qual este planeta passará antes do fim dos dias. As sementes dessa unidade e uma verdadeira conscientização global do Deus que existe em cada um de nós serão implantadas nos próximos vinte anos ou até menos, acompanhadas por algumas mudanças emocionantes no mundo da religião organizada.

Bento XVI será o último papa eleito. Seu pontificado será sucedido por uma nova prática da Igreja Católica: a de selecionar um Colégio de Cardeais — essencialmente, um triunvirato de pontífices que partilharão em conjunto as responsabilidades papais.

Entre 2015 e 2018, uma união das doutrinas protestantes se organizará, baseada no fato de que realmente existe força nos números, e tratará de problemas globais como fome, pobreza, falta de moradia e a necessidade de cuidados médicos universais.

Mais ou menos em 2025, essa mesma abordagem de que a união faz a força terá êxito suficiente para inspirar uma coalizão voluntária de todas as religiões que dela quiserem participar. Essa poderosa coalizão será

*Fim dos tempos*

unificada por seu desejo de maior profundidade e substância na ligação com o Criador e pela disposição de abandonar a burocracia contraproducente tradicional e os incontáveis comitês, dando ênfase a um enfoque ativo e prático sobre alimentação, vestuário, moradia, cura e educação espiritual daqueles que precisam ter Deus no coração trabalhando por meio de Seus filhos *para* Seus filhos.

Essa coalizão global entre crenças em 2025 resultará na construção mundial de centros de cura: quatro prédios em forma de pirâmide ocupados por voluntários e generosamente equipados com suprimentos doados, oferecendo alimentos, roupas, abrigo, instalações para higiene pessoal básica e lavagem de roupas, cuidados médicos, aconselhamento para pessoas em crise, assistência jurídica durante as 24 horas do dia e tudo o mais que as populações das comunidades próximas não puderem suprir para si mesmas.

De especial importância para o despertar espiritual maciço que ocorrerá mais à frente neste século serão as escolas de dedicação dos centros de cura, que oferecerão, entre outras coisas, cursos abrangentes de religiões mundiais e exigirão que cada um deles seja concluído para que a pessoa possa se formar.

Em 2040, graças em grande parte a esses centros de cura e às atividades inspiradas por eles, testemunharemos uma grande unidade das crenças globais, baseada na conscientização cultivada de que suas semelhanças superam em muito suas diferenças e no impacto evidente que seus esforços humanitários combinados estão causando nesta Terra. E, como vamos descobrir na segunda metade deste século, essa unidade de fé é apenas o começo de uma transformação espiritual do mundo inteiro.

O ano de 2020 marcará o fim da presidência nos Estados Unidos e do poder executivo do governo. Vamos apenas dizer que o povo norte--americano ficará saturado e "vamos deixar quieto"...

O Poder Legislativo absorverá basicamente as responsabilidades do Poder Executivo, com um órgão ágil de representantes eleitos, o mesmo número de cada Estado, formando a nova legislatura, que será conhecida

*Meu conceito sobre o fim dos tempos*

simplesmente como Senado. Os sistemas de "partidos" de democratas, republicanos, independentes etc. se simplificarão em dois: liberais e conservadores, que debaterão e votarão todos os projetos de lei propostos em sessões televisionadas para todo o país.

Os requisitos para os candidatos ao Senado serão severos e monitorados sem cessar. Por exemplo, os senadores serão proibidos de ter ocupado ou estar ocupando um cargo assalariado com qualquer empresa que já teve ou possa vir a ter qualquer vínculo profissional ou contratual com o governo federal, estadual ou municipal, e todo senador deve submeter-se a testes aleatórios de consumo de drogas e álcool durante seu mandato.

Os efeitos a longo prazo desse grupo governamental de legisladores reorganizado e estritamente controlado serão a volta da responsabilidade legislativa e da confiança pública, e os governos estaduais agirão da mesma forma até 2024, ao se tornarem reflexos, em menor escala, do Senado nacional.

Entre as leis que serão promulgadas durante o primeiro mandato de seis anos do Senado figuram:

- uma taxa de imposto uniforme para todos os cidadãos;
- bônus tributários para os profissionais com carreiras nas Artes, na Educação, na Polícia e no serviço público;
- observância nacional de todos os principais feriados comemorados pelas principais religiões, bem como um Dia da Recordação dos sobreviventes, vítimas e descendentes do Holocausto;
- castração de todos os pedófilos comprovadamente culpados, como parte obrigatória da sentença de prisão;
- um sistema de saúde pública;
- reabilitação e desintoxicação obrigatórias da pessoa pega dirigindo sob a influência de drogas ou álcool, mesmo se for a primeira ocorrência do tipo, além de apreensão e leilão imediatos do veículo, para custear as despesas de reabilitação e desintoxicação.

*Fim dos tempos*

Acrescento alguns temas de interesse nacional.

Até 2020 deixarão de existir o IRA,[116] os fundos mútuos, os fundos de pensão e de aposentadoria e as bolsas de valores.

E, embora seja difícil de acreditar neste momento, em meados da década de 2020 a imagem global dos Estados Unidos estará em grande parte reabilitada. O fascinante é que isso ocorrerá por uma mudança de postura: em vez de se concentrarem no mundo, os Estados Unidos visarão à solução de problemas internos. Dessa forma, se tornarão uma nação que inspira, e não que invade, passando a ser muito mais admirada.

Acho que foi mais ou menos em 1972 que anunciei em San Francisco, em um programa de televisão chamado *People are talking*:[117] "Estamos começando a sentir uma inclinação do eixo polar". Fiquei tão surpresa com essa frase quanto os apresentadores do programa, especialmente porque eu não tinha ideia do que fosse uma inclinação do eixo polar. Poucas vezes meu escritório foi tão inundado de telefonemas como naquela, duvidando de minha sanidade.

Acontece que a inclinação do eixo polar é uma alteração no ângulo pelo qual a Terra se inclina no seu eixo em direção ao Sol, ou se afastando dele, o que causa todo tipo de mudanças nas correntes oceânicas e no clima em geral. Por curiosidade, meu pessoal e eu pesquisamos e descobrimos um cientista escocês do século XIX chamado James Croll que escreveu, em 1875, sobre as mudanças climáticas provocadas pela inclinação do eixo da Terra, e Edgar Cayce também comentou sobre a inclinação do eixo polar.

Dito isso, a inclinação do eixo polar alcançará o auge por volta do ano 2020. Além disso, também merecem destaque os tópicos a seguir:

- perto do ano 2018, a atividade sísmica mundial resultará em uma erupção de vulcões e terremotos. A poeira atmosférica provocará poluição suficiente para causar péssimas colheitas nos primeiros anos da década de 2020;

---

116. Irish Republican Army, ou Exército Republicano Irlandês. (*N. da T.*)
117. *As pessoas estão falando.* (*N. da T.*)

*Meu conceito sobre o fim dos tempos*

- chuvas quase tão intensas quanto monções[118] cairão sobre a orla marítima das Américas do Norte e do Sul mais ou menos em 2025;
- entre 2025 e 2030 ondas gigantescas atingirão o Extremo Oriente e a Flórida. Os tsunamis na Flórida serão resultado de uma sequência inédita de furacões;
- aproximadamente em 2026, uma série de potentes tsunamis se abaterá sobre o Japão. Em consequência, uma nova ilha surgirá entre as ilhas havaianas;
- o ano de 2029 vai trazer uma erupção de chuvas de meteoritos e a volta à Terra de parte do lixo e dos detritos que abandonamos durante nossas explorações espaciais. Muito mais estragos serão feitos à nossa topografia e à nossa flora do que à vida humana e animal;
- antes do ano de 2050, acredito piamente que, na esteira de grandes perturbações vulcânicas e subterrâneas nos oceanos Atlântico e Índico, Atlântida e Lemúria ressurgirão, magníficas, de suas sepulturas submarinas.

Ainda neste capítulo abordaremos as circunstâncias atmosféricas, topográficas e climáticas que farão toda a diferença no mundo, por assim dizer, na segunda metade do século. Essas circunstâncias farão com que dependa de nós a rapidez com que o fim dos tempos chegará.

Até 2015, todas as novas casas construídas serão abastecidas com energia solar e pré-fabricadas, feitas de pedra ou de madeiras sintéticas ignífugas[119] com aço reforçado, telhados de azulejos de cerâmica e painéis solares à prova de quebra e de fogo. Será padrão nas casas um sofisticado sistema de segurança incluindo portas externas de chapas de aço e janelas inquebráveis, as quais só podem ser abertas pelo computador central da residência e que em uma emergência serão ativadas por um alarme que simultaneamente alertará o Corpo de Bombeiros

---

118. Ventos sazonais que podem durar meses. (*N. da T.*)
119. Avessas ou resistentes ao fogo. (*N. da T.*)

*Fim dos tempos*

e a Polícia, bem como pelo dono da casa por meio de um escaneador da "impressão ocular". A impressão ocular será uma configuração da córnea e da íris, tão diferente quanto uma impressão digital, muito semelhante com o que discutimos ao falar do banco de dados de "impressão digital" da íris. Todos os pontos de acesso à casa incluirão um olho mágico para o qual os residentes e as pessoas autorizadas olharão de modo que o computador central possa escanear a impressão ocular e permitir a entrada.

Esse mesmo computador central será programado para tocar música, ligar e desligar televisores e outros computadores da casa, assim como aparelhos de controle e iluminação, e ativar completamente o sistema telefônico, fazendo chamadas ativadas pela voz, bloqueando telefonemas, atendendo chamadas escolhidas e fornecendo uma conversa absolutamente nítida e sem uso das mãos em qualquer cômodo da casa.

Criar códigos para todas as casas e prédios públicos exigirá purificadores de ar potentes e bem escondidos, eliminando virtualmente todos os vírus do ar e fontes de alergia e acessos de asma.

Até 2015, outro equipamento comum na maioria das casas de pessoas com alto poder aquisitivo serão robôs funcionais. Eles estarão disponíveis para o público em geral em 2019 e reagirão a mais de 500 complexos comandos de voz que incluirão cozinhar, limpar, tomar conta de animais de estimação, ler histórias na hora de dormir, ajudar as crianças com o dever de casa e até ensinar habilidades de informática.

Por último, mas certamente não menos importante: será muito raro uma casa não dispor, em 2040, de um telhado retrátil que permitirá a entrada e a saída dos aerobarcos da família, da mesma forma como hoje ocorre com os automóveis.

Proteger-nos de terroristas e do ar nocivo será uma prioridade cada vez mais urgente à medida que a tecnologia avançar; assim, no final da década de 2020, algumas pessoas já estarão vivendo em cidades dotadas de cúpulas.

O conceito de cidades com cúpulas será desenvolvido com a colaboração internacional de especialistas. As primeiras dessas cidades

*Meu conceito sobre o fim dos tempos*

ficarão nos Estados Unidos. Alemanha, Inglaterra e Japão virão imediatamente em seguida, e a Índia, o Oriente Médio e o Extremo Oriente serão os últimos a participar. Com o passar do tempo haverá cidades com cúpulas em todos os continentes, feitas de um composto de vidro e plástico sintético com três dobras infinitamente mais durável do que qualquer material existente hoje. Esse material terá uma espécie de película para proteger contra os raios UV, mas será alto o bastante para praticamente não ser percebido pela população e poderá ser aberto ou fechado para permitir, ou impedir, a entrada de ar. O ar será purificado, a temperatura, regulada, e todas as condições em geral serão cientificamente controladas para beneficiar a saúde ao máximo.

Ironicamente, o aspecto negativo das cidades com cúpulas será o grande interesse que despertarão. Quanto mais próximas do ideal se tornarem, mais cheias ficarão e, quanto mais cheias ficarem, mais estressantes se tornarão. Serão necessários cerca de vinte anos para que a população das cidades com cúpulas seja "reduzida" à medida que os mais ricos assumirem o controle e os pobres saírem.

Essa injustiça será parcialmente resolvida com o surgimento de várias regiões rurais com cúpulas no mundo inteiro. Sociedades comunitárias se formarão, e o resultado será a emergência de centros agrícolas orgânicos muito bem-sucedidos.

Só na segunda metade do século a novidade e a pureza ambiental das moradias com cúpulas perderão grande parte de sua atração, e o povo em geral vai se arriscar a voltar para o "mundo real", deixando as cidades com cúpulas muito menos populosas, muito mais acessíveis financeiramente e com demanda muito menor.

É claro que, como sempre, nossa maior esperança para a melhor qualidade de vida possível no próximo século — e para qualquer possibilidade de adiar ou evitar o fim dos tempos — será o surgimento de uma ou duas gerações brilhantemente instruídas que possam ter êxito nas muitas áreas nas quais falhamos.

*Fim dos tempos*

Aproximadamente em 2020, o sistema educacional nos Estados Unidos sofrerá significativas mudanças estruturais, o que já deveria ter acontecido há muito tempo.

Os professores serão bem pagos, estarão sujeitos a verificações detalhadas de seu histórico e deverão ser formados em psicologia infantil, além das credenciais de ensino, pois as necessidades educacionais e as emocionais das crianças serão consideradas de igual importância.

O aumento nos salários atrairá mais professores, e em 2020 não haverá mais de 15 alunos por docente em sala de aula.

As crianças do Ensino Fundamental estudarão as habituais disciplinas: leitura, escrita, ortografia, matemática e estudos sociais, assim como nutrição, ética, artes ou música, um idioma estrangeiro e um curso ativo e prático de ecologia. Nenhuma criança concluirá o Ensino Fundamental sem saber ler e escrever, e faltas, atrasos e não elaboração dos deveres de casa serão considerados culpa dos pais, não das crianças, o que resultará em uma combinação de multas e aulas obrigatórias para os pais.

No Ensino Médio, os estudantes, por meio de notebooks, estarão conectados a professores designados em centros educacionais em todos os estados. Alunos e docentes poderão instantaneamente "se acessar" ao toque de uma tecla, o que tornará a falta às aulas facílimo de detectar, e a supervisão dos deveres de cada criança, muito mais individualizada do que hoje. Serão aplicados testes trimestrais de cada matéria, localmente, administrados "ao vivo" por formandos no currículo de ensino.

Quanto à educação superior, todo aluno terá acesso instantâneo a um computador para o processo de pedido de admissão a qualquer faculdade ou universidade do mundo. Da mesma forma, toda faculdade ou universidade terá como recrutar instantaneamente pelo computador estudantes do mundo inteiro. Será norma para universitários frequentar colégios no exterior, e, à medida que este século avançar, a educação superior será a principal força, junto com a coalizão de religiões já discutida, além da formação eventual de uma verdadeira comunidade global.

*Meu conceito sobre o fim dos tempos*

## De 2050 até o fim dos tempos e depois disso

Haverá vida humana na Terra novamente, daqui a milhões e milhões de anos, quando este planeta já tiver a oportunidade de se purificar de nossa presença aqui. O resto desse pensamento é: *a não ser que cada um de nós faça tudo o que puder, todo dia, sem falta, para salvar o planeta.*

A Terra, este lar distante do Reino dos Céus, é criação de Deus, não nossa. Já estava aqui antes de nossa chegada e vai durar mais do que nós, se não superarmos a ideia arrogante de que temos o direito de viver aqui. Às vezes, dá até para pensar que somos um bando de adolescentes sem supervisão quando os pais não estão presentes. Se tivermos tempo e liberdade suficientes, não restará uma casa na qual valha a pena morar, e garanto que o mesmo é verdade quanto à forma como tratamos nosso planeta.

Precisamos nos concentrar na maior visão geral possível para obter uma perspectiva dos fatos que determinarão nosso sucesso ou fracasso na segunda metade deste século, e se isso vai culminar com o fim de nossos dias na Terra. Afinal de contas, as aparências podem ser enganadoras. Por exemplo, do nosso ponto de vista, pode parecer que nosso planeta é o centro do universo e que o Sol, a Lua, as estrelas e as galáxias distantes giram em torno de nós. Mas a verdade é que somos apenas um entre oito planetas — muitos dos quais bem maiores do que o nosso — que giram em torno do Sol; há incontáveis outros sóis no cosmo que fornecem calor, luz e vida aos nossos próprios sistemas solares, e há muito mais sistemas solares em muito mais galáxias do que nossos brilhantes astrônomos imaginam.

Da mesma forma, por mais conveniente e consolador que possa ser olhar para fora de nossas janelas e supor que, se tudo parece bem, tudo deve *estar* bem, estamos prestando a nós mesmos um grande desserviço ao ignorar os problemas que criamos e os quais precisamos resolver, se é que a vida na Terra deve continuar no próximo século.

Por exemplo, nós, humanos, podemos ficar muito convencidos de que temos o domínio da Terra e somos indestrutíveis, independentemente de

*Fim dos tempos*

como maltratemos este planeta. Porém, vale a pena dedicar pelo menos um pensamento rápido a um problema abordado no fascinante artigo escrito por Herbert C. Fyfe chamado "Como terminará o mundo?" e publicado na *Pearson's Magazine* em julho de 1900. Nesse artigo, Fyfe ressalta:

> *Há inúmeras eras da história do mundo, houve uma época em que monstros enormes, na terra e no mar, eram comuns. Eles reinavam como seres supremos, mas acabaram, com o passar de muito tempo, sucumbindo e desaparecendo. Mesmo nos dias de hoje muitas espécies se extinguiram; o que justifica, então, o homem esperar que sempre terá preeminência?*
>
> *"Quando uma espécie se extingue", afirmou o finado J. F. Nesbit, "a natureza nunca a renova. Seus recursos são tão infinitos, que não importa nenhum padrão, nenhuma quantidade de padrões. E pode acontecer que o homem, que aqui chegou tardiamente, esteja destinado a permanecer na Terra menos tempo do que a barata ou a lagosta".*
>
> *Essas palavras não são lisonjeiras à vaidade humana, mas mesmo assim são verdadeiras!*
>
> *O fato é que sabemos pouco sobre a origem das doenças e por que em determinadas temporadas ocorrem certas epidemias. A bactéria do cólera, a do tifo ou a de qualquer outra enfermidade propagada por germes, ao descobrir que as condições climáticas ou atmosféricas lhes são favoráveis, rapidamente se multiplicam e, caso não encontrem impedimentos, podem destruir toda a raça humana em um só mês".*

Podemos tentar nos consolar no fato de que esse artigo foi escrito há mais de um século, mas vale a pena nos perguntarmos quanto mudou em relação às afirmativas levantadas por Fyfe. Nós, humanos, continuamos a acreditar cegamente que somos a espécie superior deste planeta, e acho que, se "superior" significa "mais destrutiva", não estamos errados. Mas, falando sério, é muito tolo que, enquanto nos ocupamos em levar outras

*Meu conceito sobre o fim dos tempos*

espécies à extinção, fazemos vista grossa para a possibilidade real de que, ao mesmo tempo, estamos nos conduzindo para a extinção com a mesma negligência ao planeta do qual dependemos para sobreviver. O que será que nos deu a impressão de que não somos igualmente vulneráveis que as demais espécies terrenas, especialmente quando consideramos a longa lista de doenças humanas fatais que não conseguimos eliminar? E, se corrigir essa impressão equivocada nos ajudar a despertar e começar a prestar atenção ao bem-estar desta Terra, melhor ainda, e que Deus abençoe o sr. Fyfe!

## O aquecimento global

Estou falando isso como vidente, como cidadã preocupada com o mundo, como uma viajante experiente que já viu geleiras de 60 milhões de anos derreterem no litoral do Alasca e como avó cujo maior desejo é o de que seus bisnetos nasçam em um planeta no qual possam prosperar. O aquecimento global — o aumento gradual e alarmante das temperaturas ocorrido no último século — é uma ameaça potencialmente letal para a Terra. Isso é indiscutível, seja você um hippie que gosta de abraçar árvores ou um conservador de direita. Se não levarmos o assunto a sério e não tomarmos providências imediatas a respeito, o aquecimento global será um dos fatores principais na criação de um mundo inabitável daqui a 91 anos.

Posso afirmar, com certeza mediúnica, que o panorama deste planeta no fim dos tempos será o dos mesmos continentes que temos agora, cada um deles severamente reduzido pelas inundações. Dois terços da Terra estão atualmente cobertos por água. No final deste século, a água vai cobrir três quartos do planeta à medida que as calotas polares, as geleiras e a neve das montanhas mais altas continuarem a derreter. A maior parte do gelo derretido fluirá para dentro dos oceanos, afogando cidades litorâneas e levando a população para o meio dos continentes. O que não derreter nos mares penetrará na Terra, em seu cerne flamejante, criando vapor e pressão, o que causará uma sequência de erupções vulcânicas no

*Fim dos tempos*

mundo inteiro. O monte Lassen, o monte de Santa Helena e o monte Etna estarão entre os primeiros a entrar em atividade, mas mesmo o inativo monte Fuji voltará à vida no máximo até 2085, dizimando grande parte do Japão.

Contribuindo para a violência atmosférica das três últimas décadas deste século, haverá uma série de extremos climáticos que farão nosso clima atual parecer comum. Furacões e monções mais do que dobrarão de frequência e intensidade. As temperaturas médias registradas de calor e de frio em todo o mundo serão no mínimo 10 graus mais quentes do que as atuais. Os tornados vão se tornar em ameaças destrutivas o ano inteiro, em vez de sazonais, nas regiões centrais das Américas do Norte e do Sul e nas áreas da Europa e da África, que outrora se imaginou serem topograficamente imunes a eles. E onde as inundações não predominarem as secas dominarão, de modo que será praticamente impossível encontrar um lugar saudável, benéfico e seguro para viver.

Tudo isso graças ao aquecimento global. Portanto, como é que ousamos ignorar ou banalizar o assunto, uma vez que ele constitui a diferença entre a vida e a morte para a humanidade?!

Um fator que contribui muito para o aquecimento global é o abominável "efeito estufa", termo que já ouvimos tanto que não sei ao certo se ainda prestamos atenção a ele. Mas não podemos ignorá-lo. Certamente não vou alegar ter formação científica ou ser especialista no assunto, mas, da forma como o compreendo, o efeito estufa é causado por gases atmosféricos, especialmente o dióxido de carbono, o metano e o ozônio. (Ao nível do mar, o ozônio é uma forma poluída de oxigênio.) Eles retêm e refletem a energia do Sol de volta à Terra, para nos manter quentes. Se não fosse pelo efeito estufa básico, este planeta provavelmente seria apenas gelo sólido.

O perigo que estamos cada vez mais criando é, na verdade, um efeito estufa "aprimorado", no qual dióxido de carbono, metano e ozônio em excesso estão enchendo o ar, de modo que uma excessiva energia solar está sendo retida e refletida de volta à Terra. Como resultado, a temperatura vem subindo sem parar. Portanto, uma solução para o problema do

*Meu conceito sobre o fim dos tempos*

aquecimento global é reduzir a emissão de dióxido de carbono, metano e ozônio na atmosfera, que ocorre por meio da queima de combustíveis fósseis como carvão e óleo, por exemplo. Além disso, eliminar vastas áreas de árvores e outras folhagens exacerba o problema, pois as plantas absorvem dióxido de carbono e liberam oxigênio, o que ajuda a reduzir o dióxido de carbono do ar sem que precisemos levantar um dedo; em outras palavras, isso nos presenteia com mais oxigênio, sem o qual não podemos sobreviver.

O ozônio como poluente ao nível do solo não deve obviamente ser confundido com a camada de ozônio essencial, que forma, na atmosfera superior um fino escudo, o qual nos protege dos raios ultravioleta do Sol. Já na década de 1980, os cientistas começaram a coletar provas de que a camada de ozônio estava sendo esgotada, o que nos expunha a uma maior probabilidade de desenvolvermos câncer de pele e de sofrermos danos oculares e ao sistema imunológico. A NASA começou até a monitorar os chamados "buracos" a camada de ozônio, mas que, na verdade, são áreas específicas de extrema redução ou destruição.

E, nesse caso, o principal responsável é o CFC — um gás feito pelo homem chamado clorofluorcarboneto —, que por décadas foi popularmente usado em latas de *spray* e em geladeiras. No ano 2000, 120 países do mundo inteiro concordaram em eliminar, gradativamente o uso do CFC. Lamentavelmente, embora a camada de ozônio seja capaz de se recompor caso não sofra mais nenhum dano que agrave o mal, o processo de cura é muito lento. O cloro, que é um dos componentes do clorofluorcarboneto, apresenta durabilidade impressionante na atmosfera, e é necessário apenas um átomo de cloro para destruir cem mil moléculas de ozônio.

Somando tudo isso, temos um planeta que vem sendo lentamente aquecido até atingir o ponto de ocorrerem inundações cataclísmicas e violentos acontecimentos climáticos em razão dos altos níveis dos gases estufa e da excessiva redução da camada de ozônio para poder diluir a radiação solar e os efeitos daninhos sobre os gases estufa. Em vez de preservar e aprimorar as florestas globais, nós as estamos dizimando para

*Fim dos tempos*

criar papel higiênico e projetos habitacionais, eliminando alguns dos nossos maiores aliados silenciosos em proporcionar oxigênio e purificar o ar do excesso de dióxido de carbono. E cada um desses elementos interativos que está levando a Terra a se tornar um lugar potencialmente inabitável é causado por nós. Tragicamente, nós nos tornamos um câncer no planeta, fazendo com que várias espécies de animais sejam extintas e esquecendo que somos tão vulneráveis à extinção quanto qualquer outra espécie na Terra.

Já ouvi os mesmos anúncios de "Seja amigo do meio ambiente" que você ouviu e vi os mesmos adesivos de parachoques, mas não há explicação real sobre o que "Seja amigo do meio ambiente" signifique ou exatamente por que faz diferença. Não gosto de admitir, mas tenho aversão por lemas ativistas como "Seja amigo do meio ambiente". Injustamente, isso me faz sentir excluída, a não ser que eu tenha tempo para segurar um cartaz e rumar para Washington (e Deus abençoe todos vocês que fazem passeatas por causas importantes), e também implica que todos nós sabemos o que esperam que façamos a respeito. Eu não sabia, mas resolvi descobrir para que eu mesma pudesse fazer alguma coisa e, assim, poder compartilhar as informações com você.

Não estou defendendo essas sugestões porque elas são coisas bonitas e positivas para o planeta. Estou defendendo-as e implementando-as eu mesma porque, na verdade, depende de cada um se conformar com o fim da vida na Terra ao final deste século ou providenciar para que haja muitos mais séculos para desfrutar e apreciar este lindo lar longe do Reino de Deus.

Na verdade, é tudo muito simples:

- use apenas papel reciclado. Por quê? Porque libera a atmosfera de cerca de 2,5 quilos de dióxido de carbono por resma de papel;
- ajuste seu termostato em apenas 2 graus mais frios no verão do que aqueles a que você está acostumado e em 2 graus mais quentes no inverno. Por quê? Porque esses minúsculos ajustes manterão cerca de 900 quilos de dióxido de carbono por ano;

*Meu conceito sobre o fim dos tempos*

- só faça sua lavadora de pratos funcionar quando ela estiver totalmente cheia. Por quê? Porque livrará a atmosfera de mais de 45 quilos de dióxido de carbono por ano;
- pegue as três lâmpadas que você mais usa em casa e troque-as por modelos fluorescentes. Por quê? Porque você eliminará da atmosfera mais de 120 quilos de dióxido de carbono por ano;
- diminua a duração de seus banhos de chuveiro para 2 ou 3 minutos. Por quê? Porque quase 160 quilos de dióxido de carbono serão economizados por ano graças à necessidade de menos água a ser aquecida;
- verifique os pneus do carro mensalmente para garantir que eles estejam com a calibragem adequada. Por quê? Porque essa medida eliminará 113 quilos de dióxido de carbono por ano;
- troque os filtros dos condicionadores de ar ou limpe-os sempre que recomendado. Por quê? Porque isso evitará que os aparelhos funcionem com mais esforço do que o necessário e liberará da atmosfera quase 160 quilos de dióxido de carbono por ano;
- desligue seu computador em vez de deixá-lo hibernando e tire da tomada os aparelhos eletrônicos quando não os estiver usando. Por quê? Porque essa medida economizará no mínimo 450 quilos de dióxido de carbono por ano;
- faça você mesmo a tarefa simples de calafetar e vedar suas portas e janelas externas. Por quê? Porque você não apenas ficará mais confortável o ano inteiro como também eliminará 770 quilos de dióxido de carbono por ano;
- plante uma árvore — ou solicite a uma empresa especializada que o faça — em homenagem a um ente querido que já se foi. Por quê? Porque você estará acrescentando mais oxigênio à atmosfera e economizando incríveis 900 quilos de dióxido de carbono.

Essas providências simples, por si só, economizam milhares de quilos de dióxido de carbono anuais. Se você ainda precisa de uma pequena moti-

*Fim dos tempos*

vação extra para se convencer, aqui está: você também economizará cerca de US$ 2 mil por ano.

Na sequência, listo mais sugestões para agora ou para o futuro próximo, porque não são tão simples (ou acessíveis) quanto as apresentadas anteriormente:

- quando você substituir aparelhos domésticos velhos, compre os novos que contenham o selo indicativo de economia de energia, projetados para que se gaste menos dinheiro e haja emissões menores de dióxido de carbono;
- assegurar que as paredes e o teto de sua casa estejam bem isolados termicamente pode economizar no mínimo 900 quilos de dióxido de carbono por ano (sem falar nas centenas de dólares);
- trocar painéis de uma única janela por painéis de janela dupla conserva energia, economiza uma fortuna nas contas de luz e elimina incríveis 4.500 quilos de dióxido de carbono;
- trocar o bocal de seu chuveiro por um bocal de baixo fluxo de água economiza aproximadamente 160 quilos de dióxido de carbono anuais, além da conta de luz menor;
- quando chegar a hora de trocar de carro, lembre-se de que um modelo hidramático economiza quase 7.500 quilos de dióxido de carbono e US$ 3,8 mil por ano. Mesmo um carro que gaste menos combustível economiza muitos milhares de quilos de dióxido de carbono e de dólares ao mesmo tempo.

A propósito, como a indústria de papel é o terceiro maior fator que contribui para o aquecimento global, procure comprar papel higiênico, papel de seda, toalhas de papel e filtros para coar café que sejam feitos de material reciclado; recicle revistas, jornais e sacos de supermercado; dê à sua lavanderia um saco para guardar sua roupa lavada e passada, para incentivá-los a se livrarem daqueles irritantes papéis e plásticos extras; e nunca aceite as roupas limpas sem devolver aqueles igualmente irritantes cabides de arame.

*Meu conceito sobre o fim dos tempos*

Falando de "irritantes", tenho certeza de que ficaríamos horrorizados ao ver quantas pilhas de lixo são feitas de copos de isopor, porque cerca de 25 bilhões deles são jogados fora por ano. Os sacos plásticos dos supermercados são apenas um pouco mais recicláveis do que o isopor. Copos e canecas de papel ou vidro dão melhor sabor às bebidas do que isopor, concordam? Quanto aos restos de compras das idas à loja, sacolas de compras de lona lavável[120] os eliminam com grande conveniência.

Repito que não me demoraria tanto a falar desse tema se não se tratasse literalmente de questão de vida ou morte, se vamos ou não voltar a viver neste planeta quando chegarmos ao Reino dos Céus. Fomos nós mesmos que causamos esses problemas, portanto cabe a nós resolvê-los. E, falando nisso, rezemos todos os dias para que já não seja tarde demais.

## Como estará nossa saúde no fim dos tempos

Obviamente, não podemos ser saudáveis em um ambiente que não o seja. Por isso, quando digo que é a doença que vai basicamente acabar com nossa vida na Terra, por favor, entendam que não estou fazendo distinção entre as enfermidades fatais de nosso futuro e o ambiente calamitoso que estamos criando hoje em dia.

Não me canso de enfatizar que, quando chegar o fim dos tempos, as mortes relacionadas a doenças serão surpreendentemente fáceis e harmoniosas. Nessa época, a espiritualidade será tão comumente compreendida que as pessoas saberão exatamente a enorme alegria que as aguarda no Outro Lado e apenas "sairão de seus corpos" e entrarão no túnel, destemidas e cheias de esperança. Não posso deixar de relembrar com carinho três dos meus pastores que foram para o Reino de Deus há dois anos e meio. Cada um deles foi encontrado na cama deitado tran-

---

120. À venda nas lojas de produtos naturais, também chamadas de "eco bags". (*N. da T.*)

*Fim dos tempos*

quilamente de costas, com as mãos cruzadas sobre o peito. Suas mortes foram evidentemente tão suaves, confiantes e centradas em Deus quanto possível. E, com apenas raríssimas exceções — cujo resultado na ocasião representará um ato de violência quase sem precedente —, é assim que será a morte para todos, no fim dos tempos.

Ironicamente, na primeira metade deste século testemunharemos a erradicação da maioria das enfermidades mais devastadoras de hoje. Câncer, leucemia, diabete, distrofia muscular, esclerose múltipla, ELA, mal de Alzheimer, doenças cardíacas — todas essas terão desaparecido há tanto tempo em 2050 que parecerão arcaicas. Entretanto, a comunidade médica será apanhada desprevenida quando, em aproximadamente 2075 ou 2080, houver uma súbita propagação mundial de doenças que hoje nos parecem quase arcaicas, como a paralisia infantil e a varíola. Temos sido complacentes e paramos de nos vacinar contra essas duas terríveis doenças em especial, e uma combinação dessa complacência com o ambiente prejudicial à saúde que criamos dará àqueles males a oportunidade perfeita para ressurgirem.

O ambiente cobrará seu preço sobre nosso sistema imunológico, não há dúvida. Na verdade, é uma questão cármica, a forma da Terra de se vingar de nós pelos maus-tratos e pela negligência — mais uma razão para começarmos a valorizar e fortalecer este planeta, se é que queremos que ele faça o mesmo por nós algum dia. Haverá aumentos expressivos de fibromialgia, síndrome da fadiga crônica, esterilidade e infertilidade, bem como de alergias, praticamente não detectáveis. É também uma forma de vingança o fato de que estaremos mais vulneráveis do que nunca a doenças transmitidas por animais doentes, desde a inédita gripe aviária e as variações da doença de Lyme[121] até um vírus mortal do Nilo Ocidental[122] que se propagará no planeta por meio de insetos da América do Sul.

---

121. Causada por uma bactéria do carrapato. (*N. da T.*)
122. Febre ou Encefalite do Nilo Ocidental. (*N. da T.*)

*Meu conceito sobre o fim dos tempos*

Essas doenças e pragas nos atingirão com grande violência e de forma súbita, muito mais rapidamente do que os cientistas e pesquisadores podem acompanhar — e, muito menos, derrotar. E isso, lamentavelmente, junto com uma atmosfera envenenada e não havendo local onde viver que não esteja calamitosamente inundado e transformado por mudanças climáticas radicais, é que levará nossas vidas ao fim na Terra.

Não pelo holocausto nuclear — depois de tudo o que for dito e feito, nenhum líder mundial será tresloucado o suficiente para apertar o lendário botão vermelho.

Nem por uma colisão com um asteroide gigantesco ou por chuvas de meteoritos, um capricho fatal e aleatório do cosmo. E, sim, por nossa própria autocriada e autocumprida profecia do fim dos tempos.

> *Esta é a maneira como o mundo termina*
> *Esta é a maneira como o mundo termina.*
> *Esta é a maneira como o mundo termina.*
> *Não com um estrondo, mas com uma choradeira.*[123]

T. S. Eliot

---

123. Parte do poema "Os homens ocos". (*N. da T.*)

CAPÍTULO 8

# A humanidade no fim dos tempos

Não acho produtivo ter alguma discussão sobre o fim dos tempos na Terra que não explique todo o contexto do que nos acontecerá antes, durante e depois. Sem isso, o tema do fim dos dias seria apenas sensacionalismo, uma série de manchetes ameaçadoras e intimidantes que não oferecem esperança e não nos lembram que estávamos vivendo vidas ocupadas, produtivas e alegres antes de virmos para cá e que continuaremos com essas mesmas vidas quando acabarem nossos dias neste planeta.

Trata-se apenas do fato de que, à medida que o século avançar, a humanidade se tornará cada vez mais orientada para o espírito. Já constato isso todos os dias, em leituras, palestras e participações minhas em programas de TV. Clientes cujas perguntas há apenas cinco anos abordavam principalmente temas como "alma gêmea", finanças, carreira e saúde, hoje se concentram quase exclusivamente em querer saber se estão ou não no caminho certo para alcançar esses propósitos e se estão realizando os objetivos de vida a que se propuseram.

Esse maior crescimento global da espiritualidade como prioridade não é aleatório nem uma coincidência. Deus não criou um universo caprichoso nem aleatório no qual o que pode acontecer em seguida depende de um rolar de dados. Existe uma ordem eterna, um plano divino que orienta nossos espíritos como uma rede de segurança inevitável, mesmo quando estamos por demais absorvidos em nossos próprios interesses para acreditar

*Fim dos tempos*

que essa ordem existe e que nunca nos deixará desmoronar. O plano de Deus para nós existe desde o começo dos tempos e continuará a existir até o infinito. E é por causa desse plano que podemos garantir que a Terra se tornará um lugar muito mais centrado em Deus à medida que a contagem do fim do mundo começar a sinalizar mais fortemente.

## Preparando-nos para vir para cá

Mais à frente, neste capítulo, descreverei os detalhes de nossa chegada de volta ao Reino dos Céus e a perfeita eternidade de nossas vidas lá. Por enquanto, quero lembrar-lhes — e ressalto o "lembrar-lhes", porque seu espírito se recorda perfeitamente — o processo a que nos submetemos quando decidimos fazer um recesso temporário do Outro Lado e vir aqui para desafiar nossas almas a avançarem em direção a seu maior progresso possível.

A vida do Outro Lado, como vocês lerão daqui a pouco, é idílica. É um paraíso. Somos cercados por beleza infinita e esplendorosa. Vivemos entre os anjos e os messias, os amados e os que amam, perpetuamente ocupados e estimulados, em uma atmosfera santificada que está viva junto com a presença imediata e tangível de Deus.

É quase insano que, de vez em quando, escolhamos abandonar nosso Reino dos Céus para mais uma encarnação neste planeta severo e imperfeito. Mas, como meu espírito guia, Francine, sempre diz quando reclamo com ela sobre determinados desafios especialmente difíceis por que estou passando: "O que foi que você aprendeu quando as ocasiões eram favoráveis?" A perfeição, embora maravilhosa, não inspira crescimento. E Deus criou cada um de nós com nosso potencial exclusivo e uma insistência divina em alcançar esse potencial, independentemente do que ele exija. No Outro Lado podemos estudar tudo o que quisermos sobre todos os assuntos que existem, incluindo medo, negativismo, tentação, violência e crueldade. Mas estudar esses temas sem experimentá-los é como ler todos os livros sobre como dirigir um carro sem jamais se posicionar atrás

*A humanidade no fim dos tempos*

do volante. Como medo, negativismo, tentação, violência e crueldade não existem no Reino de Deus, precisamos vir aqui para confrontá-los, crescer com eles e basicamente superá-los, não apenas para benefício da humanidade como também para progredir rumo ao potencial mais elevado de nossas almas.

Nunca chegamos à Terra sem traçar objetivos e desafios específicos para nós mesmos, da mesma forma que nunca decidiríamos frequentar uma faculdade e dar partida no carro sem ter noção do lugar aonde estamos indo, dos cursos que queremos fazer, do local onde vamos morar enquanto estivermos na faculdade. Nossos planos para cada nova encarnação compreendem os mínimos detalhes, para garantir o sucesso de nossa viagem longe do Reino de Deus. Escolhemos nossos pais. Escolhemos nossos irmãos. Escolhemos o lugar onde vamos nascer e a hora e o dia exatos de nosso nascimento, o que quer dizer que selecionamos todas as minúcias de nosso mapa astrológico. Escolhemos todos os aspectos de nossa aparência física e todos os desafios físicos e mentais que enfrentaremos. Escolhemos nossos amigos, nossos amantes, nossos cônjuges, nossos filhos, nossos chefes, nossos colegas de trabalho, nossos relacionamentos ocasionais, nossos animais de estimação. Escolhemos todas as entidades das forças do mal que vamos conhecer durante nossa jornada. (Falaremos mais das entidades das forças do mal mais adiante, neste capítulo.) Escolhemos a cidade, o bairro e o imóvel em que vamos morar. Escolhemos nossas preferências, nossos pontos fracos, nossas falhas, nossas habilidades, nossas áreas de incompetência.

É uma suposição confiável a de que, quanto mais difíceis as circunstâncias que um espírito traça para sua nova encarnação, mais adiantado é esse espírito em sua jornada rumo à perfeição. Uma das muitas coisas que me deixam de "cabelo em pé" é quando ouço alguém declarar, como se fosse verdade, que alguém mental ou fisicamente desafiado está "obviamente" sendo castigado por algum pecado que cometeu em uma vida passada. Ocorre que a verdade é exatamente o contrário. A coragem e a sabedoria superior que são necessárias para delinear um plano de vida abrangendo qualquer forma de desvantagem rigorosa merecem nossa maior admiração, nada menos que isso. É a definição de uma alma avançada.

*Fim dos tempos*

À medida que este século avançar, um número cada vez maior dessas almas avançadas estará encarnando. Isso não é palpite nem suposição, mas simples lógica. Traçamos nossos mapas de vida com pleno conhecimento do "pano de fundo" terrestre contra o qual estaremos vivendo a vida que traçamos. Guerras civis, guerras mundiais, a Grande Depressão, o Holocausto, a tragédia do World Trade Center — todos esses acontecimentos, todos os fatos, independentemente de quão históricos ou triviais sejam, eram e são previstos no Outro Lado por aqueles que escolhem estar aqui e participar deles na ocasião. Repito: quanto mais difícil for a vida traçada por uma alma para si mesma, mais avançada será a alma que delineou o mapa. As almas avançadas participaram dos cataclismos terrestres porque quiseram desde o começo da vida na Terra e também voltarão a participar de bom grado das catástrofes no fim dos tempos.

Por definição, então, conforme nos aproximarmos do ano 2100, constataremos que cada vez mais almas avançadas se oferecerão para encarnar e ficar aqui até o fim dos tempos (se elas assim escolherem, o que vamos discutir em breve). À medida que aumentar a população de almas avançadas neste planeta, a espiritualidade na Terra se tornará cada vez mais poderosa, quase palpável, uma onda global, inspiradora e purificadora do divino.

Além do número crescente de espíritos avançados entre nós, meu espírito guia, Francine, diz que o véu entre a dimensão do Outro Mundo e a dimensão da Terra diminui lenta, mas certamente. Para compreender isso, precisa-se saber que o Outro Lado fica apenas 90 centímetros acima do nível do solo. Ele simplesmente existe em uma frequência tão mais elevada do que a nossa na Terra que é difícil para nós perceber sua presença. Conforme este século avançar, a diferença entre essas duas frequências diminuirá, e como resultado a humanidade se tornará cada vez mais consciente do mundo espiritual do Reino de Deus, isto é, cada vez mais ficará em paz com o iminente fim dos dias graças a um número cada vez maior de lembretes sobre o local de onde viemos e para onde alegremente nos dirigimos.

Vale a pena observar que, da mesma forma como encontramos uma quantidade crescente de pessoas cuja espiritualidade é prioridade máxima,

## A humanidade no fim dos tempos

também conhecemos número cada vez maior de pessoas que estão em sua última encarnação na Terra. Lembre-se: escolhemos quando e com que frequência fazemos essas breves "excursões" para longe do Outro Lado, e não é raro que um espírito escolha voltar para cá dezenas de vezes. (Estou em minha 52ª encarnação, por exemplo, e minha última, fico encantada de revelar.) Estou convencida de que alguns de nós passamos por nossas últimas encarnações porque já aprendemos tudo que acreditamos precisar de nossa experiência terrena, enquanto outros de nós simplesmente têm conhecimento de que, na época em que estaríamos considerando mais uma "excursão", a Terra já não será capaz de manter a vida humana. Não canso de repetir: estaremos perfeitamente satisfeitos com a ventura sagrada da eternidade, não neste plano temporário no qual estamos apenas de passagem, mas na divina dimensão de nosso *verdadeiro* Reino de Deus.

### Pontos de saída[124]

Já mencionei que os espíritos avançados em quantidade cada vez maior e que escolhem encarnar neste século podem também escolher se querem ou não que sua encarnação termine com o fim da humanidade na Terra. Isso porque nos mapas que traçamos antes de virmos para cá incluímos uma coisa chamada pontos de saída.

Os pontos de saída são circunstâncias que previamente organizamos e que podem resultar no fim da encarnação que estamos na iminência de realizar, se escolhermos nos beneficiar delas no momento em que ocorrerem. Escrevemos cinco pontos de saída nos nossos mapas, mas não necessariamente esperamos até o quinto para nos dirigirmos ao Outro Lado. Podemos decidir no primeiro, no segundo, no terceiro ou no quarto que realizamos tudo o que pretendíamos na jornada. Nem mantemos certos intervalos periódicos entre eles quando os planejamos. Podemos,

---

124. Ou desencarnações. (*N. da T.*)

*Fim dos tempos*

por exemplo, planejar dois ou três pontos de saída no mesmo ano, e o próximo ponto para dali a vinte ou trinta anos.

Os pontos de saída óbvios incluem doenças críticas, acidentes, quase acidentes[125] ou outros acontecimentos os quais se poderia esperar que logicamente resultassem em morte, mas dos quais, "de alguma forma", sobrevivemos, contra todas as probabilidades. Outros pontos de saída são tão sutis que talvez só os notaremos se voltarmos a observá-los. Exemplos: uma "decisão" sem "nenhum motivo" para tomar um caminho diferente do habitual para ir a um local que frequentamos muito; atrasos "banais" que fazem com que percamos um voo; ficar em casa, em vez de comparecer a um acontecimento social ou a um compromisso, porque de repente "não sentimos vontade" — vários incidentes que aparentemente não têm sentido na ocasião podem muito bem ser a lembrança de nosso espírito de um ponto de saída que resolvemos não escolher.

Os pontos de saída constituem mais um aspecto fascinante sobre o fim dos tempos: todo ser humano que estiver vivo quando o fim dos dias chegar estará aqui em razão do próprio desígnio por ele traçado no mapa e terá escrito "o fim da vida na Terra" como seu quinto ponto de saída. Suas mentes conscientes podem não se dar conta dessa escolha, mas suas mentes espirituais saberão que seu mapa está então completo e que seu objetivo para sua última viagem a este planeta foi alcançado.

## Os extraterrestres

Uma das manchetes mais espetaculares em 2012 será a descoberta de misteriosos fragmentos em um deserto da Califórnia ou de Nevada. Será impossível saber a forma original do objeto grande e desfigurado, mas a liga metálica da qual ele foi feito evidenciará não ter sido fabricado com materiais terrestres. Um grupo de civis vai se defrontar com ele e, em uma

---

125. Ocorrências inesperadas que por pouco não se transformaram em acidentes com pessoas ou equipamentos. (*N. da T.*)

*A humanidade no fim dos tempos*

revigorante mudança de atitude, vai documentar minuciosamente o fato e informá-lo às autoridades, e não aos jornais. Como resultado, o governo não terá oportunidade de "descartar" a existência dos fragmentos, e os que descobriram não poderão ser acusados de tentar maquinar uma fraude para ganhar dinheiro com a história.

Essa descoberta ocorrerá juntamente com uma série de sinais que não poderão ser seguidos e que romperão as transmissões via satélite e as comunicações sem fio no mundo inteiro. E, no final de 2012 ou no começo de 2013, após finalmente terem "ligado os pontos", grupos organizados de exploradores, pesquisadores, órgãos governamentais e outros especialistas realizarão expedições formais no mundo todo, em busca de extraterrestres.

É claro que os extraterrestres conhecem a Terra há milhões de anos e estão aqui já hoje, chamando o mínimo de atenção possível sobre si mesmos, porque contribuem para a nossa sociedade por meio de carreiras profissionais que seu conhecimento avançado possibilita. Eles estão entre nossos mais brilhantes pesquisadores, engenheiros espaciais, físicos nucleares, professores, cientistas, juízes, reformadores sociais — qualquer atividade que deixará sua marca tão indelével quanto sua colaboração conosco na Grande Pirâmde[126] e em Stonehenge[127] há tantos séculos. Dois deles são funcionários renomados da NASA, e um deles foi ganhador do Prêmio Nobel. É absolutamente ridículo temer os extraterrestres como os livros e os filmes de ficção científica nos têm incentivado a fazer. Falando sério, a tecnologia deles é tão superior à nossa que eles podem fácil e rotineiramente viajar para cá vindo de Andromeda, das Plêiades e de outras galáxias que nem conhecemos. Mas achamos que eles não possuem a tecnologia para nos destruir em um piscar de um olho, se fosse esse seu objetivo...

Aproximadamente em 2018, os extraterrestres tornarão nossa procura por eles muito mais fácil: aparecerão de forma segura e sensata e se

---

126. De Giza, no Egito. (*N. da T.*)

127. Monumento megalítico da Idade do Bronze, próximo ao condado de Wilshire, na Inglaterra. (*N. da T.*)

# Fim dos tempos

mostrarão em público, para organizações como ONU, Scotland Yard, NASA e até em uma reunião de cúpula em Camp David.[128] Eles se apresentarão aos milhares e de bom grado se submeterão a uma bateria de testes psicológicos e biológicos, confirmando que as origens de suas várias espécies não são terrenas.

No início da década de 2020, nós, humanos, chegaremos a um acordo com os extraterrestres que já estão entre nós e os que ainda chegarão. Muitos dos extraordinários avanços das viagens espaciais serão resultados diretos do que aprendermos com eles, desde a exploração tripulada de Marte em 2012 e as viagens fretadas à Lua no final da década de 2030, até a base lunar do começo da década de 2040, que se tornarão um destino turístico bastante popular.

Não somos parte apenas de uma comunidade global; integramos, também, uma comunidade universal. Por que isso assusta tanta gente, não faço a menor ideia. Como nós, residentes terráqueos, somos a versão universal do New Kids on the Block,[129] temos uma riqueza infinita de desenvolvimento e de crescimento espiritual pela qual ansiamos a nos ser transmitida por nossos irmãos e irmãs de outros planetas quando finalmente os entendermos e começarmos a prestar a devida atenção a eles.

De importância ainda maior, os residentes de outros planetas são também criação de Deus e Seus filhos, exatamente como nós. Eles têm as mesmas jornadas da alma que nós temos, as mesmas opções de reencarnação e a mesma ventura sagrada pela qual ansiar do Outro Lado — não o *nosso* Outro Lado, mas o deles. Todo planeta habitado do universo tem um Reino dos Céus divino próprio, e basta imaginarmos como devemos ser gratos por esse fato quando já não vivermos no lar terrestre que estamos no processo de destruir.

Sei que alguns de vocês, ao lerem isto, poderão sentir uma conhecida ferroada, profunda e estranha, muito possivelmente sem terem noção do

---

128. Casa de campo dos presidentes dos Estados Unidos, que fica em Maryland. (*N. da T.*)
129. Banda de pop formada por garotos e que fez muito sucesso no começo da década de 1990. (*N. da T.*)

# A humanidade no fim dos tempos

que a esteja causando. Não é porque vocês na verdade são forasteiros, de algum outro lugar do universo. Forasteiros sabem perfeitamente quem são e de onde vieram. Em vez disso, é porque, provavelmente sem terem consciência, vocês sejam espíritos muito adiantados chamados viajantes místicos, e os viajantes místicos têm uma perspectiva totalmente diferente do fim dos dias na Terra.

## Os viajantes místicos

Em toda essa conversa sobre espíritos avançados, não quero dar a impressão equivocada de que "avançados" signifique "mais importantes". Aos olhos de Deus, cada um de nós tem igual importância e valor. Todos somos filhos Dele, e Ele criou cada um de nós para ser completamente único, cada qual com seu próprio objetivo, dependendo de nosso nível de progresso. Para ter um exemplo simples e terreno da igual importância dos vários níveis de avanço, pense nos militares. Os generais são absolutamente muito avançados e essenciais, mas, sem os exércitos que comandam, que possibilidade teriam de vencer uma batalha? Garanto a você que todo objetivo que Deus atribui é indispensável a Seu grande plano para este universo infinito e impecável, e todo espírito é tratado com carinho da mesma forma. Por isso, quando falo das almas extremamente avançadas que são os viajantes místicos, não estou indicando que sejam almas especialmente dotadas por Deus, ou que o Pai tenha maior estima por elas do que por nós.

Os viajantes místicos são espíritos que, durante a jornada de suas almas, disseram essencialmente a Deus: "Em qualquer lugar do Universo que o Senhor necessitar de mim, para lá irei de boa vontade". A missão universal dos viajantes é ajudar a manter a ligação espiritual divina entre Deus e Seus filhos como uma força florescente, viável e sempre presente. Por esse propósito, eles se oferecem para encarnar em qualquer planeta inabitado de qualquer galáxia onde Deus deles precise. A maioria dos viajantes místicos já viveu muitas vidas na Terra e também em outros pla-

241

## Fim dos tempos

netas. Sejam ou não figuras públicas, discretamente influenciam a vida daqueles que os rodeiam de formas cujo impacto é quase transcendente. Eles parecem iluminados divinamente por dentro, e somos atraídos por eles como mariposas para as chamas. Eles são excepcionalmente pacíficos, excepcionalmente empáticos, excepcionalmente espirituais e excepcionalmente gentis no trabalho difícil que estão aqui para realizar em nome de Deus. Madre Teresa era uma viajante mística. Joana d'Arc era uma viajante mística. Mattie Stepanek, poeta, filósofo e teólogo que morreu aos 13 anos,[130] era um viajante místico. Há mais viajantes entre nós que talvez nunca fiquem famosos, mas que sem dúvida deixarão seu brilhantismo espiritual para os que nunca mais serão os mesmos por causa do impacto dos viajantes em suas vidas. E muitos mais deles se reunirão na Terra à medida que o século avançar, a fim de emprestar seus corações, sua coragem e seus espíritos incomparáveis para servir ao máximo a Deus, conforme se aproximar o fim dos tempos.

E, então, em vez da eternidade da perfeição divina no Outro Lado pela qual a maioria de nós anseia quando a vida na Terra se tornar impossível, os viajantes místicos se deterão no Reino de Deus apenas o tempo suficiente para representar em um mapa sua próxima encarnação em qualquer outro planeta de qualquer outra galáxia onde Deus mais precisar deles.

### As forças do mal[131] no fim dos tempos

As forças do mal constituem o segmento da população que rejeitou Deus e Suas leis de humanidade, integridade, compaixão e amor incondicional. Vamos chamá-los de forças do mal nesta discussão, pois seus opostos polares, aqueles que seguem e reverenciam Deus e a luz branca do Espírito Santo, são chamados de entidades brancas. E nem pense que "trevas" e "brancas" sejam referências a raça ou a cor de pele. A simples sugestão disso é ofensiva.

---

130. De distrofia muscular aguda. (*N. da T.*)
131. Ou lado das trevas. (*N. da T.*)

*A humanidade no fim dos tempos*

Deus não criou a negatividade que domina as forças do mal. O que Ele criou são espíritos dotados de livre-arbítrio. E alguns espíritos usaram esse livre-arbítrio para dar as costas ao Criador e ir ao encalço de vidas desimpedidas pela adoração de qualquer um que não eles mesmos. As entidades das trevas são seus próprios deuses, excessivamente narcisistas para acreditar em um ser superior a elas. Elas podem professar uma crença profunda por Deus e até ser capazes de recitar a Bíblia inteira "de cor" se acharem que isso vai ajudá-las a conseguir a confiança, a fidelidade e a adoração de alguém que desejem manipular e controlar. Elas também podem gostar muito de incluir Satanás e outros demônios míticos em seus monólogos (as forças do mal só ocasionalmente toleram conversas em que haja diálogo), mas apenas quando enfrentam consequências de que não gostam e precisam de outra pessoa para culpar.

As forças do mal existem em forma humana e espiritual, assim como nós, entidades brancas. Na forma humana, elas se parecem exatamente como nós todos. (Não se esqueça de que, não fosse pelas escolhas que fizeram, elas *seriam* nós todos.) Podem ser um membro da família, um amante, um cônjuge, um vizinho, um colega de trabalho, um chefe, um suposto amigo. Sob a forma espiritual, sua energia negativa pode afetar profundamente qualquer coisa, sejam dispositivos mecânicos e elétricos, seja nossa saúde mental, sem que nos demos conta do que está acontecendo. Mas, estejam na forma humana ou espiritual, as forças do mal apresentam as mesmas características, descritas a seguir:

- não têm consciência, nenhum remorso sincero, nem senso de responsabilidade por seus atos. Assumem todo o mérito e nenhuma culpa por tudo o que acontece ao seu redor, e a autojustificativa é sua primeira e única resposta às críticas;
- em termos psiquiátricos, são verdadeiros sociopatas. Com grande habilidade, imitam o comportamento humano sem nunca chegar a senti-lo;
- são capazes de simular charme, sensibilidade, empatia, amor, pesar e piedade para se aproximarem de nós, mas logo deixam cair a máscara

*Fim dos tempos*

quando nos conquistam, pois já não têm uso para ela — e, francamente, acham que dá muito trabalho. Nós, entidades brancas, pelo fato de nossas razões e crenças serem sinceras, temos dificuldade de acreditar que estávamos testemunhando uma atuação. Por isso, não esquecemos da confiança e lealdade que depositamos nelas tentando desesperadamente reencontrar aquela pessoa que acreditamos que ela é, porque vimos isso com nossos próprios olhos; somos incapazes de perceber que, para começo de conversa, aquela pessoa nunca existiu;

- no que diz respeito às forças do mal, nós, entidades brancas, somos apenas um conjunto de espelhos ambulantes. Se nosso reflexo aos olhos delas for lisonjeador, seremos valiosos para elas; mas, no instante em que percebemos que estávamos olhando para uma máscara, elas deixam de gostar da imagem que refletem em nosso "espelho" e reagem de duas maneiras: ou se distanciam de nós ao máximo, ou repetem o desempenho digno de um prêmio que, para começo de conversa, foi o que nos atraiu, na esperança de voltar a nos seduzir;

- as entidades das trevas não tomam conhecimento das leis de Deus nem das leis da sociedade respeitável. Elas vivem segundo suas próprias leis, que atendem a seus interesses, mudam de acordo com a conveniência e não se aplicam necessariamente a qualquer pessoa que as rodeie. Elas consideram seu pior comportamento como perfeita e invariavelmente aceitável, mas ficam injuriadas se uma pessoa tem esse mesmo comportamento em relação a elas. O resultado dessa inconsistência é que as entidades brancas próximas a elas vivem em constante instabilidade, o que dá às forças do mal mais poder;

- o objetivo das forças do mal não é transformar uma entidade branca em uma das trevas. Elas sabem que isso não pode ser feito. A meta, no caso, é extinguir a luz da entidade branca, pois não pode haver treva onde existe luz. Elas não tentam necessariamente destruir a entidade branca fisicamente falando: costumam apenas criar o máximo de turbulência emocional, insegurança, culpa e depressão, no maior número possível de entidades brancas a que tenham acesso, de forma que estas percam a autoconfiança, a força e o poder;

*A humanidade no fim dos tempos*

- as forças do mal raramente desfrutam a companhia umas das outras — sem luz para extinguir, sem reflexo lisonjeador no qual se contemplarem, sem controle a ser conquistado em relação a alguém com o mesmo estoque de artimanhas, não há razão para conviver. Em vez disso, elas metódica e deliberadamente nos procuram. E, pelo menos uma vez em nossas vidas, é provável que nós também as procuremos. Isso não está associado à burrice, e sim a assumir nossas responsabilidades seriamente e acreditar ser nossa responsabilidade moral tentar estender a mão para alguém que, observemos, esteja perdido, com problemas, ou seja incompreendido.

É claro que é contra nossos instintos humanitários dar as costas a um filho de Deus que precise de nós, mas, quando enfrentamos as forças do mal, estamos desperdiçando nosso tempo. Uma entidade das trevas não pode ser transformada em entidade branca, da mesma forma que uma entidade branca não pode ser transformada em uma entidade das trevas. Não podemos apelar a uma consciência que não existe; não podemos inspirar remorso genuíno em alguém que não assume responsabilidade por seus atos, nem podemos provocar amor sincero em alguém que só ama o próprio Deus quando precisa Dele. Afirmo isso como médium e como pessoa que aprendeu por uma dura experiência própria: se existe uma entidade das trevas em sua vida, nas próprias palavras de Jesus: *Sacudi o pó dos vossos pés [e] ide embora.* (Mateus 10:14.)

Nenhuma discussão sobre quem são as entidades das trevas estaria completa sem deixar bem claro quem elas *não são*. Nem todos os assassinos e outros criminosos violentos são entidades das trevas. Nem todo mundo que já magoou você é uma entidade das trevas. Nem todo mundo que tem mau gênio ou é de difícil convivência é uma entidade das trevas. Nem todo mundo de quem você não gosta, ou que não gosta de você, é uma entidade das trevas. Existem entidades brancas de quem não gosto. Existem entidades brancas que não gostam de mim. Não se trata de rotular as pessoas nem de julgar ninguém, nem — pior de tudo — de se tornar um esnobe intelectual, o que pode ser tão repulsivo quanto as

*Fim dos tempos*

próprias forças do mal. Trata-se simplesmente de aprender como e por que precisamos prestar muita atenção‘a quem está em nossa vida. É verdade que incluímos todas essas pessoas em nosso mapa de vida antes de chegarmos à Terra, mas incluímos algumas delas para que nos ensinassem a sabedoria de compreender quando nos afastarmos — a única área na qual o lado das trevas pode nos ser útil, para variar.

Essas criaturas parecem os candidatos perfeitos para serem mandadas para o inferno, especialmente no fim dos tempos, não é mesmo? Entretanto, você vai ler agora por que nunca vou acreditar que o inferno seja o lugar onde qualquer um de nós vá terminar.

## A porta esquerda

Asseguro a você, do fundo da alma, que a coisa mais parecida com um lugar real chamado "inferno" é esta Terra onde vivemos, este difícil campo de treinamento de recrutas aonde de forma voluntária vamos periodicamente progredir ao longo da viagem eterna de nossa alma. Não existe buraco sem fundo. Não existe um abismo ardente de chamas e agonia. Não existe o banimento eterno para um lugar mais horrível do que jamais imaginamos.

Sendo isso verdade — e é —, faz sentido imaginar o que acontece com as forças do mal quando termina a vida delas. A resposta não é agradável, mas ocorre que elas só devem responsabilizar a si mesmas.

Quando morre uma entidade das trevas, seu espírito jamais conhece o túnel nem a luz sagrada em seu final. Em vez disso, a entidade é projetada direto pela porta esquerda do Outro Lado — ou, como minha avó costumava dizer quando era menininha, o céu mau. Por favor, não permita que eu crie a falsa impressão de que, quando chegamos ao Outro Lado, vemos duas portas e precisamos escolher entre a esquerda e a direita. Pouquíssimas vezes ouvi falar de um sobrevivente quase morto lembrar que encontrou duas portas no fim do túnel, e não havia perigo de que ele atravessasse a porta errada.

*A humanidade no fim dos tempos*

As forças do mal já escolheram a porta esquerda por meio de uma vida inteira impenitente de maus-tratos físicos, emocionas e/ou espirituais dos filhos de Deus, de modo que nenhuma outra porta lhes será visível quando seus adeptos morrerem. E, quando se transpõe a porta esquerda, existe um abismo infinito de ausência de valor, um *nada* herege, infeliz, exaustivo.

Os únicos residentes permanentes desse abismo são seres sem identidade usando mantos encapuzados, que se tornaram o arquétipo artístico e literário da personalidade da Morte, também conhecida como o Anjo da Morte. Essas criaturas não agem como espíritos guias das trevas nem como anjos vingadores. Elas funcionam mais como um conselho, supervisionando os caminhos dos espíritos que aparecem brevemente para elas.

E o tempo do espírito no vazio atrás da porta esquerda é simplesmente breve. Ao contrário dos espíritos do Outro Lado, que podem escolher quando e se voltarão à Terra para mais uma encarnação, as entidades das trevas saem direto de seus corpos quando morrem, atravessam a porta esquerda e chegam à escuridão ateia que escolheram, voltando, então, imediatamente para o útero, em uma jornada em forma de ferradura autoinfligida que deixa essas entidades tão negras no nascimento quanto ficaram na morte em sua vida anterior.

Vamos citar Ted Bundy[132] como protótipo das forças do mal, pois sua série de assassinatos é irrefutável, e, segundo se sabe, ele não demonstrou sequer um momento de remorso, ainda que fingido, antes de ser executado. No instante em que Ted Bundy morreu, seu espírito passou pela porta esquerda e entrou no ventre de uma pobre e inocente mulher, que provavelmente se pergunta onde foi que errou como mãe, por ignorar que a verdade é que a jornada nas trevas de seu filho já estava determinada antes de ele nascer. Já disse um milhão de vezes em palestras e vou repetir mais uma vez: *não* engravide imediatamente após saber que Charles

---

132. O mais terrível assassino em série dos Estados Unidos na década de 1970, morto na cadeira elétrica. Estuprou e matou mais de 35 mulheres, moças e adolescentes, sendo a última uma menina de 12 anos. (*N. da T.*)

*Fim dos tempos*

Manson morreu, exceto se você quiser ser a desgraçada receptora desse espírito das trevas quando ele retornar penosamente à Terra.

Não consigo descrever o quanto fiquei aliviada — e quantas de minhas perguntas há muito pendentes foram respondidas — quando soube a verdade sobre a jornada dos seres das forças do mal pela porta esquerda e de volta ao ventre. Como médium, consigo olhar para a maioria das pessoas e ver um monte de espíritos do Outro Lado que incluem espíritos guias, entes queridos que já se foram e até anjos. Mas, ocasionalmente, observo alguém que não tem qualquer espírito ao seu redor, que está isolado do afetuoso apoio divino que está sempre em volta da maioria de nós. Eu me preocupava por achar que poderia estar criando "pontos cegos" no que dizia respeito a algumas pessoas, e se isso fosse verdade eu precisava fazer alguma coisa a respeito. Agora sei que existe uma ótima razão pela qual algumas pessoas não têm uma equipe do Outro Lado em volta: é impossível juntar uma equipe de um lugar onde nunca se esteve. Essas pessoas solitárias são as entidades das trevas que, por sua própria escolha, atravessam a porta esquerda — e pagam um terrível preço espiritual por isso.

Encontrei grande conforto espiritual na verdade da jornada das forças do mal. Por um lado, sei que o Deus perfeito no qual acredito jamais seria tão vingativo a ponto de banir eternamente qualquer de Seus filhos de Sua presença sagrada. Por outro lado, eu não me conformava com a ideia de que Ted Bundy e eu, que somos o que eu chamarei gentilmente de extremos opostos em relação à santidade da humanidade, poderíamos terminar na mesma causa do Outro Lado entre as vidas, como se não houvesse nenhuma diferença significativa entre a minha alma e a alma de um assassino em série.

Agora sei o que manda Ted Bundy e outros membros vitalícios das forças do mal atravessarem a porta esquerda por incontáveis encarnações nas trevas, enquanto a maioria de nós chega em segurança ao Reino de Deus para o Outro Lado: as forças do mal, audaciosamente, viram as costas para um Deus que nunca deixou nem deixará de amá-las, o que é uma coisa que a maioria de nós julga tão inconcebível quanto as próprias forças do mal.

*A humanidade no fim dos tempos*

E, para provar que nosso Criador realmente ama cada um de Seus filhos eterna e incondicionalmente, nem mesmo as forças do mal são condenadas a viajar penosamente a partir da porta esquerda de volta ao útero de novo para sempre. Os espíritos e os anjos do Outro Lado estão bem a par desses espíritos perdidos e, mais cedo ou mais tarde, eles literalmente os pegam na rápida passagem de uma dimensão a outra, levando-os até o Reino de Deus para serem abraçados por Ele e novamente infundidos de amor pela luz branca do Espírito Santo, a única força suficientemente potente para reuni-los à santidade de suas almas.

## As forças do mal no fim dos tempos

O ciclo contínuo a que as forças do mal se submetem quando termina cada encarnação — desde a Terra passando pela porta esquerda e de volta ao útero mais uma vez — vai obviamente esbarrar em um grave empecilho quando a vida na Terra não mais for possível: como poderão penosamente voltar ao útero terreno quando não mais houver úteros terrenos para serem encontrados? O que acontecerá às forças do mal da Terra quando chegar o fim do mundo?

Existe neste universo um campo de força impenetrável e infinito, uma grande "matéria não criada" que não conseguimos compreender, um cerne do qual emanam o amor e o poder de Deus. Essa matéria não criada é o ponto em que as mais raras e mais avançadas almas de todo planeta habitado de bom grado terminam suas jornadas, perdendo o direito a suas identidades, para serem literalmente absorvidas pela essência do campo de força de Deus. Uma vez que um espírito se entrega a esse poder definitivo, jamais recupera sua identidade anterior. Ele não deixa de existir; simplesmente, torna-se indistinguível e inseparável da matéria da qual se tornou parte. Por exemplo, imagine derramar uma xícara de água no oceano Pacífico. Essa xícara de água não deixou de existir, mas não pode ser separada da área enorme que a consumiu, jamais poderá.

*Fim dos tempos*

Existem, desse modo, espíritos supremos que oferecem as próprias identidades à matéria infinita não criada por Deus. E é nessa mesma santidade essencial que as forças do mal serão absorvidas no final dos dias, em um último, amoroso e santo abraço de purificação por Aquele que as criou e que jamais permitiu que sua rejeição a Ele O dissuadisse de adorá-las.

## As almas penadas no fim dos tempos

Almas penadas, ou fantasmas, como muitos de vocês sabem, são espíritos que, por razões diversas, ou veem o túnel que as leva ao Outro Lado quando morrem e o rejeitam, ou se recusam a reconhecer que esse túnel existe. Isso as deixa abandonadas, fora de seus corpos, apanhadas entre o nível de vibração inferior em que existimos na Terra e o nível de vibração de frequência muito superior no Reino de Deus.

Os fantasmas não têm a menor noção de que, em termos terrestres, eles morreram. No que lhes diz respeito, eles estão muito vivos, exatamente onde estavam há uma hora, um dia ou uma semana. De seu ponto de vista, nada mudou, exceto pelo fato repentino e inexplicável de que ninguém parece ser capaz de vê-los ou ouvi-los, porque eles "mudaram de frequência" sem saber disso. As pessoas que já passaram por experiências com assombrações reclamam que os fantasmas são mal-humorados e irritáveis. Experimente ter uma porção de pessoas ao seu redor que, de repente, começam a tratá-lo(a) como se você não existisse; aposto como também ficaria irritado(a)...

Embora as minúcias variem muito de um fantasma para outro, as duas razões mais comuns pelas quais eles sem querer ou propositalmente perdem a oportunidade de irem para o Reino de Deus se resumem a paixão (que pode ser amor ou ódio) e medo. Alguns deles permanecem porque querem cuidar de um filho que adoram, ou esperam que um(a) namorado(a) volte, ou querem proteger de intrusos seu lar tão querido. Outros continuam aqui para se vingarem de inimigos reais ou imaginários (o que, a

*A humanidade no fim dos tempos*

propósito, nunca dá certo, portanto não gaste nem um minuto em se preocupar com isso). Ainda outros têm tanto medo de que Deus não os julgue merecedores de recepção amorosa no Seu reino que preferem permanecer como fantasmas, em vez de enfrentá-Lo.

Felizmente, em grande parte para eles — e também para nós —, é preciso reconhecer que não existe isso de um fantasma ficar eternamente encurralado aqui, na Terra. Graças a uma enorme e crescente conscientização humana, a qual será praticamente universal nas últimas décadas do século, muitos fantasmas são direcionados para o túnel do Outro Lado por pessoas que os reconhecem e compreendem que estão sendo realmente piedosas ao dizer: "Você está morto. Vá para o Reino de Deus". Mas os espíritos do Outro Lado têm muito maior percepção das almas penadas do que nós e agem o tempo que for necessário até que cada fantasma possa comemorar a alegre reunião que o espera no fim daquele túnel.

Nunca esquecerei a experiência indescritível de visitar o marco zero pouco depois dos abomináveis ataques terroristas ao World Trade Center em 11 de setembro de 2001. Entre os inúmeros sentimentos que tomaram conta de mim, havia surpresa, alívio e gratidão pelo fato de nenhum dos 3 mil mortos daquela terrível tragédia ter deixado de chegar rapidamente e em segurança ao Reino de Deus. Nem um único fantasma foi deixado para trás, confuso, perdido e assustado, graças à generosidade sensível, perfeita e amorosa de Deus.

Exatamente a mesma coisa acontecerá no fim dos tempos. Com a graça de Deus, nenhum de Seus filhos ficará para trás nem será deixado de lado, incluindo os que de súbito verão o túnel, alegremente irão até ele e unir-se-ão a todos nós para continuarmos nossas vidas perfeitas e venturosas no Outro Lado.

## O Outro Lado cósmico

Enquanto a Terra existir, o Outro Lado também existirá.

É de onde virão todos os nossos espíritos terrestres, quando entrarmos no útero, e é para onde voltaremos ao morrer. É um lugar muito real, mais

*Fim dos tempos*

lindo do que nossas mentes finitas podem imaginar, mas nossas mentes espirituais se lembram dele e ficam saudosas desde o momento em que dele saímos, até o momento em que para lá voltamos.

Não fica muito longe. Não fica acima do arco-íris, nem depois da Lua e das estrelas. Como já mencionei, ele está aqui mesmo, entre nós, em outra dimensão, superposta à nossa, apenas 90 centímetros acima do nosso nível do solo. Sua topografia é uma imagem de espelho perfeita da Terra, com uma exceção: como não há erosão nem poluição do Outro Lado, seu panorama é uma imagem da Terra de milhares de anos passados, quando massas d'água eram puramente azuis e as montanhas e os litorais estavam perfeitamente intactos. No Outro Lado, vicejam a Atlântida e a Lemúria, nossos continentes perdidos, assim como as grandes obras-primas da arquitetura, da literatura e das artes do mundo, ainda que hoje estejam desmoronando ou há muito tenham sido destruídas em nosso mundo cruel.

O mesmo é verdade em todos os demais planetas habitados. Seus Outros Lados estão 90 centímetros acima do nível do solo, em uma frequência de vibrações muito superior à do planeta que rodeiam. Suas topografias são idênticas às dos seus planetas "de origem", e suas grandes obras e estruturas estão impecavelmente conservadas.

Lembre-se: o fim dos tempos na Terra significará que este planeta não mais será capaz de manter vida, mas o próprio planeta permanecerá intacto. Desde que exista a Terra, nosso Outro Lado existirá. O mesmo é verdade em todos os demais planetas habitados e seus respectivos Outros Lados. E, à medida que os planetas habitados se tornarem mais avançados espiritualmente e menos separados entre si — e devemos ansiar por isso nas próximas décadas —, seus Outros Lados começarão a se fundir com o grande, infinito e universal Outro Lado, especialmente quando seus meio ambientes já não tiverem condições de manter a vida humana. Se a Terra fosse destruída amanhã, nós e nosso Outro Lado nos reuniríamos aos espíritos cujos planetas já tenham completado seus ciclos naturais e que estejam vivendo as mesmas vidas alegres e sagradas que nos esperam entre as estrelas, onde nosso plano espiritual além do Reino de Deus — chamado o Outro Lado cósmico — viceja

*A humanidade no fim dos tempos*

eternamente. Para imaginar sua localização da maneira mais bonita possível, pense na antiga imagem do "Grande Homem" no céu noturno.

Sua cabeça está na constelação de Áries.

Seus pés são a constelação de Peixes.

O resto de Seu corpo é delineado pelas outras 10 constelações do zodíaco.

Essa é a imagem mais próxima que podemos fazer de onde olhar para encontrar um indício do Outro Lado cósmico.

O Outro Lado cósmico é um reflexo tão idêntico do universo quanto nosso Outro Lado é da Terra; é habitado por espíritos e messias encarnados de planetas habitados antigamente e que já não existem.

Isso tudo, claro, é parte da promessa de Deus de que estamos eternamente salvos e amados, bem como a garantia de que a vida que Ele nos deu jamais terminará.

## Partindo da Terra, indo para casa

Certa vez participei do *Larry King Live* com o falecido Mattie Stepanek, o teólogo, filósofo, poeta e viajante místico que nos deixou aos 13 anos. Como muitos sabem, Mattie sofreu, grande parte da vida, de uma trágica enfermidade congênita chamada miopatia mitocondrial. Quando o conheci, ele estava em uma cadeira de rodas e falava com a ajuda de um respirador; ainda assim, era a criança mais alegre, positiva, autoconfiante e crente em Deus que se possa imaginar.

Larry King lhe perguntou:

— Mattie, você tem medo da morte?

E Mattie respondeu:

— Tenho medo de morrer, mas não da morte.

Acho que essa declaração contém uma grande verdade universal; só não sei ao certo se já ouvi essa afirmativa de maneira mais simples e objetiva. À medida que prevemos o fim dos dias, ou apenas o fim da nossa vida na Terra quando for e da forma que for, não é realmente o *processo* da morte que nos assusta, em oposição à morte em si?

*Fim dos tempos*

Pergunte a qualquer pessoa que já tenham tido uma experiência de quase-morte, e elas todas lhe dirão a mesma coisa: perderam todo o medo da morte. Isso era verdade para Mattie Stepanek, e é verdade para mim. Tive uma experiência de quase-morte quando me submeti a uma cirurgia de rotina aos 42 anos. De fato, é mais apropriado dizer que tive uma experiência de morte verdadeira, porque o monitor eletrônico que registrava meus sinais vitais mostrou a ausência de batimentos cardíacos e de atividade cerebral durante alguns minutos. Tenho a vantagem de recordar todos os momentos dessa experiência, portanto posso transmitir-lhes um relato de primeira mão do que acontece exatamente quando se morre:

- o túnel lendário apareceu imediatamente. Não surgiu de "algum lugar"; ele se elevou de meu corpo, aparentemente de minha própria substância etérea. Não subiu em direção ao céu; ele ficou "transversal", talvez em um ângulo de 20 graus, confirmando o que meu espírito guia, Francine, me disse um milhão de vezes: o Outro Lado é realmente um paraíso que está bem aqui, entre nós, a apenas 90 centímetros do chão;

- eu nunca me sentira (ou estivera) tão completa, emocional e vibrantemente viva como quando me movimentei no túnel. Senti-me livre e leve, aliviada de estar livre de meu corpo e da tração da gravidade. Fui imediatamente inundada de paz, ventura e de uma completa lembrança do Reino de Deus e da verdade da eternidade. Com essa lembrança veio a liberação de todas as preocupações com os entes queridos que eu deixara para trás. Eu sabia que eles ficariam muito bem, à medida que continuassem a viver segundo o programado, e também sabia que, em um período que para mim pareceria o piscar de um olho, estaríamos juntos de novo no Outro Lado, de modo que não havia tristeza, nenhuma sensação de perda, nem falta deles;

- a luz branca sagrada e brilhante apareceu à minha frente. Tudo que eu ouvira e lera a respeito era verdade: de alguma forma, ela parecia quase viva, pulsando com o amor de Deus e Seu conhecimento infinito, e uma percepção me inundou completamente, dizendo-me que a luz era tão familiar quanto minha própria alma;

*A humanidade no fim dos tempos*

- o vulto de um ente querido apareceu na grande abertura no fim do túnel. (Em meu caso, foi minha amada avó Ada, a quem eu ansiava ver de novo desde meus 18 anos.) Atrás delas, pude ver um prado gramado e florido, o mais lindo prado da Terra, com suas cores aprimoradas e ampliadas mil vezes.

Minha viagem ao Reino de Deus foi obviamente interrompida pela avó Ada, que gesticulava para que eu parasse, e pela voz distante de uma amiga ao lado de meu leito no hospital, suplicando: "Sylvia, não se vá, precisam muito de você". Fiquei profundamente deprimida durante dias ao me ver de volta à Terra e, embora com o tempo tenha agradecido por haver permanecido, garanto a você, do fundo da alma, que a morte não foi e nem é algo que se deva temer. É exatamente o retorno ao amor universal dos braços de Deus que todos esperamos que seja, do qual nossos espíritos se recordam perfeitamente e pelo qual anseiam.

Antes de descrever o pleno contentamento de nossa chegada real ao Outro Lado, quero esclarecer minhas fortes crenças em alguns dos acontecimentos previstos mais emocionantes do fim dos tempos. Eu os encorajo a sempre estudar, pensar e chegar às próprias conclusões.

## A Segunda Vinda e o Arrebatamento

De acordo com a literatura cristã, dois importantes fatos relacionados a Jesus Cristo estarão entre os sinais que nos dirão que o fim dos tempos é iminente: o reaparecimento Dele na Terra sob forma humana e seu surgimento entre as nuvens para levar os fiéis ao céu, o que constitui o fenômeno chamado de Arrebatamento.

Ambos os pensamentos são lindos, mas ocorre que eu não acredito que nenhum dos dois acontecerá quando chegar o fim dos dias.

Aceito as sagradas palavras de Jesus quando ele disse, em Mateus 28:20: "E eis que estou convosco todos os dias, até a consumação dos séculos". Ele não disse *"Estarei* convosco", o que implica um acontecimento futuro,

*Fim dos tempos*

e algo de importância muito maior: a frase sugere que pode haver um período de tempo em que Ele estará ausente de nós. Isso simplesmente não é verdade. Ele tem estado conosco em todos os segundos desde Sua divina ressurreição, está conosco neste momento, estará conosco quando retomarmos às nossas vidas no Outro Lado e estará conosco durante toda a nossa alegre eternidade no Reino dos Céus. Podemos parar de esperar por Ele e ficar atentos à Sua chegada. Ele já está aqui e é parte essencial de nosso presente.

Ele não realizou tudo o que poderíamos querer ou precisar ou esperar durante Sua única encarnação? Por que razão Ele voltaria? Para provar que é real e que é verdadeiramente o Filho de Deus? Já não sabemos isso, sem a menor sombra de dúvida? E, lamentavelmente, não é provável que Sua Segunda Vinda criaria a mesma controvérsia e o mesmo ceticismo que Ele enfrentou há dois mil anos?

Além disso, creio que não exista maneira mais eficaz de acabar de vez com os falsos "messias reencarnados" — e, acredite, um número cada vez maior deles surgirá à medida que o século avançar — do que dizer sinceramente: "Parei de procurar por Jesus 'por aí' porque tenho a tranquilidade de saber que Ele já está aqui".

Depois, aponte para seu coração e lembre-se:

"E eis que estou convosco todos os dias, até a consumação dos séculos."

Acredito também que a previsão do Arrebatamento — Cristo abraçando os fiéis no céu no fim dos tempos — seja, na verdade, a previsão de uma imagem que jamais teve o objetivo de ser interpretada literalmente. E creio que o real Arrebatamento que precederá o fim dos dias será muito mais emocionante e muitíssimo mais sagrado.

Lembre-se: parte do Arrebatamento do livro do Apocalipse é o julgamento que Deus fará de toda a humanidade, quando "os mortos forem julgados conforme suas obras, de acordo com o que estava escrito nos livros". (Apocalipse 20:12.) "Se o nome de alguém não foi encontrado no livro da vida, esse foi lançado no lago de fogo." (Apocalipse 20:15.) Já disse em um capítulo anterior e vou repetir: o Deus que conheço, o Deus que venero e que criou a todos é perfeito em Sua generosidade, Seu per-

*A humanidade no fim dos tempos*

dão, Seu abraço caloroso, Seu amor absoluto e incondicional. Não posso nem vou conceber um Deus tão cruel, rancoroso e malvado que condene qualquer um de Seus filhos a uma eternidade em um "lago de fogo". Mesmo as forças do mal que abdicaram de Deus vão se tornar parte Dele quando terminar a vida na Terra, pois Ele ainda as ama e espera que elas voltem para Ele. Portanto, a não ser que Jesus apareça nas nuvens para libertar todos nós, sem julgamento ou discriminação, não consigo imaginar o Apocalipse *versus* o Arrebatamento. E, como você lerá adiante neste capítulo, ninguém julga nossa vida na Terra a não ser nós mesmos, quando chegamos ao Outro Lado.

A propósito, há também uma simples questão de logística. Embora Jesus possa obviamente aparecer em todo e qualquer lugar que deseje, repito — baseado em minha própria experiência pessoal, em meu espírito guia, Francine, e em meus incontáveis estudos e pesquisas — que o Outro Lado está a apenas 90 centímetros do nível do solo na Terra. Portanto, não consigo imaginar por que nossos espíritos seriam atraídos a percorrer um enorme caminho até o Reino de Deus, quando ele está a apenas 90 centímetros de nós.

Asseguro que o verdadeiro Arrebatamento será muito mais espiritualmente grandioso e muito mais piedoso em seu amor universal e incondicional. Uma linda história, não uma história bíblica, que ilustra esse amor incondicional de maneira muito eloquente: o fim dos tempos havia chegado, e os íntegros que estavam reunidos à espera do Arrebatamento finalmente perguntaram a Deus sobre o local onde Jesus se encontrava. "Jesus está do lado de fora do portão", respondeu Deus, "esperando por Judas".

O verdadeiro Arrebatamento será o crescimento rápido da profunda espiritualidade que permeará o mundo inteiro no fim dos tempos. Essa espiritualidade será mais forte do que as religiões, as políticas, as diferenças raciais individuais, qualquer coisa e todas as coisas que evitam que a humanidade finalmente compreenda que, como partilhamos o mesmo Pai e o mesmo Reino de Deus, o que nos separa empalidece em comparação com o que nos une.

*Fim dos tempos*

O verdadeiro Arrebatamento será o sutil levantar do céu entre nossa dimensão e a dimensão do Outro Lado, para que na Terra tenhamos fácil acesso ao mundo espiritual que espera para celebrar nossa volta.

O verdadeiro Arrebatamento será a diminuição do medo do fim dos tempos, à medida que as lembranças de nossas vidas e mortes anteriores fiquem mais nítidas para nós e saibamos, sem qualquer tipo de dúvida, que somos eternos, que a morte nada mais é do que uma ilusão e que um simples passo pelo véu entre as dimensões nos trará a paz e a alegria que são nosso direito de nascença como filhos de Deus.

O verdadeiro Arrebatamento será compreender que Deus não é vingativo nem cruel, de modo que no fim dos tempos todos nós — *todos* nós — estaremos salvos e amados nos braços Dele para sempre.

## O Anticristo

Podemos nos livrar logo do tema do Anticristo enquanto estamos tratando do assunto, porque nos fortalecermos para sua chegada é tão essencial à previsão do fim dos dias como a Segunda Vinda e o Arrebatamento.

Será uma discussão rápida, porque podemos oficialmente parar de ficar atentos para a chegada do Anticristo.

O Anticristo já está entre nós, em forma humana.

O Anticristo tem nome.

Seu nome é apatia.

É fato que "o mal predomina quando os homens bons nada fazem". Ou, como muitos costumam dizer, "Mente vazia, oficina do Diabo". Gente demais não toma atitude há tempo demais, e o que pode ser mais "antiCristo" do que assumir a posição de que pobreza, fome, injustiça e maltratar o planeta e seus habitantes não são de nossa conta, ou de que estamos ocupados demais para fazer alguma coisa a respeito? A apatia é um luxo que já não queremos e ao qual já não nos podemos dar, porque no fim vai nos destruir.

# A humanidade no fim dos tempos

À medida que a espiritualidade na Terra se enraizar firmemente neste século e começar a florescer — quando cada um de nós encontrar seu centro de Deus e, por definição, nós nos tornarmos mais semelhantes a Jesus —, o Anticristo da apatia será afastado. Chegará o dia em que nem sequer imaginaremos não nos importarmos uns com os outros nem com o mundo que nos foi confiado.

E depende completamente de nós quanto tempo falta para chegar esse dia e quanto tempo ainda vamos tolerar o Anticristo entre nós, ao não tomarmos nenhuma providência.

## A chegada ao Outro Lado

Ouvimos tanto falar do túnel e da luz branca brilhante em seu fim pelos quais devemos ansiar quando morrermos que isso quase cria a impressão de que nossa jornada até o Reino de Deus para por aqui. Entretanto, é óbvio que a jornada só começa lá. E acho, no mínimo, bastante cruel que tão poucas discussões sobre o fim do mundo abordem a pergunta "E depois, o que acontece?".

A resposta é: "Depois, retomamos nossas *verdadeiras* vidas, bem no ponto onde elas pararam".

Da mesma forma como todos os caminhos levam a Roma, de acordo com o velho ditado, todos os túneis levam à entrada para o Outro Lado. Não importa onde deixamos nosso corpo nesta Terra: todos nós fazemos exatamente a mesma viagem para exatamente o mesmo lugar. Saímos do túnel e nos encontramos em um prado espetacularmente lindo. Esperando lá para nos cumprimentar estão os entes queridos mortos na vida que acabamos de deixar para trás, bem como amigos e seres queridos de todas as nossas vidas passadas, na Terra e no Outro Lado. Nossos espíritos guia estão lá. Nossas verdadeiras almas gêmeas estão lá. E, melhor do que tudo, no que me diz respeito, todo animal que já amamos de todas as vidas anteriores estão lá, com alegria tão pura e premente que as pessoas que esperam para nos receber têm dificuldade em abrir caminho por entre esse grupo feliz.

*Fim dos tempos*

Depois do prado e de nossa gloriosa festa de "boas-vindas ao Reino de Deus", há um amontoado reluzente de belas estruturas sólidas que são essenciais à nossa transição da Terra para o Outro Lado:

- o Hall de Registros, com suas elevadas colunas de mármore e abóbada reluzente, que contém, entre outras coisas, todos os mapas de todas as encarnações de todas as nossas vidas na Terra;
- o Hall da Justiça, sustentado por pilares, com cúpula de mármore branco, reverenciado por seus jardins incrivelmente lindos e sua apreciada estátua de Azna, a Madre de Deus;
- as Torres, monólitos gêmeos de mármore branco e vidro azul, onde se tomam cuidados especiais com os que chegam da Terra e precisam de ajuda especial psicológica e emocional com sua volta ao Reino de Deus;
- o Hall da Sabedoria, com seus grandes degraus de mármore e sólidas portas de entrada, ao qual a maioria de nós se dirige ao sair de nossas muitas e arrebatadoras reuniões.

Afirmei antes que descreveria o único julgamento que enfrentaremos no fim dos tempos. É o mesmo julgamento a que nos submetemos toda vez que terminamos uma encarnação e voltamos para o Reino dos Céus — e é sem dúvida o julgamento mais severo que se pode imaginar.

Ele se realiza em um salão gigantesco do Hall da Sabedoria. Nosso espírito guia nos acompanha até um dos incontáveis bancos de mármore branco que rodeiam o salão. Sentamo-nos sozinhos, com nosso espírito guia nos observando, e começamos um processo do qual muitos sobreviventes da quase-morte se recordam, mas do qual poucos se lembram em detalhes suficientes para compreender exatamente o que aconteceu.

Você já ouviu os que tiveram uma experiência próxima com a morte descreverem que se sentiram como se *flashes* de toda a sua vida passassem diante de seus olhos. A verdade é que eles não imaginaram isso. O que realmente sentiram foi uma viagem abreviada até o silêncio tranquilo no Hall da Sabedoria, onde a máquina de escanear fica aguardando.

*A humanidade no fim dos tempos*

A máquina de escanear é uma ampla abóbada convexa de vidro azul. Através dessa abóbada de vidro, observamos todos os momentos da vida que acabamos de viver se revelar a nossos olhos. Em vez de parecer um filme, nossa vida aparece sob a forma de um holograma em três dimensões, de modo que, independentemente de onde nos movimentamos pela máquina de escanear, podemos ver todos os detalhes, maus ou bons, certos ou errados, com perfeita nitidez. Revemos nossas vidas durante o tempo que for preciso, podendo até "rebobinar" os trechos que quisermos, quantas vezes quisermos.

Obviamente, nosso encontro com a máquina de escanear é mais do que uma simples forma divertida de fazermos a transição da Terra para o Outro Lado. E um passo essencial na eterna jornada de nossos espíritos. À medida que percorremos com dificuldade nossas vidas na Terra, não temos lembranças significativas dos mapas que preparamos com a finalidade de nos ajudarem a realizar os objetivos específicos para os quais viemos para cá. Mas, no momento em que voltamos para o Reino de Deus e chegamos à máquina de escanear, lembramos integralmente de nossos mapas. Por isso, não se trata apenas de observar nossa última encarnação em detalhes tridimensionais a título de nostalgia ou saudade; trata-se de constatar como essa encarnação se realizou em relação aos planos minuciosos que estabelecemos para ela antecipadamente. E não se engane: é o juiz mais rigoroso que basicamente avalia nosso sucesso e nosso fracasso — não o espírito guia, nem Deus, mas *nós* mesmos. Nós, como nossos próprios espíritos, preste atenção, da perspectiva do Outro Lado, onde não apenas não existe negatividade como tampouco defensiva e autojustificativa egoísta que nos impeçam de enfrentar a verdade de nossas ações e ser responsáveis por elas.

Durante nossas vidas no Outro Lado, a máquina de escanear é uma das ferramentas de pesquisa mais valiosas. Da mesma forma como estudamos nossa recém-concluída encarnação quando voltamos ao Reino de Deus, podemos estudar todas as demais encarnações que passamos na Terra e, a propósito, todas as encarnações de qualquer pessoa que nos interesse, ao essencialmente "passar" qualquer mapa que escolhermos

*Fim dos tempos*

pelo "projetor" de hologramas da máquina de escanear. Podemos ser uma testemunha ocular de qualquer acontecimento da história de nosso espírito ou da história da humanidade, ou, se preferirmos, podemos mesmo até nos "fundir" com esse acontecimento, tornando-nos parte dele, sentindo todas as emoções que seus reais participantes sentiram, sem alterar sua dinâmica ou seu resultado de alguma forma.

A máquina de escanear é um de nossos destinos mais apreciados quando voltamos para o Reino de Deus e à medida que lá prosseguimos com nossas ocupadas vidas. Mas seu valor só se intensificará quando o fim dos tempos chegar e acabar nossa estada na Terra. Isso vai nos permitir revisitar quantas vezes quisermos as vidas que vivemos e as lições que aprendemos naquele planeta que nunca veremos de novo. E, mais do que isso, vai propiciar a nossas almas o crescimento imensurável que o aprendizado com nossos erros terrestres pode oferecer quando a fase de reencarnação de nossas vidas eternas se encerrar.

### A vida no Outro Lado

Não foi por coincidência que escrevi um livro chamado O *outro lado da vida,* o qual espero que você consulte toda vez que estiver ansioso (a) sobre o fim dos tempos. Se você não tiver se beneficiado daquele livro nem deste, espero que ao menos se lembre desta simples verdade e nela acredite: nossas vidas na Terra são apenas um sonambulismo se comparadas à euforia venturosa e divina de estar vivos no lugar sagrado que é nosso *verdadeiro* Reino dos Céus.

Nunca duvide de que o Outro Lado é tão real quanto a Terra. Na verdade, meu espírito guia, Francine, insiste que o Outro Lado é muito mais real e que *nós* é que somos de fato os fantasmas no mundo *deles,* e não o contrário.

O panorama é estonteante — repito que é idêntico ao da Terra antes que a erosão, a poluição, os desastres naturais e a destruição humana se fizessem sentir.

*A humanidade no fim dos tempos*

A Atlântida e a Lemúria vicejam em oceanos azuis e límpidos. O Partenon, a Grande Biblioteca de Alexandria, os Jardins Suspensos da Babilônia, a Vênus de Milo, todas as maravilhas e todos os tesouros terrestres parecem novos em folha. Os litorais e os cumes das montanhas são tão nitidamente definidos como no dia em que foram criados. E tudo prospera em um clima perpetuamente prazeroso, em torno dos 25 graus.

Não existem dia ou noite, nem tempo no Outro Lado. Tudo o que existe é o "agora". Nas nossas identidades espirituais, que são nossas melhores características de personalidade na Terra, nunca precisamos comer nem dormir. Temos carreiras que refletem nossas maiores paixões e nossos talentos, e nossas vidas sociais são tão ocupadas quanto desejarmos, com a maior variedade possível de amigos, pois todo mundo no Reino de Deus se conhece e se ama. Criamos nossos lares por meio da projeção do pensamento, da mesma forma que para viajar basta nos imaginarmos onde gostaríamos de estar.

Enquanto a presença de Deus preenche o próprio ar que respiramos, há grandiosas casas de devoção em todos os lugares, onde todas as religiões são partilhadas e celebradas. Os anjos andam entre nós, nunca falando conosco ou entre si, sem fazerem absolutamente nenhum som, até se unirem em um coro maciço para realizar concertos de hinos indescritivelmente emocionantes, em uma estrutura reverenciada chamada Hall de Vozes.

Não existem negatividade, desgosto, doença, dor, nenhuma imperfeição de espécie alguma no Outro Lado. Não importa a idade em que estávamos quando deixamos nossos corpos terrestres para trás, todos temos 30 anos de idade no Reino de Deus e estamos no nosso ápice perpétuo **de vitalidade. Somos puro amor e** puramente amorosos a cada respirar. Nossas vidas eternas são uma celebração constante da alegria de viver na santa presença do nosso Criador.

Isso tudo conduz ao que pode ser o fator mais significativo de todos quando a vida na Terra deixar de existir: com tanta alegria sagrada e harmoniosa esperando por nós do Outro Lado, talvez devamos parar de usar a expressão fim dos tempos e começar a substituí-la por *começo* dos tempos.

# A bênção

Dos xamãs incas do grupo étnico Q'ero

*Siga as próprias pegadas.*
*Aprenda com os rios,*
*as árvores e as rochas.*
*Honre o Cristo,*
*o Buda,*
*seus irmãos e irmãs.*
*Honre a Mãe Terra e o Grande Espírito.*
*Honre a si mesmo e a toda a Criação.*
*Veja com os olhos da sua alma e ocupe-se com o essencial.*
*Amém.*

Este livro foi composto na tipografia
Minion Pro, em corpo 11,5/16, e impresso em
papel off-white no Sistema Cameron da
Divisão Gráfica da Distribuidora Record.